Markus Breitscheidel
Abgezockt und totgepflegt

Markus Breitscheidel

Abgezockt und totgepflegt

Alltag in deutschen Pflegeheimen

Econ

6. Auflage 2005

Originalausgabe
Econ ist ein Verlag der Ullstein Buchverlage GmbH
ISBN-13: 978-3-430-11572-8
ISBN-10: 3-430-11572-8
© Ullstein Buchverlage GmbH, Berlin
Alle Rechte vorbehalten.
Gesetzt aus der Sabon und Officina
Satz und Repro: LVD GmbH, Berlin
Druck und Bindung: Bercker, Kevelaer
Printed in Germany

Inhaltsverzeichnis

Vorwort von Günter Wallraff 9
Kehrtwende 11
Vorbemerkung 16

Altenheim Haus am Wiesenweg in Pullach/München 19
   Willkommen in der Profi-Liga 19
   Ein Heim der Wohlfahrt 20
   Tägliche Pflegeaufgaben 23
   Die Einarbeitungswoche 24
   Beim ersten Zeit-Rennen versagt 27
   Zeit-Kämpfer unter sich 29
   Gewalt gegen BewohnerInnen 33
      Pudding – Suppe – Pudding 33
      Zwangsberuhigung 37
      Fesseln 41
   Abschied 44
      Pflege-Stress 45

**Senioren- und Pflegestation Grimm in Norderstedt
bei Hamburg** 47
   Das Familienunternehmen 47
   Der Pfleger der Nummern 49
   Das Geheimnis der Nachtschicht 52
   Wie das Leben im Altenheim krank macht . . . 57
   Frau Hamann spielt mit – und verliert 58
   Ein Beckenbruch und seine Folgen 63
   Wer arbeitet, braucht keinen Lohn 67

Stinkbombe 71
In der Tretmühle 73
Fortbildung: Windeln für Reiche 74
Frau Bohnhorst lässt nicht locker 76
Das unsittliche Ansinnen von Pflegekräften . . . 80

**Seniorenresidenz Christian Runkel
in Köln-Nippes** 84
  Eine ganz normale Schicht 84
  Frau Anders verwest 85
  Frau Lampert wird gewindelt 88
  Frau Fischer schneidet sich die Adern auf 89
  Das Hochglanzheim 91
  Die Krabbelstube 94
  Frau Bennfeld möchte reden 98
  Selbst verschuldete Unwissenheit 100
  Leere Versprechungen 102
  Suizidnächte 102
    Frau Keller droht zu springen 102
  Ausgebrannt 104
  Herr Schewe signalisiert SOS 105
  Der Aufstand 108
    Erster Akt: Vorbereitungen 108
    Zweiter Akt: Ein glanzvoller Auftritt 110
    Der Reibach mit den Pflegekräften 114
  Kein Platz für Alte 117
    Frau Jordan auf Abwegen 117
    Frau Robel wehrt sich 123
    Frau Bennfeld schreibt Tagebuch 126
  Wer kontrolliert die Altenheime? 129
    Besuch der Heimaufsicht 129
  »Verbesserungen« und Sparmaßnahmen 133
  Essen aus Aluschalen und eine schnelle
    Kündigung 137

Rentaco Residenz Große Bleiche/Mainz **139**
  Das Altenheim der Aktionäre 139
  Heimliches Können 141
  Ein Meister der Hinhaltetaktik 145
  Die Pflegedienstleiterin streicht die Segel 150
  Ein Lebensabend in Obhut? 155
    Wenigstens etwas Süßes 155
  Abgezockt und liegen gelassen 157
  Marias Wettlauf 160
  Angst, vergessen zu werden 161
  Die Ernährungsberaterin 165
  Das schnelle Aus – für alle 166

Pro-Seniore-Residenz Berlin-Wilmersdorf **169**
  Das Grüne oder das Blaue 169
  Das Heim am Ku'damm 171
  Einarbeitung par excellence 173
  Spaß bei der Arbeit? Ja! 177
  Pflege mit Respekt – doch kein Heim ist
    vollkommen 181
  Ihr Lieblingsessen? 185
  Keine Zeit für Sterbende 186
  Der Akku ist leer 188

**Vorschläge und Anregungen für ein würdevolles
Leben im Alter** **190**
Das ganze Land ohne Heime – eine Utopie? **201**
  Interview mit Klaus Dörner zur Geschichte
    der Heime 201

»Mich interessiert: Wo bleibt das Geld?« **216**
  Interview mit Christel Bienstein zur Situation
    der Pflege in Deutschland 216

Anhang
Adressen 227
Literaturempfehlungen 236

Info-Kästen
Kleines ABC der Pflegeversicherung 22
Zeitkorridore 30
Dekubitus 41
Altersdemenz 43
Hierarchie des Pflegepersonals in
(Alten-)Heimen 55
Heimkosten und Leistungen der
Pflegeversicherung 59
Pflegebedürftige in Deutschland 61
Gehälter und Überstunden von Altenpflegerinnen
und Altenpflegern 81
Gefährliche Pflege 91
Depression 99
Aufgaben der Heimaufsicht 130
PEG-Versorgung 144
Aufgaben der Pflegedienstleitung 151
Burn-out – eine Krankheit 152
Aufgaben der Ernährungsberaterin 165
Aktivierende Pflege 175

Vorwort

Günter Wallraff

Als mich Markus Breitscheidel vor sechs Jahren aufsuchte und nach längeren Gesprächen damit herausrückte, dass ihn seine bisherige erfolgreiche, sichere Angestelltenexistenz nicht nur nicht ausfüllte, sondern immer mehr verzweifeln ließ, spürte ich, dass hier jemand eine radikale Wende in seinem Leben beabsichtigte. Andere in so einer Situation fahren mit dem Fahrrad einmal um die Welt oder suchen ihr Heil in einem japanischen Zen-Kloster, meist vergeblich. Der bewusste Abstieg des Autors in die Tabuzonen deutscher Pflege- und Altenheime wurde zum Trip durch eine soziale Hölle und geht weit über übliche journalistisch-investigative Recherchen hinaus.

Aus seiner Expedition entstand ein zutiefst aufrüttelnder Insider- und Tatsachenbericht. Empfehlenswert für alle, die nicht verdrängen wollen, dass sie auch einmal alt werden und pflegebedürftig sein könnten. Und Pflichtlektüre für die Ausnahmepolitiker, die sich noch ein Gewissen leisten und soziale Verantwortung spüren. Sein Umgang mit den ihm anvertrauten Pflegebedürftigen war trotz permanenter Überforderung immer hilfsbereit und liebevoll. Folgerichtig hat seine fast zweijährige Heim-Suchung so gar nichts von einem sensationsheischenden und voyeuristischen Skandalbericht.

Viele der Schilderungen versetzen mich in die Anfänge meiner Arbeit zurück, als ich seelenloser und entfremdeter Akkordhetze und Fließbandarbeit ausgesetzt war. Doch hier gelten die zu verrichtenden Handgriffe Menschen und nicht einer Warenproduktion. Da werden wehr- und hilflose Alte *abgearbeitet*, Akkord-Checklisten *abgehakt* und wer sich zu beschweren wagt, wird *abgeschossen*, d.h. mit Beruhigungsmitteln vollgepumpt. »Keine Zeit!« ist der Standardsatz der meist schlecht ausgebildeten, permanent überforderten und unterbezahlten Pflegenden. Der Heimbewohner wird zum bloßen Kostenfaktor im Teufelskreis von Rationalisierung und Gewinnmaximierung. Das betrifft selbst einfachste Hilfe: Einen Gebrechlichen zur Toilette zu begleiten, ist zu zeit- und personalaufwendig. Da werden – oft gewaltsam – Windeln angelegt oder Dauerkatheter gesetzt, obwohl der *Pflegefall* gar nicht inkontinent ist. Jeder Handgriff ist bis ins Detail festgelegt und durchkalkuliert; Ansprache und Zuwendung im Kostenplan nicht vorgesehen. Der Autor erlebte nie, wie ein Heimbewohner aus einer höheren Pflegestufe in eine niedrigere zurückgestuft wurde. Eine Verbesserung der Gesundheit ist ökonomisch betrachtet ein Verlustgeschäft.

»Die Würde des Menschen ist unantastbar«, verheißt der Grundgesetzartikel 1. Die Alltagserfahrungen des Autors spotten dem Hohn.

Es wäre allen Ernstes zu überlegen, ob hier nicht der Verfassungsschutz gefordert ist, Beamte als Pfleger oder Pflegebeanspruchende umzuschulen, um sie so als verdeckte Ermittler in diesen verfassungsfeindlichen Untergrund der Gesellschaft einzuschleusen.

Auf jeden Fall sollte dieses Buch dazu beitragen, einen grundsätzlichen Diskurs über die entsetzlichen Missstände in unseren Heimen einzuleiten, um grundlegende Verbesserungen unter öffentlicher Kontrolle zu ermöglichen.

Ansonsten hätte diese altenfeindliche Gesellschaft endgültig ihren Anspruch verwirkt, sich sozial und demokratisch nennen zu dürfen.

Kehrtwende

Ich war ein erfolgreicher Manager, bevor ich Altenpfleger wurde. Freiwillig, ernsthaft und neugierig auf eine neue Welt, ein neues Leben. Und es war ein Traumjob. Ständig durfte ich reisen – heute zur Natursteinmesse nach Verona, morgen zum Kundengespräch nach Berlin –, ich begegnete vielen Menschen und war neugierig auf jeden neuen Kontakt. Die Zusammenarbeit mit den zehn Kollegen meiner Abteilung machte Spaß, wir zogen am selben Strang und waren effizient und erfolgreich. Als Verkaufsleiter einer Firma für Diamantwerkzeuge musste ich planen, entscheiden, handeln, Umsätze und Gewinne immer fest im Blick. Ich wusste selbst nicht so recht, wie ich zu diesem verantwortungsvollen Posten gekommen war, er war mir geradezu in den Schoß gelegt worden.

Wie das passieren konnte? Ich studierte Wirtschaftswissenschaften und verdiente bei dieser Firma in den Semesterferien schon recht gut, indem ich die Lagerverwaltung auf EDV umstellte. Nach dem Studium begann ich zunächst als Geschäftsleitungsassistent einer Diskothek, der damals größten Europas. Doch schon bald wurden die Diamantbohrer wieder attraktiv. Der Firmeninhaber bot mir seine Verkaufsleitung für Deutschland an – und ich sagte zu. Von nun an war ich jeden Tag ab sieben Uhr im Einsatz, 24 Stunden über Handy zu sprechen und immer in mehreren Geschäften gleichzeitig engagiert. Dazu kamen Aufgaben wie Messen organisieren und betreuen, Verkaufsgespräche mit Großkunden führen, Prospektproduktionen leiten. Das

Motto, das mein ganzes Handeln beherrschte, lautete: Erreiche die Umsatzziele und reduziere die Kosten! Kosten senken wurde umso notwendiger, desto kleiner die Gewinne waren, die von Jahr zu Jahr sanken, seit asiatische Firmen den Werkzeugmarkt eroberten und zu unerwarteten Konkurrenten wurden. Am Ende aller Rationalisierungsmaßnahmen und Einsparungsversuche lag der schwarze Peter bei mir: Ich musste Mitarbeitern kündigen.

Das war mir verhasst. Und lag mir von Monat zu Monat schwerer im Magen. Ich durfte mit unseren freien Vertretern nur so lange verhandeln, wie die Einnahmen stimmten. Erreichten sie die vereinbarten Umsatzziele nicht – und wie sollten sie angesichts der Welt-Marktlage –, musste ich die Zusammenarbeit mit ihnen einstellen. Klar, in diesem Metier herrschen nun mal Zahlen, Ziele, Umsätze, aber ich merkte, dass es nicht das war, worauf ich zählte. Meine Gedanken kreisten immer mehr um Berufe, in denen man sich nicht für positive Bilanzen, sondern für Menschen einsetzt. Aber ich wusste nicht, wie ich es anstellen sollte, hatte ich so etwas weder studiert noch jemals zuvor mich in einer sozialen Tätigkeit versucht. Meine Unzufriedenheit wuchs von Woche zu Woche, zumal ich mich mitschuldig machen musste, indem ich wegen wirtschaftlicher Schwierigkeiten so genannte »unproduktive« Mitarbeiter – vor allem ältere – zu entlassen hatte. Hierbei geriet ich immer mehr in Gewissenskonflikte, sodass ich nachts oft wach lag und der Arbeit nur noch mit Widerwillen und Selbstverleugnung nachkam.

Vielleicht war es auch eine Art Wiedergutmachung, dass ich mir dieses Thema als soziale Aufgabe aussuchte: das Arbeiten in Altenheimen.

Als ich sechzehn Jahre alt war, wurde die Oma eines Freundes in ein Pflegeheim gebracht, was mich zutiefst empörte und mir wie eine Abschiebung vorkam. Ich lebte in einem Stadtteil von Cochem an der Mosel, einer kleinen

Kreisstadt in der Nähe von Koblenz, und hatte bis dahin nur Familien kennen gelernt, die zusammenhielten, selten auseinander brachen und die Alten pflegen konnten, bis sie starben. Aber diese Oma sah ihr Zuhause nicht wieder. Sie blieb bis zu ihrem Tod im Heim, und mein Freund fand das ganz normal. Seitdem habe ich mich viel mit dem Altern, den Aufgaben eines Sozialstaates und der Betreuung von Alten, Behinderten und Kranken beschäftigt. Ist das Heim eine würdige Alternative, wenn Familie und Bekannte zu Hause nicht mehr helfen können? Gibt es nicht ambulante Dienste, die diese Betreuung übernehmen und den zu Pflegenden in seiner vertrauten Umgebung leben lassen? Hinzu kamen die Fernseh- und Zeitungsberichte über Pflegemissstände und gewalttätige Übergriffe auf ältere Menschen, die ebenfalls dazu führten, dass mich dieses Thema nicht wieder losließ.

An einem Samstagvormittag im Sommer 1998 war eine meiner 65-Stunden-Wochen fast zu Ende, als mein Chef mich bat, noch ein paar bestellte Werkzeuge auszuhändigen. Ich sah auf die Lieferadresse und freute mich: Günter Wallraff benötigte Diamantbohrer. Mit vierzehn hatte mir ein Lehrer »Ganz unten« geschenkt, danach verschlang ich alle Undercover-Reportagen Wallraffs und war beeindruckt von seiner konsequenten Art, sich unter Einsatz all seiner Fähigkeiten in gesellschaftliche Brennpunkte zu katapultieren und aus ihrem Alltag zu berichten. Ein (Journalisten-) Leben mit Berufung und Geradlinigkeit – das fehlte mir noch in meinem Leben.

Wallraff begrüßte mich herzlich, nahm mir die Werkzeuge ab und lud mich ein zu einem Rundgang durch sein Haus voller Steine und Steinskulpturen. Stets an seinem Gegenüber interessiert, fragte er: »Wie geht es Ihnen beruflich?« Er war absolut nicht erstaunt, als ich Zweifel und Unzufriedenheit formulierte, anstatt Manager-Optimismus auszustrahlen. Tatsächlich hatte ich zum ersten

Mal jemanden gefunden, der meine Suche nach einem neuen Weg verstand. Und da ich nun schon mal an der bisher unerreichbaren Quelle saß, erkundigte ich mich nach Planungen und Ausführungen seiner Recherchen. Ich gab zu, dass ich mir seine Art Engagement auch für mich vorstellen konnte, es bisher aber nur zu träumen wagte. »Welches Thema liegt Ihnen denn am Herzen?«, wollte Wallraff wissen. »Die Situation der alten Menschen, wenn sie in Altenheime abgeschoben werden!« Wallraff wurde nachdenklich – »Da hört man ab und zu einiges sehr Beunruhigendes – aber wie es da wirklich aussieht, da müsste man selbst die Rolle eines Hinfälligen und Pflegebedürftigen spielen – oder lassen Sie sich doch als Pfleger in Altenheimen einstellen.« Sofort vertieften wir uns in meine möglichen Zukunftsalternativen. Wir markierten den Weg zu einem neuen, einem sozialen Engagement, das mir wichtiger werden sollte als das tägliche Rangeln um Effizienz und Gewinne. Am Sonntag verließ ich das Steinhaus voller Inspirationen und wusste: Ich hab's gefunden.

Am nächsten Morgen fuhr ich in die Firma und kündigte, gab den Schlüssel fürs Firmenauto ab und stand – vor dem Nichts. Verblüfft über Kündigung und radikale Entscheidung, wünschte mein Chef mir viel Glück, meine Familie reagierte verständnislos, und ich war sicher, das Richtige zu wollen. Das erste Mal in meinem Leben fühlte ich mich frei und hatte ein Ziel: Ich werde undercover als Altenpfleger arbeiten und darüber berichten.

Ich wollte erfahren, ob wirklich immer zu wenige Pfleger in einem Heim arbeiten, ob sie deshalb die Alten wie am Fließband abfertigen müssen und sie wegen Überforderung und Zeitmangel vernachlässigen, ja sogar gewalttätig behandeln. Gibt es wirklich nicht genug Gespräche, Zuhören, Mitgefühl für die Hilfebedürftigen? Handelt es sich bei den Horrormeldungen um die berühmten Ausnahmen, wie Heimleiter und Verbandsfunktionäre immer wieder betonen? Hat sich durch die Einführung der Pflegeversicherung seit 1995 eine größere soziale Gerechtigkeit herstellen lassen? Neugierig war ich auch darauf, wie schnell ich selbst an meine persönliche und moralische Leistungsgrenze kommen würde, wenn ich arbeiten müsste wie fast alle Altenpfleger: im Schichtdienst, in großen, anonymen Heimen, schlecht bezahlt, nie extra honoriert, in der Gesellschaft nicht anerkannt. Wie schnell werde auch ich so handeln, dass ich mich dafür schämen muss?

Bis zum Zeitpunkt meiner Entscheidung hatte ich jedoch noch kein einziges Altenheim von innen gesehen. Beim Arbeitsamt erfuhr ich, dass ich ohne weitere Fortbildung als Pflegehilfskraft anfangen und mich auch gleich bewerben konnte: In Westdeutschland wurden Altenpfleger gesucht. Es gab genug offene Stellen, wenn auch schlecht bezahlte. Ich verkaufte den Wagen, kündigte alle Versicherungen und sparte, wo es ging. Mit mir selber hatte ich vereinbart, die Gelder aus diesen Verkäufen während meiner neuen Arbeit nicht anzurühren. Denn welcher Altenpfleger hat schon Ersparnisse auf dem Konto?

Mittlerweile hatte ich mich entschieden, in mehreren Orten der Bundesrepublik zu arbeiten – es wurden dann nur Städte in Westdeutschland –, um meine Erfahrungen vertiefen zu können. Da ich nun kein Auto mehr hatte, erschien es mir komfortabler, in den größeren Städten eine Anstellung zu suchen und dort auch zu wohnen. Meine erste Wahl fiel auf München, aus einem einzigen Grund. Dort hat der Verein der Vereinigten Integrationsförderung seinen Sitz, der sich seit 20 Jahren für eine menschenwürdige Behandlung von Pflegebedürftigen einsetzt und viele mir bekannte Berichte von Betroffenen und ihren Heimerfahrungen veröffentlichte.

Naiv und ahnungslos verabschiede ich mich zu Hause, packe den Rucksack und sitze im Zug nach München.

Vorbemerkung

In diesem Buch wurden die Namen aller betroffenen Personen geändert. Auch die Charakterisierungen und Persönlichkeitsmerkmale Einzelner sind verändert und nur dann erwähnt worden, wenn es zum Verständnis von Situationen und Reaktionen nötig ist. Mit der Schilderung der Heimumstände und der Wiedergabe von Gesprächen möchte ich keine(n) der Kollegen(innen) und keine der betreuten Personen anklagen oder in der Öffentlichkeit bloßstellen.

Gleichzeitig kann ich als Altenpflegehelfer nur über meine eigenen Erlebnisse, Wahrnehmungen und Gefühle berichten und diese mit so vielen Informationen und Fakten unterlegen, wie es mir möglich ist. Es ist ein subjektiver, Einschätzungen wiedergebender Bericht. Das Dargestellte kann also nicht in Gänze den objektiven Tatsachen entsprechen, kommt ihnen aber sehr nahe.

Im Interesse der Authentizität habe ich mich entschlossen, ausgewählte Gespräche und Ereignisse detailliert zu schildern, um so die Strukturen und Bedingungen vom Leben und Arbeiten in Altenheimen dokumentieren zu können. Eine Dokumentation, die zur öffentlichen Diskussion über das Heimwesen und den Umgang mit alten Menschen in Deutschland einen Beitrag leisten möchte – mit dem Ziel, die Missstände zu beseitigen und die Arbeitsbedingungen für Altenpflegerinnen und -pfleger zu verbessern.

Die geschilderten Zustände und Ereignisse liegen zum Zeitpunkt des Erscheinens dieses Buches (September 2005) drei bis vier Jahre zurück. Ich brauchte einige Zeit, um die Erlebnisse und Eindrücke zu verarbeiten. Auch benötigte ich allein über ein Jahr, mir ausreichendes Wissen über die Gesetzmäßigkeiten in der Pflege anzueignen. Danach verstrich wieder kostbare Zeit, bis sich ein geeigneter Verlag gefunden hatte.

Die getroffenen Aussagen und Situationsbeschreibungen spiegeln somit nicht unbedingt die aktuellen Zustände und Strukturen in den genannten Altenheimen wider.

Altenheim Haus am Wiesenweg in Pullach/München

Willkommen in der Profi-Liga

Es ist schwer, in München eine billige Unterkunft zu finden. Notgedrungen nehme ich einen Platz in einem 16-Bett-Zimmer an, verstaue dort mein Gepäck und gehe schnurstracks zum Arbeitsamt, das in München insgesamt 15 Stellen für Pflegehelfer anbietet. Ich rufe bei der ersten Adresse auf der Liste an und stelle mich noch am selben Nachmittag vor: im Haus am Wiesenweg in Pullach bei München.

Zum Bewerbungstermin erscheint die äußerst nervös und hektisch wirkende Pflegedienstleiterin Claudia Bergenthal. »Wo haben Sie denn bisher als Altenpfleger gearbeitet?«, ist ihre erste Frage, woraufhin ich ihr meine Unerfahrenheit und meinen Aussteigerwunsch beichte. Doch das stört sie nicht. Viel wichtiger scheint ihr zu sein, dass ich ledig, flexibel einsetzbar, kräftig bin und außerdem gesund aussehe. Sie stuft mich als tauglich ein; nach eventuellen pflegerischen Erfahrungen in der Familie oder anderswo fragt sie überhaupt nicht. Nach zehnminütigem Gespräch übergibt sie mich an Oberschwester Helga Rosner, die mich kurz durchs Haus führt und mir dann die freie Stelle auf ihrer Station mit Schwerstpflegebedürftigen anbietet, indem sie mir einen kurzen Seitenblick zuwirft: »Können Sie sich das zutrauen?« Ich bejahe – und trete meine erste Anstellung auf einer Pflegestation in einem Altenheim an, auf der meist sehr kranke und alte Menschen liegen, die rund um die Uhr von ausgebildetem und erfahrenem Personal betreut werden müssten.

Noch am selben Abend trage ich meine Siebensachen aus dem Mehrbettzimmer in eine kleine Wohnung des Altenheims, die mir freundlicherweise angeboten wird. Bis auf ein paar Besorgungstouren verbringe ich nahezu meine gesamte Münchener Zeit in dem Heim, in dem ich auch arbeite.

Ein Heim der Wohlfahrt

Das Heim ist in zwei Häusern untergebracht, einem repräsentativen Neubau und einem alten vierstöckigen Betonkasten, in dem die Pflegebedürftigen untergebracht sind. Jede der vier Etagen bildet eine Station. Sie hat lange Flure mit Linoleumboden, in jedem Zimmer befinden sich zwei Betten mit Versorgungsleisten wie im Krankenhaus. Neben den Betten steht ein Rollwagen für die Behandlungsutensilien und für den Besuch ein kleiner Tisch mit zwei Plastikstühlen. Ein Wandkreuz hängt in jedem Zimmer, vereinzelt stehen persönliche Fotos auf den Schränkchen. Selten Bilder, Zimmerschmuck, Blumen oder persönliche Möbel.

Auf jeder Etage kann man einmal rundgehen. Vom Dienstzimmer auf der einen Kopfseite sind zwei Gänge einzusehen, vom Aufenthaltsraum in der gegenüberliegenden Flurecke die anderen beiden. Der Aufenthaltsraum besteht aus zwei meist leeren, runden Tischen mit Plastikstühlen drum herum. Hier sitzen die, die noch tagsüber das Bett verlassen, und die Rollstuhlfahrer, die dort abgestellt werden. Sie können hier besser als in ihren Zimmern beobachtet werden.

Das Altenheim Haus am Wiesenweg ist Mitglied des Paritätischen Wohlfahrtsverbands Bayern. In seinem Bundesverband sind rund 9000 Selbsthilfe-Initiativen aus dem Gesundheits- und Sozialbereich zusammengeschlossen; er ist somit der größte Verbund sozialer Organisationen in Deutschland. Alle Mitglieder haben das Recht auf Chancengleichheit, auf ein Leben in Würde und der freien Entfaltung der Persönlichkeit auf ihre Fahnen geschrieben. Zum Verband gehören zum Beispiel der Arbeiter-Samariter-Bund, die Volkssolidarität, der Guttemplerorden und das Deutsche Jugendherbergswerk. Da der Paritätische, wie er sich selbst abkürzt, als Verein gemeinnützig ist, darf auch das Haus am Wiesenweg also keine Gewinne machen.

Das Pflegepersonal im Haus am Wiesenweg wird nach Tariflohn bezahlt, aufgestockt durch verschiedene Zulagen. Ich verdiene 1100 Euro Grundgehalt, das sich durch die Zuschläge auf insgesamt 1760 Euro Monatsgehalt erhöht, mit schwankenden Zulagen entsprechend der übernommenen Wochenendschichten. Spätere Erfahrungen zeigen mir, damit bin ich gut dran. In allen späteren Heimen gibt es sehr viel weniger.

Im Altenheim in Pullach gibt es einen Betriebsrat, der monatliche Mitarbeiterversammlungen abhält. Weiterbildungen werden angeboten und stehen nicht nur auf dem Papier. Eine Personal- und Firmenstruktur wie diese finde ich nur im Haus am Wiesenweg. Es ist auch das einzige »meiner« Altenheime, das eine Gesundheitsuntersuchung seiner Angestellten nicht nur durchführt, sondern Impfungen wie gegen Hepatitis A auch bezahlt. Zusätzlich verlangt die Heimleitung vor Einstellung ein polizeiliches Führungszeugnis. Auch dieser Aufforderung muss ich nur in München nachkommen.

Kleines ABC der Pflegeversicherung

Als **pflegebedürftig** gilt, wer wegen einer körperlichen, geistigen oder seelischen Behinderung oder Krankheit auf Dauer (also mindestens für sechs Monate) in erheblichem Maß der Hilfe im täglichen Leben bedarf. Zum täglichen Leben zählt man die Grundpflege, die Haushaltspflege sowie andere Pflegebehandlungen.

Zur **Grundpflege** gehören die Körperpflege (Waschen, Zähne putzen, Kämmen, Rasieren, Toilettengang), Ernährung (mundgerechte Zubereitung und Aufnahme der Nahrung) und Mobilität (Aufstehen/Zubettgehen, An-/Auskleiden, Gehen, Stehen, Treppensteigen, Verlassen/Wiederaufsuchen der Wohnung). Diese können problemlos von einer ungelernten Kraft erledigt werden.

Zur **Haushaltspflege** zählen Einkaufen, Kochen, Saubermachen, Spülen, Wechseln der Wäsche, Waschen der Wäsche, Heizen.

Zu den **weiteren Pflegebehandlungen** zählen unter anderem Friseur, Fuß- und Fingernägel schneiden, Fahrten zur Schule oder Behindertenwerkstatt, medizinische oder berufliche Rehabilitationsmaßnahmen, allgemeine Beaufsichtigung und die Behandlungspflege.

Die **Behandlungspflege** umfasst die medizinische Pflege wie Injektionen, Behandlung von Druckgeschwüren, Verbände wechseln, Medikamenteneinnahme, Blutzucker-/Blutdruckmessungen und anderes. Bei der Behandlungspflege handelt es sich um Tätigkeiten des medizinischen Bereichs. Diese setzen eine Ausbildung voraus. Die Behandlungspflege geht zulasten der Krankenkassen – wenn der zu Pflegende oder eine Person des Haushalts sie nicht selbst übernehmen kann.

Wer über die Pflegeversicherung unterstützt werden möchte, stellt einen Antrag, der vom Medizinischen Dienst der gesetzlichen Kranken- und Pflegeversicherung (MDK) geprüft wird. Der Medizinische Dienst entscheidet über die Einstufung in eine von drei Pflegestufen.

Pflegestufe I
bedeutet, dass jemand im Wochendurchschnitt mindestens 90 Minuten täglich Hilfe braucht. Davon müssen mehr als 45 Minuten auf die Grundpflege entfallen.

Pflegestufe II
bedeutet, dass jemand im Wochendurchschnitt mindestens drei Stunden täglich Hilfe braucht, davon zwei Stunden für die Grundpflege. Auch muss die Versorgung des Haushalts komplett übernommen werden.

Pflegestufe III
bedeutet, dass jemand im Wochendurchschnitt mindestens fünf Stunden täglich, davon vier Stunden für die Grundpflege, und regelmäßig nachts Hilfe braucht. Eine Betreuung rund um die Uhr muss gewährleistet sein.

Härtefall
Hier muss ein außergewöhnlich hoher Pflegeaufwand geleistet werden. Ein Härtefall liegt vor, wenn die Grundpflege sieben Stunden täglich, davon mindestens zwei Stunden nachts, beträgt oder die Grundpflege nur mit mehreren Pflegekräften gemeinsam geleistet werden kann. Beide Merkmale sind für sich schon Voraussetzung für einen Härtefall. Betroffen sind zum Beispiel schwer Demenzkranke oder Krebspatienten im Endstadium.

Tägliche Pflegeaufgaben

Auf der Station für Schwerstpflegebedürftige, meinem neuen Arbeitsplatz, liegen 26 BewohnerInnen, die Mehrzahl mit der Pflegestufe III. Ihnen stehen am Tag fünf Stunden pro Person zu, in denen die Pflegerin oder der Pfleger sich um sie kümmern muss, mehr aber nicht. Die restlichen BewohnerInnen haben Pflegestufe II und somit ein Recht auf täglich drei Stunden Pflege. In diesen vorgegebenen Zeiten wird die »Grundpflege« – wie es im Fachjargon heißt – durchgeführt. Zur Grundpflege zählen Körperpflege, Ernährung und Mobilität.

Das bedeutet: Die Pflegerinnen und Pflegehelfer müssen die Bewohnerinnen und Bewohner waschen und anziehen, sie zur Toilette führen, rasieren, kämmen, in den Rollstuhl heben, ihnen die Mahlzeiten zubereiten und zu essen und zu trinken geben. Die Pflegebedürftigen werden meist im Rollstuhl hin- und hergefahren oder im Bett betreut und natürlich zwischen den Mahlzeiten versorgt, zum Beispiel müssen bei Inkontinenz die Windeln gewechselt und die Pflegebedürftigen bei vollkommener Bettlägerigkeit alle zwei Stunden gelagert werden.

Mit der Grundpflege ist es jedoch nicht getan. Es muss auch noch fürs Einkaufen, Kochen, Saubermachen, Spülen, Wechseln der Wäsche, Waschen der Wäsche und Heizen gesorgt werden, von der Versicherung »Haushaltspflege« genannt. Diese Tätigkeiten fallen in einem gut geführten Heim in der Regel nicht in den Aufgabenbereich des Pflegepersonals. Die Kosten für Grund- und Haushaltspflege werden nach Prüfung des Grades an Hilfsbedürftigkeit von der Pflegeversicherung übernommen.

Die Einarbeitungswoche

In den ersten Tagen begleite ich Adnan Petrovic, der mich in die Arbeit einführt. Damit habe ich Glück in doppelter Hinsicht: Zum einen ist dies die einzige Einarbeitung, die ich – bis auf die Einführungswochen im Berliner Heim – je bekommen werde. Zum anderen ist Adnan Petrovic Mediziner aus Bosnien-Herzegowina, ein Arzt, dessen Ausbildung in Deutschland allerdings nicht anerkannt wird.

Nun arbeitet er schon seit elf Jahren als Pflegehelfer und grollt dem deutschen Bildungssystem. Adnan ist der Bestausgebildete auf der ganzen Station und vermittelt mir sehr viel medizinisches und pflegerisches Grundwissen, obwohl ihm eigentlich dafür ständig die Zeit fehlt.

Um sieben Uhr beginnt mein erster Frühdienst im Schlepptau Adnans: Eine stickige, verbrauchte Luft strömt uns entgegen, als er die Tür von Zimmer 301 öffnet. Er knipst das Licht an, geht zielgerichtet zum vorderen Bett, zieht die Decke weg und beginnt wie automatisiert, mit dem Waschlappen den reglosen Körper einer abgemagerten Frau abzureiben. Währenddessen erklärt er mir jeden seiner Handgriffe. In knapp fünf Minuten hat er die Frau angezogen und wendet sich ihrer Nachbarin zu. Obwohl diese sehr schwergewichtig ist, spult er auch bei ihr sein Pflegeprogramm ab. Seine festen Handgriffe hinterlassen rote Druckstellen an beiden Armen und Beinen der Frau. Er spricht kein Wort. »Ob ich das wohl jemals so schnell hinbekomme?«, frage ich ihn auf dem Weg ins nächste Zimmer. »Wenn du weiter nur Fragen stellst, wahrscheinlich nie. Ich rate dir, so schnell wie möglich zu arbeiten, sonst bist du garantiert nicht lange bei uns! Wir werden hier fürs Arbeiten bezahlt und nicht fürs Reden!«

Den gesamten Vormittag hetzen wir durch die Zimmer und können erst nach dreieinhalb Stunden Luft holen. Wir haben zwölf Menschen nach den Vorschriften der Grundpflege abgearbeitet, so der Terminus beim Pflegepersonal. Eher durchgecheckt, dafür gibt es eine Checkliste (siehe Seite 30.) Mehr als ein paar Minuten Pause sind nicht drin, denn der Plan sieht ab zehn Uhr einen erneuten Durchgang zum Windeln und Lagern vor. Also weiter! Nachmittags verlasse ich völlig ausgelaugt die Station. Ich habe nicht eine einzige Bewohnerin mit Namen kennen gelernt. Eigentlich erinnere ich mich nur an die Zimmernummern.

In der darauf folgenden Woche lerne ich von Adnan, dass

es notwendig ist, sich einen regelmäßigen Stunden-, ja Minutenplan zu erstellen und ihn strikt einzuhalten. Zunächst übernehme ich seine Zeiteinteilung.

Wenn möglich, beginnen wir mit den mobilen Bewohnern: im Affenzahn am Waschbecken mit Lappen und Seife abreiben, rein in die Jogginganzüge, die sich dank Gummizug am besten wechseln lassen, und schnell aus dem Zimmer in die Aufenthaltsecke rollen. Dann sind die Bettlägerigen dran. Übrigens wird diese Reihenfolge auch davon beeinflusst, welche von den BewohnerInnen Besuch erwartet. Sie werden als Allererste versorgt – das vermeidet Nachfragen und Zusammenstöße mit den Angehörigen.

Auf dieser Schwerstpflegestation leben die meisten mit Kathetern, sodass ich nur einmal am Tag die am Bett befestigten Urinbeutel leeren muss. Auch die Ernährung der ans Bett Gebundenen ist automatisiert, die Nährlösung wird durch eine Magensonde zugeführt. Wenn Pflegepersonal fehlt – das im Grunde genommen immer fehlt, weil ständig unterbesetzt gearbeitet wird –, dann haben die Mitarbeiter kaum Zeit, die BewohnerInnen zu waschen, umzuziehen oder ihnen die Haare zu kämmen. Deshalb liegen die, die in den Zeitplänen der Pfleger immer als Letzte drankommen, an manchen Tagen ungepflegt im Bett. Manche können sich, stumm wegen eines Schlaganfalls oder aus Altersschwäche, nicht mal beschweren.

Meine Schicht endet mit dem Wegtragen von drei bis vier großen Müllsäcken voller Windeln. Windeln und Waschen sind die Hauptaufgaben auf einer Station mit Bewohnern der Pflegestufe III. Es ist normal, 50- bis 60-mal in einer Schicht Windeln zu wechseln, ebenso die Bettwäsche und Jogginganzüge. Handschuhe, mit denen wir arbeiten sollen, zieht fast niemand an, denn durch die Feuchtigkeit zwischen Fingern und Gummi löst sich die Haut, wachsen Pilze. Ohne Handschuhe aber sind die Hände ständig aufgerissen, vernarbt und voller Schwielen.

Ich bin das erste Mal in meinem Leben in einem Altenheim, dennoch finde ich es selbstverständlich, dass es dort nach Urin und Desinfektionsmitteln riecht. Mit dem Lärm hingegen habe ich nicht gerechnet. Er ist nicht gedämpft wie in Krankenhäusern, nein, so muss es in Irrenhäusern zugehen, denke ich. Einsam und verzweifelt versuchen die Menschen mit allen Mitteln, Aufmerksamkeit zu erheischen. Sie quengeln, schimpfen, schreien, nicht selten rufen sie: »Schwester, helfen Sie mir! Schwester, ich möchte sterben!« – »Ich kann nicht mehr. Helfen Sie mir, ich möchte sterben.« Selbst wenn nur vier bis fünf Bewohnerinnen durcheinander rufen, ist es laut und erdrückend, zum Davonlaufen. Noch Stunden nach meinem Dienst, schon längst auf meinem Zimmer, höre ich die Klagen, fühle ich mich gerufen.

Nach einer Woche Einarbeitungszeit bin ich für sieben Zimmer und für die in ihnen liegenden zwölf Bewohner verantwortlich. Verantwortlich für die Versorgung von Menschen, mit denen ich kaum rede, deren Namen ich nicht kenne und deren wahrer Gesundheitszustand mir verschlossen bleibt. Ich weiß nur, dass es ihnen schlecht geht.

Beim ersten Zeit-Rennen versagt

In der zweiten Woche ziehe ich allein los, ausgerüstet mit dem wichtigsten Utensil des Pflegers, dem Pflegewagen, auf dem sich Windeln, Handtücher und Reinigungs- sowie Desinfektionsmittel türmen. Außerdem habe ich auch noch einen »Piepser« dabei, der mir signalisiert, wann ein Bewohner etwas möchte. Ich habe gerade mit den beiden Frauen in Zimmer 303 begonnen, da klingelt es. Das Gerät zeigt die Zimmernummer 309 an. Erleichtert, dass es nicht zu meinem Bereich gehört, fahre ich mit meiner Arbeit fort. Doch kurz darauf klingelt es wieder. Ich trete auf den Gang und sehe eine Pflegerin, die auf den wiederholten Ruf aus Zimmer 309 nicht reagiert. Soll ich mich kümmern? Oder muss ich die Bitte ignorieren, damit ich mein Pensum schaffe? Diese Frage hatte ich mir schon in der Woche mit Adnan gestellt, musste sie mir aber noch nicht beantworten. Nun bin ich allein und stehe unter Druck. Ich gehe nicht zum Zimmer 309.

Zur Mittagszeit habe ich bei lediglich sieben statt zwölf BewohnerInnen die Grundpflege geschafft. Als ich schweißgebadet das Dienstzimmer betrete, erwartet mich Oberschwester Helga mit vorwurfsvollen Blicken. Die anderen Pfleger ignorieren mich. Helga bittet mich zu einem Gespräch unter vier Augen:

»Ich hab dich beobachtet – du verlierst einfach zu viel Zeit! Du willst jeden Wunsch der Bewohner erfüllen. Das ist nicht möglich, gehört auch nicht zu unseren Aufgaben. Deine Aufgabe ist es, den Bewohner zu waschen und anzuziehen.«

Ich: »Und wenn jemand auf Toilette gehen oder etwas trinken möchte, was soll ich sagen?«

Sie: »Dass du keine Zeit hast, weil du dich um einen anderen Bewohner kümmern musst.«

Ich: »Ist das nicht unhöflich?«

Sie: »Nein. Du musst zwölf Bewohner betreuen und dir angewöhnen, das Ganze zu sehen. Du hast nur eine bestimmte Zeit zur Verfügung, und wenn du sie bei einem überschreitest, fehlt sie beim andern. Sieh zu, dass du alle gewaschen und angezogen kriegst. Ist dann noch Zeit übrig, kannst du auf besondere Wünsche eingehen.«

Ich: »Sie meinen, auf Toilette gehen oder trinken zu wollen ist was Besonderes?«

Sie: »Hör auf zu denken. Du musst dein Pensum erfüllen.

Wenn du's nicht schaffst, müssen die Kollegen deine Arbeit machen. Es geht hier um deinen Arbeitsplatz und deine Integration ins Team. Also versuch mitzuhalten, oder du gehst.«

Nach einer schlaflosen Nacht erscheine ich pünktlich zum Frühdienst. Bereit, mitzuziehen und das möglichst schnell. Bereit, ins Minutenkorsett zu steigen und alles andere zu ignorieren. Jeden Tag werde ich schneller und effizienter, doch für meine Kollegen bin ich immer noch Luft. Ständig haben sie etwas zu kritisieren und hören erst damit auf, als ich die Grundpflege bei »meinen« BewohnerInnen allein bewältige. Nun werde ich in der gemeinsamen Frühstückspause nicht mehr übersehen und ab und zu ins Gespräch einbezogen. Sie erkennen aber immer nur die Quantität meiner Arbeit an, nie die Qualität. Nach einem Monat bin ich so schnell, dass ich mir so genannte Zeitfenster erarbeitet habe: ein paar Minuten am Tag, in denen ich auf eine Bewohnerin eingehen, mich ansprechen lassen, ein paar Worte wechseln kann.

Zeit-Kämpfer unter sich

Ein paar Wochen nach meinem Einstieg wird Adnan von Oberschwester Helga beauftragt, eine neue Pflegehelferin einzuarbeiten. Rebecca Seyfert ist 20 Jahre alt, freundlich und hilfsbereit und schon bald bei den BewohnerInnen beliebt. Ihr Übergewicht hindert sie jedoch daran, die geforderte Geschwindigkeit zu erreichen, sodass sie schnell zum Dorn im Auge der Kollegen wird, die ihre Arbeit mitmachen müssen. Hinter ihrem Rücken meckern sie. Sobald Rebecca ins Dienstzimmer kommt, wird es still. Kaum jemand spricht mit ihr.

Zeitkorridore

Im Jahr 1997, zwei Jahre nach Einführung der Pflegeversicherung, wurden erstmals Orientierungswerte zur Pflegezeitbemessung festgelegt. Ziel war es, die Qualität der Pflege zu erhöhen und die Tätigkeiten zu vereinheitlichen. Die Betreuungsaufgaben wurden in Zeitkorridore gefasst, in denen eine ungelernte Pflegeperson die vollständige Übernahme der Pflegearbeit leisten kann.

Körperpflege
1. Waschen

Ganzkörperwäsche	20–25 Minuten
Teilwäsche Oberkörper	8–10 Minuten
Teilwäsche Unterkörper	12–15 Minuten
Teilwäsche Hände/Gesicht	1–2 Minuten
2. Duschen	15–20 Minuten
3. Baden	20–25 Minuten
4. Zahnpflege	5 Minuten
5. Kämmen	1–3 Minuten
6. Rasieren	5–10 Minuten

7. Darm-/Blasenentleerung

Wasserlassen	2–3 Minuten
Stuhlgang	3–6 Minuten
Richten der Kleidung	2 Minuten
Wechseln von Windeln	
nach Wasserlassen	4–6 Minuten
nach Stuhlgang	7–10 Minuten
Wechseln kleiner Vorlagen	1–2 Minuten
Wechseln/Entleeren des Urinbeutels/ der Urinflasche	2–3 Minuten
Wechseln/Entleeren des Stomabeutels (künstlicher Darmausgang)	3–4 Minuten

Ernährung

8. Mundgerechte Zubereitung der Nahrung	2–3 Minuten
9. Nahrungsaufnahme	15–20 Minuten

Mobilität
10. Aufstehen/Zubettgehen
einfache Hilfe beim Aufstehen/Hinlegen   1–2 Minuten
Umlagern   2–3 Minuten
11. Ankleiden/Auskleiden
Ankleiden gesamt   8–10 Minuten
Ankleiden Oberkörper/Unterkörper   5–6 Minuten
Entkleiden gesamt   4–6 Minuten
Entkleiden Oberkörper/Unterkörper   2–3 Minuten

Für die Einheiten Gehen, Stehen, Treppensteigen, Verlassen/Wiederaufsuche der Wohnung wurden keine Zeitspannen angegeben, weil sie individuell geschätzt bzw. per Uhr gestoppt werden sollen.

In ihrer zweiten Woche hat Rebecca gemeinsam mit dem Kollegen Igor Meden Frühdienst. Ich übernehme an diesem Tag die anschließende Schicht und komme gerade in unseren Personalraum, um mich umzuziehen, als Rebecca sich verabschiedet und gehen will. Plötzlich steht Igor im Raum und geht wütend auf Rebecca zu. Ich stenografiere folgendes Gespräch:

Igor zu Rebecca: »Du fettes, faules Schwein. Deinetwegen muss ich wieder eine Stunde länger bleiben. Hoffentlich schmeißen sie dich bald raus. Ich habe es satt, ständig deine Arbeit zu machen!« Rebecca rührt sich nicht von der Stelle und beginnt zu weinen.

Rebecca: »Lass mir etwas Zeit. Ich muss mich an euer Tempo erst noch gewöhnen. Das fällt mir ein bisschen schwer, aber die Arbeit macht so einen Spaß.«

Igor: »Es geht doch nicht darum, Spaß zu haben. Du sollst deine Leistung bringen. Aber du bist viel zu dick, um dich schnell genug zu bewegen. Das schaffst du nie. Ich habe die Schnauze voll! Ich gehe heute noch zu Schwester Helga und beschwere mich.«

Ich mische mich ein: »Hör auf, sie zu verletzen. Sie ist ziemlich beliebt und immer hilfsbereit. Du hingegen könntest dir einiges abgucken. Dein Benehmen stört mich schon lange.«
Igor: »Du musst gerade was sagen. Hast doch erst im letzten Moment die Kurve gekriegt. Sei froh, dass du deinen Bereich in den Griff bekommen hast, sonst wärst du gar nicht mehr hier.«
Ich: »Ich bin nicht so wild darauf wie du, ständig Bestzeiten zu erzielen. Die Arbeit leidet darunter, und die Bewohner auch. Aber dir geht's nur darum, deine Kopfzahl zu erreichen, dann bist du zufrieden. Mich befriedigt das überhaupt nicht.«
Igor: »Saudummes Geschwätz!«
Rebecca schaltet sich ein: »Ich finde, er hat Recht. Wie's den Bewohnern geht, das interessiert keinen. Wir erreichen zwar eine hohe Stückzahl, aber niemand ist vernünftig versorgt. So jemand wie du ist doch gar kein richtiger Pfleger.«
Igor: »Ihr könnt beide nur schön reden. Bringt eure Leistung, und gut is.«
Er blickt zu Rebecca: »Wenn du nicht schneller wirst, dann bist du nicht mehr lange bei uns.«
Rebecca weint oft, wenn Igor sie wieder fertiggemacht hat. Die anderen Kollegen ignorieren sie, lästern – und haben sich schon längst bei Oberschwester Helga beschwert. Keiner will noch länger Rebeccas Arbeiten übernehmen. In einem Gespräch zwischen Helga und Rebecca einigen sich die beiden auf eine Umwandlung des Arbeitsvertrages in einen Praktikumsvertrag. Ihr Lohn wird halbiert, sie hat nur noch die anderen Pflegekräfte zu unterstützen und keinen eigenen Verantwortungsbereich mehr. Kein Grund für die Kollegen, mit dem Gestichel und Ausgrenzen aufzuhören. Nach weiteren zwei Wochen kündigt Rebecca.
Die koreanische Kollegin Suh Dong ist geschickter. Sie bewältigt ihr Pensum, ohne jemals um Hilfe zu bitten.

1,50 Meter groß, maximal 50 Kilo schwer, kann sie einen Mann von zwei Metern und über 100 Kilo lagern. So steht es jedenfalls in der Krankendokumentation, die täglich für jeden Bewohner geführt wird. Sind die Krankendokumentationen lückenlos geführt – worauf jedes Heim streng achtet –, bewahrt es einen davor, in die Schusslinie zu geraten. Denn diese Dokumentationen sind die Nachweise für die Pflegetätigkeiten und damit Abrechnungsgrundlage gegenüber der Pflegeversicherung und den Krankenkassen. Die eingetragenen Tätigkeiten selbst werden von den Heimen oft weniger streng kontrolliert.

Mir fällt es unendlich schwer, nur auf mich gestellt einen normal großen Mann aus dem Bett in den Rollstuhl zu hieven. Ich muss meine ganze Kraft bündeln, hochkonzentriert handeln und nicht ein Detail übersehen. Häufig bin ich, besonders nach einem Schichtmarathon von zwölf Diensten hintereinander, über meine eigenen Grenzen gegangen, ohne erklären zu können, wie ich das geschafft habe. Natürlich ist mir öfter ein Bewohner auf den Boden gerutscht – und ich weiß selbst nicht, wie ich ihn wieder ins Bett oder in den Stuhl zurückwuchten konnte.

Gewalt gegen BewohnerInnen

Pudding – Suppe – Pudding

Das Heimessen für Menschen, die im Bett liegen und ihre Mahlzeiten nicht mehr allein zu sich nehmen können, ist meist ein Fertigpudding, der manchmal mit, manchmal ohne Milch gekocht und morgens und abends verabreicht wird. Er enthält wenige Kohlehydrate, aber weder Vitamine noch Mineralstoffe. Ein normales Frühstück – eine Brot-

den und einzeln zum Mund des Pflegebedürftigen führen – dauert meistens zu lange. Der Pudding hingegen lässt sich im Nu einflößen. Manchmal organisiert die Küche für das Frühstück eine Brotscheibe, die, in Milch getunkt, dann mit dem Löffel gegessen wird. Ohne diese Variante greift man auf den Pudding zurück.

Mittags gibt es Suppe, eine Instant-Bouillon: zwei Löffel aus dem Glas mit Körnerbrühe, heißes Wasser drauf, fertig. Nährwert gleich null, hier fehlen sogar die Kohlehydrate. Im Früh- und Spätdienst versuchen wir, je 200 Milliliter Flüssigkeit pro BewohnerIn zu verabreichen. Oft schaffen wir es aber nur in einem, nicht in beiden Diensten, diese kleine Menge einzuflößen, denn es braucht Geduld und Zeit. Ich denke an die zwei bis drei Liter pro Tag, die ein normaler Erwachsener zu sich nehmen soll – die 200 bis 400 Milliliter erscheinen mir wie ein Verdurstenlassen auf Raten. Es kommt nicht selten vor, dass die 200 Milliliter pro Mahlzeit als verabreicht in die Krankendokumentation eingetragen werden, egal, wie viel Zeit sich Pflegerin oder Pfleger nehmen konnten.

Pudding, Suppe, Pudding und mit Glück etwas Wasser – in vielen Heimen sieht der tägliche Speiseplan von pflegebedürftigen kranken Menschen so aus, nicht nur im Haus am Wiesenweg.

An einem Abend mache ich gemeinsam mit Oberschwester Helga den Spätdienst. Der Frühdienst hat es wegen einer fehlenden, kranken Kollegin nicht geschafft, bei allen BewohnerInnen die Grundpflege durchzuführen, sodass wir bis zum Abendessen versuchen, wenigstens alle zu waschen, zu lagern, zu behandeln. Dabei geraten wir nun total in Zeitnot. Kollegin Helga Rosner ist gereizt und hektisch.

Für das Abendessen weist sie mich an, in der Küche den frisch gekochten Pudding in kleine Kunststoffbecher zu füllen, sie anschließend auf den Zimmern zu verteilen und den Pudding den BewohnerInnen zu geben. Den Tag über haben sie weder getrunken noch Suppe oder Pudding erhalten. Die Puddingbecher sind jedoch so heiß, dass man sie nicht anfassen kann. Ich beschließe, mit der Eingabe zu warten, und verteile nur die Becher in den Zimmern. Dann eile ich zurück ins Dienstzimmer, wo Helga schon drängelnd auf mich wartet.

Als ich ihr meine Entscheidung mitteile, herrscht sie mich an. Mit hochrotem Kopf und schriller Stimme befiehlt sie mir, ihr zu folgen. Forsch reißt sie die erste Tür auf, geht zum nächsten Bett, nimmt den immer noch heißen Becher in ihre rechte Hand, hält mit ihrer linken die Nase der alten Frau zu, die automatisch ihren Mund öffnet und nach Luft schnappt. In diesem Moment flößt sie der Bewohnerin den Pudding ein und triumphiert: »Siehst du – so macht man das!«

Wie auf Knopfdruck höre ich mich sagen: »Ich aber nicht.« Dann stürze ich aus dem Raum und fliehe ins Dienstzimmer. Einen Augenblick später folgt mir Helga, setzt sich an ihren Schreibtisch, fummelt in Unterlagen, wird dabei langsam ruhiger und fängt schließlich an zu reden, mit dem Rücken zu mir (was mir ermöglicht, den Inhalt des Gesprächs mitzustenografieren), den Blick durch die Glasscheibe auf den Gang gerichtet, wie aus einem Albtraum wach geworden:

»Entschuldige. Ich kann mein Verhalten selbst nicht erklären. Die Arbeit ist so viel geworden, seit es die Pflegeversicherung gibt. Ich habe das Gefühl, niemals fertig zu werden. Ich kann nachts nicht schlafen, denke ständig daran, wie wir die Alten behandeln. Nicht mal mehr für ein Gespräch haben wir Zeit. Dabei bin ich die Oberschwester und habe die volle Verantwortung für die Station, für die Bewohner und für das Pflegepersonal.«

Ich: »Jeden Tag geht es den Bewohnern schlechter. Einige bekommen nicht mal einen Becher täglich zu trinken.

Andere liegen im Bett, und ihr Hintern verfault, weil wir keine Zeit haben, sie vernünftig zu lagern. Jeder von uns sieht das, und alle versuchen, es zu verdrängen.«

Sie: »Deshalb kommen und gehen die Pflegekräfte ja so schnell. Die resignieren nach kürzester Zeit. Oder werden aggressiv und lassen das an den Bewohnern aus.«

Ich: »Jeder weiß, dass es so läuft. Aber wir sind doch auch selbst schuld, wenn wir immer noch brav arbeiten, ohne uns zu beschweren. Wieso können wir nicht gemeinsam etwas ändern?«

Sie: »Alle sind auf ihren Arbeitsplatz angewiesen. Unsere Existenz steht auf dem Spiel. Das macht uns so kleinlaut.«

Ich: »Sie haben doch auch Familie. Was sagt die denn, wenn Sie immer völlig fertig und ausgebrannt nach Hause kommen?«

Sie: »Die wollen sich die Geschichten schon lange nicht mehr anhören. Dann versuche ich, schnell abzuschalten. Aber das gelingt mir meist erst nach der ersten Flasche Wein. Meine Tochter droht ständig damit, auszuziehen. Mein Mann sagt auch, er will sich trennen, weil ich nicht mehr die Frau bin, die er mal geheiratet hat. Ich kann beide verstehen, denn ich komme immer kaputt und voller Probleme nach Hause. Obendrein haben wir ja kaum frei, ein Dienst nach dem anderen, ohne Pause. Ich kann mich kaum mehr daran erinnern, wann ich das letzte Mal einen netten Abend mit ihnen hatte. Dabei bin ich eigentlich ein lustiger Typ. Aber das ist seit langem vorbei.«

Ich: »Und Ihre Freunde?«

Sie: »Man kann ja nichts mehr planen, wegen der ewigen Schichten. Deshalb habe ich nach und nach den Kontakt zu ihnen verloren. Lediglich eine ehemalige Kollegin aus der Altenpflege ist noch übrig geblieben. Aber wir sehen uns auch total selten.«

Helga sieht, wie eine Bewohnerin völlig nackt aus ihrem

Zimmer auf den Gang stürmt und laut um Hilfe schreit. Müde steht sie auf und geht hin.

Am nächsten Tag hören wir, dass Helga Rosner für vier Wochen krank gemeldet ist.

Heimleitungen kalkulieren solche Auszeiten ihrer examinierten Kräfte ein; in diesen Fällen rechnen sie die Überstunden dagegen. Manche Kollegen sammeln 300 bis 370 Tage Überstunden ohne die Aussicht, diese jemals zu nehmen – es sei denn, sie werden mit einer Krankheitszeit verrechnet. Ich erlebte bei mehr als einem Heim, dass den gelernten Kräften nach ähnlichen Zwischenfällen, aber auch bei Kündigungsabsichten, solch ein Vier-Wochen-Ausstand angeboten wurde. Danach stiegen sie erneut in dasselbe Zeit- und Stress-Karussell ein, an dem die Heimleitung in der Zwischenzeit nichts geändert hatte. Wieder warten unzählige Schichtrunden auf die Pflegerin – bis zum nächsten Zusammenbruch.

Zwangsberuhigung

HERR HARDENBERG

In meiner dritten Woche arbeite ich im Spätdienst mit Susanne Rust, der Stellvertretenden Stationsleiterin und in Helga Rosners Abwesenheit meine Vorgesetzte. Susanne ist im Altenheim völlig verkehrt und macht auch keinen Hehl daraus. Sie hat in den Neunzigern als Kfz-Mechanikerin keine Arbeit mehr gefunden und sich neu orientieren müssen. Unfreiwillig schulte sie zur Altenpflegerin um, nachdem sie die Zusage erhalten hatte, am alten Wohnort eine Stelle zu bekommen. Die jedoch gab es nicht. Sie musste ihre Freunde zurücklassen, nach München ziehen und hier in Pullach in die ungeliebte Arbeit einsteigen.

Gleich zu Dienstbeginn hören wir entsetztes Schreien aus 503. Es ist Dimitrow Schelling, der Bettnachbar von

Viktor Hardenberg im Zweibettzimmer. Ich öffne die Tür und pralle sofort wieder zurück: Es stinkt entsetzlich. Herr Hardenberg hat zuerst sich selbst, dann sein Bett mit Kot beschmiert und ist gerade dabei, auch die Wände zu streichen. Erfreut über mein Auftauchen hält er inne und beginnt, seine kotverschmierten Finger abzulecken. Zunächst helfe ich seinem Bettnachbarn in den Stuhl und rolle ihn nach draußen. In meinem Kopf hämmert nur ein Gedanke auf mich ein: Du musst das alles so schnell wie möglich sauber machen, aber du hast überhaupt keine Zeit! Ich halte Herrn Hardenberg an beiden Handgelenken fest, um ihn zu unterbrechen, und beginne, ihn zu waschen, als Susanne auftaucht und mich fragt (Gesprächsprotokoll aus meinem Tagebuch):

»Warum haben die anderen Bewohner noch keinen Kaffee?«

Ich: »Du siehst doch, was los ist. Soll ich alles so lassen?«

Sie: »Du hast dich zuerst um die Arbeiten zu kümmern, mit denen ich dich beauftragt habe. Herr Hardenberg ist Pflegestufe II, ihm stehen nicht mehr als 30 Minuten pro Schicht zu. Diese Zeit ist schon längst überschritten. Das geht zulasten der anderen Bewohner.«

Ich: »Soll ich also so tun, als hätte ich nichts gesehen und einfach weitermachen?«

Sie: »Du hast es erfasst. Jetzt geh und verteil den Kaffee.«

Sie verschwindet im Dienstzimmer, während ich Herrn Hardenberg weiter abwasche und das Zimmer säubere. Ich handele wie unter Schock: Weder denke ich über den mit Scheiße verkleisterten Hardenberg noch über meinen Ekel nach, ich fühle mich nur gehetzt und will so schnell wie möglich alles sauber machen. Dabei überlege ich, wie ich dafür sorgen kann, dass so etwas zukünftig in meinem Dienst nicht mehr vorkommt – nicht, weil ich es widerlich finde, sondern weil ich mein Pensum schaffen möchte. Ich wasche den alten Mann und schrubbe das Zimmer, Herr Hardenberg strahlt und ist glücklich, denn endlich kümmert sich jemand um ihn.

Im Dienstzimmer öffnet Susanne den Medikamentenschrank, greift eine Flasche, füllt etwas Flüssigkeit in einen kleinen Becher und kommt ins Zimmer. Ich werde meiner Aufgabe entbunden. Sie rollt Herrn Hardenberg unter die Dusche, braust ihn kalt ab, gibt ihm das Beruhigungsmittel und setzt ihn auf den Gang, wo sie ihn gut beobachten kann.

Doch Herr Hardenberg ist weiterhin verzweifelt unruhig. Er bewegt sich hin und her, rutscht vom Stuhl, stößt den Becher vom Tisch, sein ganzer Körper bettelt um Zuwendung. Die gibt's nur in immer höheren Dosen des Beruhigungsmittels. Endlich rutscht er apathisch in sich zusammen, der Kopf sackt auf den Tisch. Susanne dreht ihre letzte Kontrollrunde und wirkt zufrieden.

Frau Finkhäuser

Knapp eine Woche später habe ich wieder mit Susanne Spätdienst. Dieses Mal stört Rosemarie Finkhäuser den Stationsablauf. Die 85-Jährige ist durch einen Schlaganfall rechtsseitig gelähmt und liegt den ganzen Tag im Bett. Sie wiegt 90 Kilo, ist schwierig zu lagern und leidet deshalb an einem tiefen Druckgeschwür am Becken, auch Dekubitus genannt.

Frau Finkhäusers Dekubitus vergrößert sich von Tag zu Tag. Die meist sehr nassen Windeln, die sie wegen Inkontinenz tragen muss, kleben am Rücken auf der tiefen Wunde und verursachen offensichtlich einen brennenden, unerträglichen Schmerz. Frau Finkhäuser reißt sich so oft wie möglich mit der linken Hand die Windeln vom Leib, um den Schmerz zu verringern und das Brennen zu stoppen. Dabei beschmiert die volle Windel oft Decke und Laken, sodass Bewohnerin und Bett mehrmals täglich umgezogen werden müssen. Wieder neue Windeln, wieder verklebt die Windel mit der Wunde, wieder wird die Wunde nicht behandelt, Frau Finkhäuser wird verrückt vor Schmerzen. Nachdem Susanne sie und das Bett bereits zweimal neu an- und bezogen hat, reißt ihr der Geduldsfaden. Sie will die Hand der alten Frau in einen Waschlappen stecken und dann mit Mullbinden am Bettgitter festbinden, doch Frau Finkhäuser wehrt sich mit aller Kraft. Völlig aufgebracht erscheint Susanne im Dienstzimmer und wühlt im Verbandskasten. Ich präge mir folgendes Gespräch ein und notiere es anschließend in meinem Tagebuch:

»Was ist passiert?«, frage ich.

Sie: »Die Alte hat mir den ganzen Arm zerkratzt. Schau dir das an, es blutet sogar.«

Ich: »Aber warum denn?«

Sie: »Ich wollte ihre linke Hand festbinden. Aber sie hat rumgezickt, und das ist das Resultat. Der werde ich zeigen, wer hier das Sagen hat. Die tanzt mir nicht auf dem Kopf herum!«

Ich: »Was hast du denn vor?«

Sie: »Die werde ich abschießen. Die wird gleich nicht mehr in der Lage sein, sich zu wehren!«

Susanne steht vor dem Medizinschrank und füllt eine große Spritze ab.

»Muss das nicht mit dem Hausarzt abgesprochen werden?«, frage ich.

Sie: »Lass das mal meine Sorge sein.«

Ich: »Und woher nimmst du die Medizin ohne Verordnung?«

Sie: »Hier sind immer genügend Reste von den verstorbenen Bewohnern übrig. Für solche Fälle gerade richtig.«

Sie setzt Frau Finkhäuser die Spritze – nach einer halben Stunde liegt sie regungslos im Bett. Dann fixiert Susanne die Hand am Bettgitter.

Dekubitus

Die meisten bettlägerigen Pflegebedürftigen haben wunde Druckstellen. Diese Schädigungen des Gewebes durch länger andauernden Druck und daraus resultierende mangelnde Durchblutung, also durch das ständige Liegen auf dem Rücken, nennt man in der Fachsprache Dekubitus. Die Schäden können durch weiteren Druck, zum Beispiel Gurte, oder durch Feuchtigkeit, zum Beispiel bei Inkontinenz, verstärkt werden. Zuerst treten nur Hautwunden auf, dann ist auch das darunter liegende Gewebe verletzt, später werden auch die Knochen geschädigt. Dekubitus tritt an den Körperstellen auf, die nicht gut gepolstert sind, hauptsächlich an Schulterblatt, Wirbelsäule, Ellbogen, Becken, Knien und Fersen.
Bei einer fachgerechten Behandlung der Druckgeschwüre unterscheidet man meist vier Phasen. In den ersten beiden Phasen treten Hautwunden auf. Das darunter liegende Gewebe ist ebenfalls beschädigt. In der fortgeschrittenen dritten und vierten Phase ist das Geschwür offen und tief und der Knochen so sehr angegriffen, dass er sich auflöst.
Die wichtigste Behandlungsmaßnahme ist ein konsequentes Umlagern alle zwei Stunden, das eine vollständige Druckentlastung bewirkt. Parallel muss die Wunde täglich gereinigt und behandelt werden. Dazu zählt das Entfernen des abgestorbenen Gewebes, die Infektionsbekämpfung und der Wundverband. Dekubitusgeschwüre sind chronische Wunden mit gestörter und verzögerter Wundheilung. Viele Menschen sterben an Dekubiti und den Folgeerkrankungen wie Infektionen.

Fesseln

Marianne Bethje leidet an fortgeschrittener Altersdemenz. Wenn sie sich wohl fühlt, setzt sie sich ganz ohne Hilfe vom Bett in ihren Pflegestuhl und unterhält sich angeregt. Dann ist sie liebenswert und kann in der vorgegebenen Zeit versorgt werden. Außerdem hat sie eine Pflegerin engagiert, die alle zwei Tage ins Heim kommt und sich mit ihr beschäftigt,

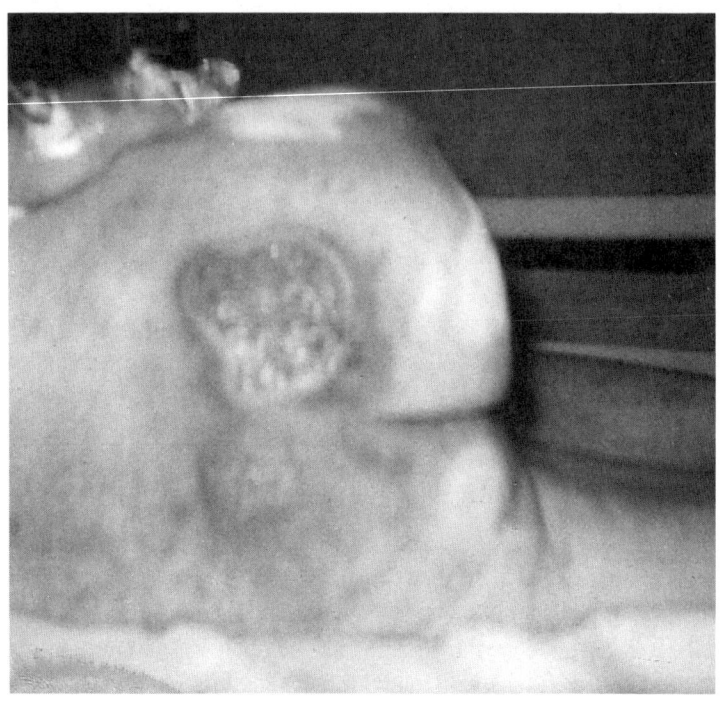

Frau Finkhäusers Druckgeschwür am Becken

meist gehen sie spazieren. In dieser Zeit blüht sie auf, ist rege und gut gelaunt. Nach den Besuchen aber wird sie unwillig und wuselig. Geht es ihr generell schlecht, kann sie sich kaum oder gar nicht bewegen. Dann benötigen wir für ihre Pflege nahezu die doppelte Zeit, in der sie vehement und ohne Unterlass Zuwendung einfordert.

Ich habe heute gemeinsam mit Suh und Susanne Dienst. Statt der vorgeschriebenen 20 Minuten für die Grundpflege brauche ich gute 35 Minuten, um Marianne Bethje zu waschen, anzuziehen und in den Aufenthaltsraum zu bringen. Dort hält sie mich krampfhaft fest, sie möchte sich noch ein wenig mit mir unterhalten. Meine Antwort lautet: keine Zeit.

Altersdemenz

Die Demenz ist ein Verfall der geistigen Leistungsfähigkeit – langsam geht der Verstand verloren – und tritt überwiegend im Alter auf. Ihre Anzeichen mehren sich schleichend, zuerst sind es Vergesslichkeit, unpräzises Denken und Müdigkeit. Einige Patienten halluzinieren, sie rauchen zum Beispiel eine nicht vorhandene Zigarette oder hören Stimmen, andere werden depressiv. Dann kommen Orientierungslosigkeit, Sprachstörungen und Persönlichkeitsveränderungen hinzu. Die Kranken werden aggressiv oder enthemmt, depressiv oder in ihrer Stimmung sprunghaft, was für alle Beteiligten schwer aufzufangen ist.
In einer späteren Phase fällt es den Betroffenen schwer, Dinge und Personen wiederzuerkennen. Erstaunt wird der Ehemann gefragt, ob er neuerdings auch im Haus wohne und von dem eigenen Ersparten lebe. Nach und nach verliert der Demenzkranke seine alltäglichen Fähigkeiten wie Anziehen, Essen oder zur Toilette zu gehen: Er kann Blase und Darm nicht mehr kontrollieren, wird bettlägerig und verstummt. Das Schlucken erlahmt, hinzu kommen Krämpfe und Infektionsgefahr. Deshalb ist eine Lungenentzündung die häufigste Todesursache.
Altersdemenz ist nicht heilbar, lässt sich so gut wie gar nicht aufhalten und behandeln, auch wenn die Pharmaindustrie dies zwecks Absatz neuer Produkte behauptet.
Rund 1,6 Millionen Menschen in Deutschland sind altersdement. Von ihnen leiden rund 60 Prozent, das sind 960 000 Menschen, unter der Alzheimerschen Krankheit, der häufigsten Form seniler Demenz. Im Jahre 2040 werden rund 2,5 Millionen Menschen in Deutschland an einer Demenz erkrankt sein, davon 1,5 Millionen an Alzheimer.
(Quelle: Institut für Gesundheitssystemforschung in Kiel, 2001)

Als ich etwas später mit einer anderen Bewohnerin wieder in den Aufenthaltsraum komme, ist Frau Bethje vom Stuhl gerutscht. Ich helfe ihr auf, doch wenige Minuten später sitzt sie wieder auf dem Boden, neben sich Teelachen und Geschirr. Nachdem ich aufgeräumt habe und aus den Augenwinkeln beobachte, ob Frau Bethje sich noch auf ihrem Stuhl befindet, ruft mich Susanne ins Dienstzimmer. Folgendes Gespräch zitiere ich aus meinem Tagebuch.

Susanne: »Was ist denn mit der Bethje heute los?«
Ich: »Es geht ihr nicht gut. Sie würde sich gern unterhalten.«
Sie: »Dafür ist keine Zeit. Kümmere dich um deine Arbeit.«
Ich: »Genau das versuche ich doch. Aber jedes Mal, wenn ich in den Aufenthaltsraum komme, sitzt sie am Boden.«
Sie: »Dann lass sie da sitzen.«
Ich: »Nicht nur sie, auch die anderen Bewohner bitten mich, ihr zu helfen. Ich kann das nicht ignorieren.«
Sie: »Du lässt dich von ihr an der Nase rumführen. Ich kümmere mich um sie, und du machst weiter.«

Sie verlässt die Station und kommt wenige Minuten später mit einigen Gurten zurück. Dann verschwindet sie mit Frau Bethje in deren Zimmer. Die wehrt sich lautstark. Vergebens. Susanne schlingt ihr einen Gurt um die Hüfte, zwei andere um die Arme und zurrt alle drei am Pflegestuhl fest. Mich weist sie an, Frau Bethje wegen ihres Benehmens im Zimmer zu lassen.

Abschied

Nach knapp drei Monaten verlasse ich das Altenheim am Wiesengrund. Ich habe jedoch schon acht Wochen zuvor angekündigt zu gehen, unter dem Vorwand, dass ich mich im Süden nicht wohl fühle. Meinen letzten Frühdienst mache ich gemeinsam mit Adnan, dem ruhenden Pol der Station. Nie ist er hektisch, selten redet er über die Arbeit, noch seltener über sich. In unserer letzten gemeinsamen Schicht kommen wir plötzlich ins Gespräch über den Pflegealltag. Adnan fragt mich nach meinen Eindrücken vom Heim. Ich frage ihn nach den gegebenen Medikamenten. Folgendes Gespräch protokolliere ich in meinem Tagebuch. Auf meine Frage nach den Fesselungen meint er:

»Bei einigen ist es zu ihrem eigenen Schutz. Bei anderen fehlt uns die Zeit. Wir müssen jeden Tag unsere Leistung bringen, wenn nicht, sind wir schnell arbeitslos.«

»Du weißt es doch besser, warum sagt du nicht öfter was?«, hake ich nach.

Er: »Vor elf Jahren bin ich mit meiner Familie nach Deutschland geflüchtet. Es ist mir schwer gefallen, meine Heimat zu verlassen, aber wir mussten um unser Leben fürchten. Also sind wir nach Deutschland gekommen. Hier haben sie mein Medizinstudium nicht anerkannt, aber ich musste Geld verdienen. Seitdem arbeite ich als Pflegehelfer in diesem Heim. Bei allem, was ich auf der Arbeite sage, denke ich: Mach keinen Fehler, es geht um deine Familie – und dementsprechend reagiere ich. Ich wundere mich jedoch darüber, dass ein reiches Land wie Deutschland so mit seinen alten Menschen umgeht.«

Pflege-Stress

Nach meiner letzten Schicht schlafe ich noch einmal im Altenheim. Da ich auch hier gewohnt habe, bin ich die ganze Zeit kaum rausgekommen. Von München habe ich wenig gesehen. Jetzt fahre ich nach Hause an die Mosel. Ich habe fünf Kilo abgenommen. Während der Dienste verliert man jegliches Hungergefühl, trinkt zu wenig, nimmt die eigene Unterversorgung nicht wahr. Manchmal haben wir versucht, mittags im Stehen Obst oder ein paar Brote zu verschlingen, mit dem Teller in der Hand, stets die Stationsgänge im Blick und bereit, jederzeit einzugreifen.

Immer erst nach der Schicht, frühestens nach einer Stunde Abschalten, spüre ich den flauen Magen und manchmal Schwindelgefühle, Brechreiz, zitternde Beine. Für mich ist es unvorstellbar, wie meine allein erziehenden Kolleginnen nach dem Dienst noch ihren Haushalt bewältigen und für die Kinder da sein können. Ich hätte keine Kapazitäten mehr gehabt. Nach dem Ausruhen esse ich etwas, schreibe Tagebuch und lege mich wieder hin, um fit zu sein für die nächste Schicht. Die Kolleginnen aber leiden doppelt: Weder im Heim noch zu Hause werden sie je mit ihrer Arbeit fertig.

Unter Altenpflegern gilt die Devise: Nach fünf Jahren musst du die Altenpflege verlassen, sonst bist du psychisch und physisch ein Wrack. Tatsächlich wechselt jede fünfte gelernte Altenpflegerkraft ihren Beruf. Sichtbar wird dies an der hohen Personalfluktuation in den meisten Heimen und am permanenten Mangel an ausgebildeten Kräften. Unter den erlebten Arbeitsbedingungen ist es verständlich, wenn es in den Pflegeberufen wenig Nachwuchs gibt, jedenfalls keinen deutschen. In meiner Zeit als Altenpfleger habe ich mit Kollegen aus 25 Nationen zusammengearbeitet, die diese Arbeit aber auch nicht immer freiwillig taten. Ihr Job war ganz häufig an die Aufenthaltserlaubnis oder den Antrag auf Einbürgerung gekoppelt.*

---

* Schon seit den 80er Jahren werden Pflegekräfte aus dem Balkan verstärkt angeworben. Mit Informationsbussen, die in Städten wie Belgrad nahezu monatlich neues Personal anwerben.

Senioren- und Pflegestation Grimm in Norderstedt bei Hamburg

Das Familienunternehmen

Nach dem Süden soll es jetzt der Norden sein: Ich entscheide mich für Hamburg und ziehe in ein Einfamilienhaus im Stadtteil Barmbek.

Ich bleibe meinem anfänglich gefassten Vorsatz treu, mich immer bei der erstgenannten Adresse des Arbeitsamtes zu melden und dort anfangen zu wollen, ohne andere Arbeitsangebote zu testen. Das erste Heim auf der Arbeitsamtsliste in Hamburg ist ein evangelisches Pflegeheim. Sein Pflegedienstleiter hätte mich gern eingestellt, erzählt mir aber gleichzeitig, dann einer russischen Pflegehelferin kündigen zu müssen. Das ist die Bedingung des Arbeitsamtes. Diese Pflegehelferin hätte nach der Anstellung in dem Heim keine Arbeitserlaubnis erhalten, weil – so die Argumentation der Behörde – es genug Deutsche ohne Arbeit gäbe, die als PflegerInnen arbeiten möchten. Ich überlege es mir anders – mein Vorsatz ist schließlich kein Dogma – und lehne die Stelle dankend ab.

Am nächsten Tag stelle ich mich bei der zweiten Adresse der Liste vor. Das Bewerbungsgespräch dauert fünf Minuten. Christiane Prieß, die Inhaberin der Senioren- und Pflegestation Grimm in Norderstedt, hat nur eine Frage: »Wie viele haben Sie denn am Tag gepflegt?« Mit meinen 12 bis 15 Schwerstbedürftigen in München bin ich der richtige Mann. Am nächsten Tag trete ich den Dienst an.

In einem Neubaugebiet in Norderstedt, einem Vorort im Norden Hamburgs, hat Frau Prieß vier kleine, schlichte Fertighäuser aus den siebziger Jahren angemietet. Sie liegen in einem Karree, in der Mitte ist ein gepflegter Garten. In einem Haus hat sie im Obergeschoss das Büro untergebracht sowie die Küche, zwei Bewohnerinnen in Einzelzimmern – und den einzigen Treppenlift der ganzen Anlage. In diesem Haus empfängt die Heimleiterin die Angehörigen und handelt die Mietverträge aus. In den drei anderen Häusern liegen die BewohnerInnen, meist in Mehrbettzimmern und wenigen Einzelzimmern.

Die Pflegestation Grimm ist eine Gesellschaft des bürgerlichen Rechts, also ein privates Unternehmen mit Gewinnabsichten. Die Löhne sind niedrig, es gibt weder Schicht- noch Wochenendzulagen. Mein Lohn beträgt 1400 Euro monatlich brutto und ist damit um 350 Euro geringer als in München.

Alle Betten in den vier Häusern sind belegt, insgesamt betreuen wir 28 BewohnerInnen. Die in den oberen Etagen Untergebrachten kommen kaum aus ihren Zimmern heraus, da wir sie nur zu zweit die Treppen hinuntertragen könnten. Wir arbeiten aber so gut wie nie zu zweit in einem Haus. Mit Treppenlift wäre es uns möglich gewesen, doch den gibt es nur in dem Haus, in dem sich das Büro befindet. Dort dient er überwiegend zu Repräsentationszwecken.

Wenn die BewohnerInnen in ihren Betten liegen, stehen Rollstühle und Gehwagen ständig im Weg. Kaum jemand hat seine eigenen Möbel mitgebracht, in den Zimmern stehen unansehnliche Schränke aus Möbellagern, manchmal ein Plastikstuhl, bei den meisten ein Fernseher. Es ist eng, jetzt im Frühsommer stickig, die Luft verbraucht.

Zum Pflegepersonal gehören zwei examinierte Kräfte, zuständig für alle 28 BewohnerInnen und alle drei Schichten (Früh-, Spät- und Nachtdienst). Mindestens eine Schicht pro Tag muss also ohne ausgebildete Pflegerin arbeiten. Neben diesen zwei Pflegerinnen beschäftigt Frau Prieß nur noch ungelernte Kräfte, zu meiner Zeit sind wir sieben PflegehelferInnen. Zusammen mit den Examinierten sind es insgesamt neun angestellte Pflegekräfte. Vorgeschrieben wären 15 Pflegekräfte, also acht examinierte und sieben Hilfskräfte, um die BewohnerInnen vorschriftsmäßig versorgen zu können. Die fehlenden sechs ausgebildeten Mitarbeiterinnen hätten die medizinische Versorgung und die organisatorische Betreuung übernehmen müssen, die wir als Helfer gar nicht leisten dürfen – aber täglich geleistet haben.

Der Pfleger der Nummern

Am Anfang meines ersten Frühdienstes stelle ich Katrin Heydorn, seit rund acht Jahren Pflegehelferin, meine Kardinalfragen: »Woher bekomme ich Pflegematerial? Wo sind die Inkontinenzmittel und der Medikamentenschrank? Wo liegt der Waschraum?« Mit ihren knappen Antworten ist die Einweisung beendet. Katrin drückt mir einen Zettel mit Zimmernummern in die Hand und lässt mich ziehen.

Der Dienst beginnt um 6.30 Uhr, wir sind zu zweit und haben 28 BewohnerInnen zu waschen, anzuziehen, in die Rollstühle zu heben und mit Frühstück und Medikamenten zu versorgen. 14 von ihnen aber liegen schon angezogen im Bett, mit ihren Tagesdecken zugedeckt. Der Frühdienst hat zwei Möglichkeiten, die anfallende Arbeit zu erledigen: Wenn zwei Pflegehelfer gemeinsam arbeiten, dann teilen sie sich die übrigen 14 BewohnerInnen auf, sodass jeder sieben Personen für die Morgentoilette übernimmt. Wenn die zweite Kollegin eine ausgebildete Pflegekraft ist, dann muss der Zweite, in diesem Fall ich, die 14 BewohnerInnen allein betreuen, während die Pflegerin die medizinische Versorgung und die Tagesorganisation übernimmt.

Wieder stehe ich vor der ersten Tür, dahinter Frauen, die ich noch nie zuvor gesehen habe und nun waschen muss. Ich kenne keinen Namen, nicht den Grund und die Dauer ihres Aufenthalts. Ich weiß nicht, wie stark sie körperlich oder geistig eingeschränkt sind. Ich kenne keine Biografie. Nur Nummern. Ich klammere mich an die Handlungsanweisungen für die Grundpflege.

Nachdem ich eingetreten bin, stelle ich mich vor und hoffe auf eine erste Reaktion. Ist die Frau, die dort liegt, bei Bewusstsein? Bewegt sie sich, ist sie gelähmt? Hat sie mich überhaupt wahrgenommen? »Guten Morgen, ich werde Sie jetzt waschen.« Ich stelle meine Schüssel mit Wasser, Lotion und Waschlappen ab und fange auch schon an. Die bettlägerigen Bewohnerinnen wasche ich im Bett, ziehe die Decke weg und das Nachthemd aus, entferne die Höschenwindel und beginne, sie abzureiben, erst den Oberkörper, Arme, Busen, Rücken, Bauch, dann den unteren Körper, Genitalien, Po, Beine, Füße. Ich wasche schnell. Im Akkord. Ich schwitze. Ich wasche sie wie ein Baby. Kann die Frau das Bett verlassen, dann hebe ich sie in den Rollstuhl, fahre sie ins Bad, vor das Waschbecken und ziehe ihr dort das Nachthemd aus. Wasche sie wie ein Kind.

Die Frau schämt sich. Ich schäme mich. Wir gucken uns nicht in die Augen. Wir überspielen es mit Geplänkel. Nur schnell hinter mich bringen, denke ich und werde fahrig, wenn ich nicht schnell genug arbeite. Einige sagen laut, was sie denken: »Kann nicht wenigstens eine Kollegin von Ihnen kommen?« Aber es sind nie genug Pflegerinnen im Einsatz, um den Wunsch erfüllt zu bekommen. Die Leiterin scheint darauf bei der Diensteinteilung keine Rücksicht zu nehmen. Besteht die Bewohnerin dennoch darauf, nur von einer Frau gewaschen zu werden, bleibt sie ungewaschen liegen. Manche sind nicht mehr in der Lage, ihre Wünsche auszusprechen – sie versuchen, sie auf andere Weise zu äußern.

Leonore Dierksen redet nicht und zeigt kaum Reaktionen auf Fragen und Annäherungen. Also will ich ohne ihre Zustimmung beginnen, sie zu waschen, und ziehe die Bettdecke fort – mit Schlägen und Schreien hält sie mich vom Leib. Katrin, zur Hilfe gebeten, erzählt mir, dass Frau Dierksen in den letzten Tagen des Zweiten Weltkriegs vergewaltigt wurde.

Nachdem ich an diesem ersten Vormittag die BewohnerInnen derart »betreut« und gehetzt meinen Zettel abgearbeitet habe, treffe ich Katrin im Dienstzimmer. Auch Bernhard Neuhaus, der Bruder von Frau Prieß, sitzt dort am Tisch. Bernhard ist Hausmeister, repariert das Allernötigste, pflegt den Garten und kocht für die BewohnerInnen, wenn die Köchin frei hat. Ich nutze unsere Begegnung und möchte von meiner Kollegin wissen, was mich schon die ganze Zeit beschäftigt. Das Gedächtnisprotokoll von dem folgenden Gespräch trage ich nach dem Dienst in mein Tagebuch ein. Ich frage Katrin:

»Wieso liegt denn die Hälfte der BewohnerInnen schon vor sechs Uhr angezogen im Bett?«

Katrin ignoriert meine Frage, nestelt an der Kaffeekanne herum und redet erst, nachdem Bernhard das Zimmer verlassen hat:

»Du weißt doch, dass Bernhard der Bruder von Frau Prieß ist?«

Ich: »Ja, dass hat er mir bereits gesagt.«

Sie: »Frag besser nichts, wenn er da ist. Er sitzt jede Pause hier. Er und die Köchin beobachten uns. Wenn wir was falsch machen, melden sie das sofort der Chefin.«

Ich: »Wieso die Köchin?«
Sie: »Die Köchin ist die Schwester von Frau Prieß. Gemeinsam halten die hier alles unter Kontrolle. Manchmal erinnert mich das an den rumänischen Geheimdienst. Es ist offensichtlich, dass sie spionieren, und schon fühlt man sich unsicher.«
Ich: »Aber warum sind denn nun einige Bewohner schon so früh angezogen?«
Bernhard kommt wieder, und meine Frage verhallt ein zweites Mal.

Das Geheimnis der Nachtschicht

Eine Woche später habe ich mit Gisela Feltz, einer der beiden ausgebildeten Pflegerinnen, meinen ersten Nachtdienst. Zuerst verteile ich die Medikamente, meistens Schlafmittel. Damit die BewohnerInnen eine ruhige Nacht haben, so Giselas Erklärung. Bis 22 Uhr helfe ich in Haus 1 und 2 beim Auskleiden und Zubettgehen, Gisela übernimmt Haus 3 und 4. Lediglich vier Bewohnerinnen entscheiden selbst, wann sie ins Bett gehen, alle anderen unterliegen dem Stationsablauf, das heißt dem Willen der Pfleger, da sie in die Pflegestufe II eingestuft sind. Pflegestufe II sieht vor, dass jemand ins Bett zu bringen ist, ob gewünscht oder nicht. Falls eine Bewohnerin es wagt, Wünsche oder Einwände zu artikulieren, werden diese unter Kommandos erstickt.

Ich bin kaum fertig, da wartet Gisela bereits auf mich: »Sind alle im Bett?«

»Bis auf die neue Bewohnerin in Haus 2. Sie kann noch nicht schlafen.«

»Was ist mit der?«

Ich kläre sie kurz auf: Die 63-jährige Agnes Dornreiter wohnte bisher in ihrer eigenen Wohnung ganz in der Nähe. Seit längerer Zeit wird sie von ihrem alkoholabhängigen Sohn Andreas drangsaliert und misshandelt. Vor ein paar Tagen hat er sie zusammengeschlagen, weil sie sich weigerte, ihm ihre Rente zu überlassen. So kam sie in die Pflegestation Grimm. Obwohl sie sich schon zwei Tage und eine Nacht im Heim in Sicherheit befindet, ist sie immer noch panisch und zittert am ganzen Körper. Sie ist übersät mit blauen Flecken, hat am Kopf eine große Platzwunde und wiegt 46 Kilo.

Gisela gibt nach: »Dann lassen wir sie in Ruhe. Ich hoffe, sie macht uns keine Probleme.«

Während sie Frau Dornreiters Krankenakte durchblättert, sagt sie:

»Du gehst jetzt in den Waschkeller und kümmerst dich um die Wäsche. Erst wäschst du die dreckigen Handtücher und Waschlappen, dann packst du sie in den Trockner. Danach ist die Bewohnerwäsche an der Reihe. Nach dem Trocknen legst du sie ordentlich zusammen und verteilst alles auf den Zimmern.«

»Im Altenheim in München gab's dafür eine Wäscherei.«

»Hier bist du die Waschkraft, und jetzt los, wir haben noch viel zu tun.«

Ich verschwinde im Keller und stehe vor Bergen mit Bettwäsche und Handtüchern. Während die Waschmaschine und der Trockner laufen, rennt mir beim Mangeln, Bügeln und Zusammenlegen die Zeit davon. Ich schrecke hoch, als Gisela nach drei Stunden plötzlich neben mir steht.

»Du bist ja immer noch nicht fertig. Deine Pause kannst du vergessen, ich brauche dich nämlich in einer halben Stunde wieder oben. Den Rest hier muss dann der Frühdienst übernehmen. Die werden nicht gerade begeistert sein.«

Ich: »Mensch, ich bin seit drei Stunden ohne Pause dabei und total durchgeschwitzt. Für all das müsste ich vier Arme haben!«
Sie: »Du musst halt schneller werden. Für die Arbeit, die du nicht schaffst, müssen die andern ran, nicht gerade erfreulich – und jetzt komm!«
Ich: »Weißt du was? Ich mache jetzt eine halbe Stunde Pause, habe ich mir verdient.«
Sie: »Dafür kannst du dich morgen bei der Chefin rechtfertigen.«
Ich: »Mache ich.«
Ich steige aus dem Keller und hinterlasse eine empörte Kollegin. Als ich nach der Pause ins Dienstzimmer komme, knistert es vor Spannung. Dass eine Pflegehilfskraft sich ihren Anweisungen widersetzt, ist Gisela noch nicht passiert. Mittlerweile ist es 4.30 Uhr geworden, und sie sagt:
»Hier ist eine Liste von Haus 1 und 2. Du weckst die Bewohner, bringst sie ins Bad und erledigst die Grundpflege. Während sie auf der Toilette sitzen, machst du die Betten. Danach bringst du sie wieder ins Bett und deckst sie mit der Tagesdecke zu.«
Ich: »Wie bitte? Ich soll die alten Menschen aus ihrem Schlaf reißen?«
Sie: »Habe ich mich nicht deutlich ausgedrückt?«
Ich: »Das mache ich nicht. Ich finde das brutal, jemanden um diese Zeit zu wecken. Erst geben wir ihnen Beruhigungsmittel, damit sie schlafen können, und kurz danach soll ich sie wieder wachrütteln?«
Sie: »Nur dass das klar ist: Du bist mir gegenüber weisungsgebunden. Was ich sage, wird gemacht. Sonst könnte nämlich der Frühdienst niemals seine Aufgaben schaffen. Du unterstützt damit nur deine Kollegen. Du kannst ja anderer Meinung sein, aber dann bist du hier falsch am Platz.«

> **Hierarchie des Pflegepersonals in (Alten-)Heimen**
>
> **Pflegedienstleitung (PDL):** verantwortlich für den kompletten Pflegedienst und seine betriebswirtschaftliche Organisation, deshalb das Bindeglied zu den Wirtschaftlern und der Geschäftsleitung des Heims.
> **Stationsleitung/Oberschwester:** leitet die einzelne Station.
> **Altenpflegerin/Altenpfleger:** ausgebildete/examinierte Kraft.
> **Altenpflegehelferin und -pflegehelfer:** auch Pflegeassistent oder Hilfskraft genannt, ungelernte Kräfte, die oft jederzeit anfangen können zu arbeiten.
> Es duzen sich die PflegehelferInnen und Pflegekräfte untereinander und miteinander. Die Positionen von der Stationsleitung an aufwärts werden gesiezt; meist werden die Stationsleitungen gesiezt und mit Vornamen angesprochen.

Ich nehme den Zettel und gehe. Eine kleine Ewigkeit stehe ich vor dem ersten Zimmer, ohne einzutreten. Dann reiße ich mich zusammen und öffne leise die Tür. Beide Bewohnerinnen schlafen fest. Ich gehe zum hinteren Bett und stehe zögernd davor, bringe es nicht fertig, die alte Frau zu wecken. Ein zaghafter Versuch, doch ohne Erfolg. Plötzlich taucht Gisela neben mir auf und übernimmt das Kommando.

Sie packt Hedda Morgner am Arm und rüttelt sie: »Aufstehen! Kommen Sie! Auf Toilette gehen!«

»Was wollen Sie?«

Gisela: »Komm, machen Sie keinen Ärger.«

Hedda Morgner wehrt sich: »Lassen Sie mich!«

Gisela: »Nein, Sie stehen jetzt auf und kommen mit ins Bad. Los, machen Sie schon!«

»Gehen Sie doch zur Hölle. Was machen Sie hier?«

Gisela: »Ich hab für so was keine Zeit. Kommen Sie endlich mit.«

Hedda Morgner legt sich wieder zurück und schließt

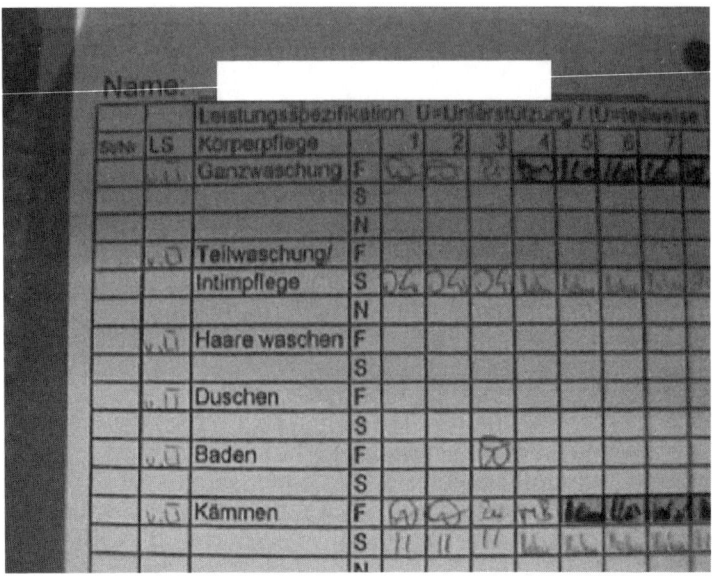

Auszug aus Frau Morgners Dokumentation: Der Nachtdienst trägt seine Tätigkeiten mit rotem Kugelschreiber ein (in der Abbildung dunklere Schrift).

die Augen. Gisela lässt nicht locker und zerrt sie in Sitzposition. Sie zieht ihr in einem Zug das Nachthemd aus.

Hedda Morgner: »Lassen Sie das. Ich will nicht, mir ist kalt.«

Gisela: »Stellen Sie sich nicht so an. Ich bin doch schon fertig.«

»Gehen Sie. Auf Wiedersehen. Gehen Sie schon. Auf Wiedersehen.«

Ungerührt reibt Gisela Frau Morgner mit einem lauwarmen Waschlappen den Rücken ab. Die Überwältigte windet sich: »Ich habe doch gesagt, Sie sollen mich lassen. Mir ist kalt. Gehen Sie endlich.«

Gisela: »Jetzt reicht's aber. Hände hoch, dann ziehe ich Ihnen was an.«

Frau Morgner ergibt sich und kommentiert jede weitere Aktion von Gisela mit mehrmaligem »Auf Wiedersehen!«. So wecken wir nach und nach zwölf Bewohnerinnen und zerren sie unter Drangsal in einen neuen Tag. Alle protestieren. Nur Frau Dornreiter, verletzt an Leib und Seele und immer noch schlaflos, ist erfreut, uns zu sehen. Auch später versucht sie mehrmals per Piepser, uns zum erneuten Vorbeischauen zu bewegen, was Gisela missfällt. Sie notiert in die Akte:

»Frau Dornreiter hat in der Nacht mehrmals geklingelt und das Bett verlassen und wirkt sehr unruhig.«

Wie das Leben im Altenheim krank macht

Im Pflegeversicherungsgesetz werden alle Hilfsbedürftigen in drei Pflegestufen eingeordnet. Maßstab für diese Einordnung ist die Häufigkeit des Bedarfs an Hilfe und die Zeit, die dafür benötigt wird. Ist der Pflegeaufwand hoch, so wird er entsprechend höher berechnet. Die Pflegebedürftigkeit begutachtet der Medizinische Dienst der Krankenkassen, in Fachkreisen MDK genannt. Er entscheidet auch, ob ein Hilfebedürftiger einer höheren oder niedrigeren Pflegestufe zugeordnet werden kann. Das heißt: Je pflegebedürftiger ein Mensch ist, umso höher sind die Zahlungen aus der Pflegeversicherung. Bessert sich sein Gesundheitszustand, wird er in eine niedrigere Pflegestufe eingeordnet, und die Zahlungen werden reduziert.

In einem privat geführten Heim ist der Besitzer bestrebt, den maximalen Betrag pro BewohnerIn im Monat zu erhalten. Bezogen auf die Zahlungen aus der Pflegeversicherung hat dies zur Konsequenz, dass mehr Geld verdient werden kann, wenn möglichst viele BewohnerInnen der

Pflegestufe III zugeordnet werden, also ihre Gesundheit bei der Aufnahme ins Heim schon sehr schlecht ist oder sich während des Heimaufenthalts noch verschlechtert. Eine Verbesserung der Gesundheit des Bewohners ist ökonomisch betrachtet ein Verlust für die Heimbetreiber.

Die Interessen eines privat geführten Heimes sind demnach diametral entgegengesetzt zu den Aufgaben der Altenpflege, über die es unter anderem heißt: »Der Altenpfleger wirkt mit bei der Prävention und Rehabilitation bei vorhandener oder drohender körperlicher, sozialer, geistiger oder psychischer Beeinträchtigung, das heißt, er ist bestrebt, dem alten Menschen so viel ursprüngliche Lebensqualität zu vermitteln wie möglich.« (Quelle: Deutscher Berufsverband für Altenpfleger)

Das Pflegestufenmodell mag ein Grund sein, weshalb ich in keinem der fünf Altenheime erlebt habe, dass ein Bewohner wieder zurückgestuft wurde, weil sein Gesundheitszustand sich verbesserte. Im Gegenteil, meist war man daran interessiert, den Bewohner in die nächst höhere Pflegestufe zu bekommen und in dieser zu halten.

Auch Frau Prieß nimmt nicht selten Menschen mit Pflegestufe I in ihren Betrieb auf, beantragt kurz darauf, sie in den Pflegegrad II zu stufen – und bekommt dafür die Bewilligung. Fazit: Wer im Heim liegt, dessen Gesundheitszustand verschlechtert sich oft oder bleibt schlecht.

Frau Hamann spielt mit – und verliert

Eines Abends gegen zehn Uhr – mein Spätdienst ist fast zu Ende – klingelt Elvira Hamann. Die 78-Jährige wohnt in einem winzigen Einzelzimmer und verbringt ihre Tage völlig selbstständig. Sie bittet mich, auf ihrem Sessel Platz zu

> **Heimkosten und Leistungen der Pflegeversicherung**
> Durchschnittliche Heimkosten für die Bewohner mit unterschiedlichen Pflegestufen sowie die Zuzahlungen aus der Pflegekasse:
>
> Heimkosten:
> Pflegestufe I: zwischen 1500 und 1950 Euro
> (Pflegekasse bezahlt max. 1023 Euro)
> Pflegestufe II: zwischen 1950 und 2550 Euro
> (Pflegekasse bezahlt max. 1279 Euro)
> Pflegestufe III: zwischen 2400 und 3300 Euro
> (Pflegekasse bezahlt max. 1432 Euro)
> Härtefälle: (Pflegekasse bezahlt max. 1688 Euro)
>
> Da die Pflegeversicherung als eine Teilkasko-Versicherung angelegt ist, hat den Differenzbetrag der Betroffene zu leisten. Ist er dazu nicht in der Lage, kann er einen Antrag an das Sozialamt auf Unterstützung stellen.
> (Quelle: Offizielle Zahlen)

nehmen und einige Minuten zuzuhören. Es kommt zu folgendem Gespräch, welches ich kurze Zeit später in mein Tagebuch eintrage.

»Wissen Sie, Markus, ich habe mir meinen Lebensabend so schön vorgestellt. Mein ganzes Leben lang habe ich gearbeitet und Geld gespart und hab immer gedacht, dann mach ich es mir schön, wenn ich in Rente bin.«

Elvira Hamann hat auf einem Stuhl Platz genommen, der gerade noch neben dem schmalen Kleiderschrank Platz hat.

»Wissen Sie, damals haben wir ja in der Inflation alles verloren. In den Kriegsjahren musste ich dann für 20 Pfennig am Tag in Hamburg-Ohlsdorf in einer Waffenfabrik arbeiten. Das konnte man sich nicht aussuchen. Ich sollte so kleine Teile für den Bau von Flugzeugen prüfen. Dabei hatte ich doch von Technik gar keine Ahnung! Aber ich habe mich nicht getraut, das zuzugeben, habe einfach mitgespielt und ungefähr jedes zehnte Teil zur Seite gelegt und habe dann behauptet, da war was mit. Ist keinem aufgefallen.«

Sie prüft den Sitz ihres Haarknotens, obwohl der akkurat wie am Morgen sitzt, und erkennt mit kurzem Blick in meine Augen, dass auch ich die erwähnte Schummelei nur allzu gut nachvollziehen kann. Als sie fortfährt, verdunkelt sich ihre Miene:

»Nach dem Krieg hatte ich wieder nichts, und ganz Hamburg lag in Schutt und Asche. Ich habe auch als Trümmerfrau gearbeitet und beim Wiederaufbau meiner Stadt geholfen. Und war froh, dafür etwas zu essen zu bekommen.«

Die Zeit zwischen Kriegsende und einem neuen, geregelten Arbeitsleben muss lang gewesen sein, denn Frau Hamann ist unvermittelt in ihrer Erzählung zehn Jahre weiter gesprungen.

»Mitte der fünfziger Jahre fand ich dann mit ein wenig Glück eine Stelle als Chefsekretärin. Ich habe Überstunden gemacht und auf Urlaub verzichtet, um so viel wie möglich für die Zeit nach dem Sechzigsten zurückzulegen. Und ich hatte schon Pläne, was ich in meiner neuen Freizeit alles machen werde.«

Die Erinnerung lässt sie lächeln.

»Doch dann war es so weit, und ich konnte mit der freien Zeit gar nichts anfangen, ich habe nur noch von Weihnachtsfest zu Weihnachtsfest gelebt. Und die Arbeit fehlte mir auch, halt ein Sinn im Leben wie früher. Ich habe mich gar nicht mehr wohl gefühlt und mich immer mehr zurückgezogen. Oft ist mir richtig schwindelig geworden, und dann bin ich eines Tages gestürzt.«

Frau Hamann nestelt an ihrem Taschentuch, das mal in der Jackentasche verschwindet, dann wieder herausgezupft wird und ihre unruhigen Hände beruhigt.

»Und dann, letztes Jahr«, Frau Hamann stockt, »bin ich

> **Pflegebedürftige in Deutschland**
> Die Zahl der Pflegebedürftigen betrug im Jahr 2004 2,01 Millionen und wird auf 2,9 Millionen im Jahr 2020 steigen, also um mehr als ein Drittel, genauer um 39 Prozent in knapp 20 Jahren. Gleichzeitig wird der Anteil der Pflegebedürftigen an der Gesamtbevölkerung von 2,5 Prozent im Jahr 2001 auf 3,4 Prozent im Jahr 2020 ansteigen. Bei gleich bleibender Inanspruchnahme wird die Zahl der Heimplätze aufgrund der demografischen Entwicklung bis zum Jahr 2015 auf 960 000 ansteigen.
> (Quelle: Statistisches Bundesamt 2003, Daten des Jahres 2004)

innerhalb von zwei Tagen so krank geworden, dass ich ins Krankenhaus musste. Da haben sie mir empfohlen, einen Platz in einem Heim zu suchen. Den konnte ich aber mit meiner Rente gar nicht bezahlen, ich musste zum Sozialamt gehen. Dort haben sie mir eine Betreuerin genannt, weil ich doch allein bin und all die rechtlichen Dinge geregelt werden müssten. Diese Betreuerin, das ist eine Anwältin, hat mich dann aufgeklärt: Ich musste bis auf 2250 Euro alle meine Ersparnisse zur Verfügung stellen. Erst dann war das Sozialamt bereit zu zahlen. Und wieder war mein ganzes Geld weg.«

Frau Hamann benutzt das Taschentuch und steckt es wieder zurück.

»Wissen Sie, Markus, seitdem muss ich mit 25 Euro Taschengeld in der Woche auskommen. Immer wenn die Betreuerin zur Auszahlung da ist, fühle ich mich wie ein kleines Kind, das von den Erwachsenen abhängig ist. Von dem Geld, da muss ich ja alles bezahlen: Rezepte, Zeitschriften, meine Cremes, mein Fernsehen und auch noch Kleidung. Da bleibt am Ende gar nichts mehr. Zum Glück schenken mir andere Bewohnerinnen manchmal das eine oder andere Kleid.«

Frau Hamann holt ein paar Mal tief Luft. Dann schüttelt sie den Kopf hin und her, während sie weiter erzählt:
»Dann hat mich Frau Prieß eines Tages angesprochen. Ob ich mal zu ihr ins Büro komme. Und da hat sie dann mit mir gesprochen. Weil ich doch so wenig Geld habe. Und ob wir das nicht ändern wollten. Dass sie mir dabei helfen kann, hat sie gesagt. Weil: Meistens brauche ich ja keine Hilfe bei der Pflege. Aber wir könnten trotzdem welche beantragen. Ich müsste dann eben nur so tun, als ob, wenn der Medizinische Dienst kommt. So ein bisschen verwirrt sein und nicht auf alles antworten. Hat sie gesagt. Und mir obendrein noch ein paar Tipps gegeben.«

Während Frau Hamann weitererzählt, wird sie wieder nervös, wie damals, als der Medizinische Dienst sie dann tatsächlich besuchte, ihr ein paar Fragen stellte und sie anschließend wie geplant in die Pflegestufe I hinaufstufte. Dann kommt ihr der Ärger hoch:

»Doch finanziell hat sich für mich absolut nichts geändert. Frau Prieß hat plötzlich die Gebühren erhöht, und schon wieder hatte ich kein Geld. Meine Rente und das neue Geld aus der Pflegeversicherung, alles geht jetzt für die Heimgebühren drauf. Und das Taschengeld sind immer noch 25 Euro.«

»Haben Sie sich denn nicht bei Frau Prieß beschwert?«, frage ich fassungslos.

»Na klar, aber die sagt doch glatt, ich solle mal darüber nachdenken, wer denn wohl die Kasse betrogen habe. Das war's. Und nun? Jetzt sitze ich wieder hier und muss stillhalten.«

Frau Hamman kann nicht ruhig sitzen bleiben, steht auf und geht die zwei Schritte zum Fenster und wieder zurück und wieder hin, wie ein Fuchs in der Falle.

»78 Jahre bin ich jetzt, und ehrlich, Markus: So habe ich keine Lust mehr zu leben. Es passiert nichts, nur stundenlang fernsehen. Und wissen Sie, wovor ich noch Angst

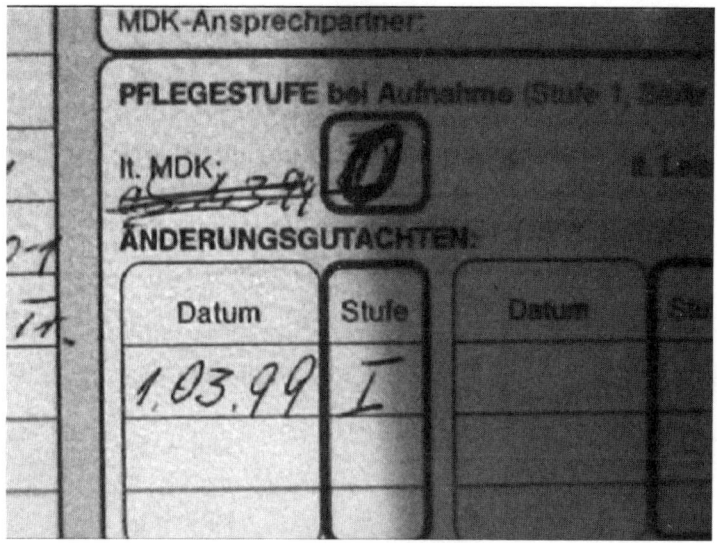

Auszug aus Frau Hamanns Dokumentation:
Aufstockung von Pflegestufe 0 auf Pflegestufe I.

habe? Alle meine Vorfahren sind sehr alt geworden, und noch weitere zehn Jahre leben zu müssen, das ist mir einfach zu viel.«

Ein Beckenbruch und seine Folgen

Im Dachgeschoss des Hauses 3 liegt Irene Wolfers mit zwei anderen Bewohnerinnen in einem 20 Quadratmeter großen Raum. Die zierliche und abgemagerte 82-Jährige hat sich vor sechs Monaten das Becken gebrochen und ist aus dem Krankenhaus direkt ins Heim verlegt worden. Bis zu diesem Unfall hat sie allein in ihrer Wohnung gelebt und sich selbst versorgt.

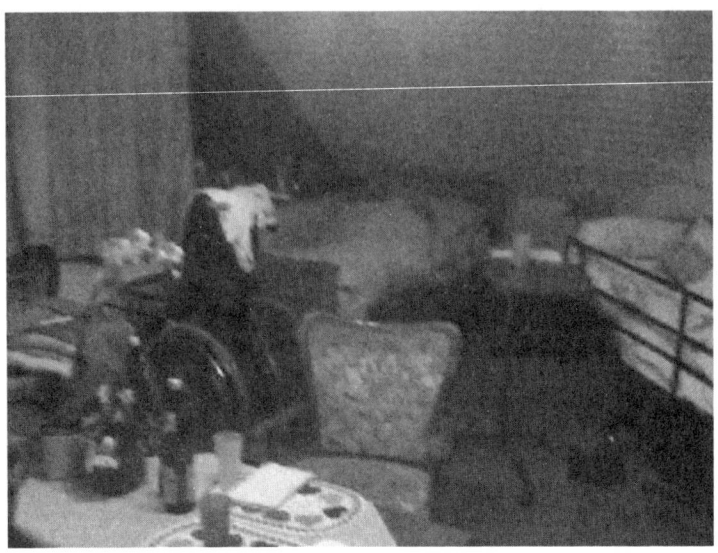

Frau Wolfers' Dreibettzimmer unterm Dach eines
Einfamilienhauses

Seit dem Krankenhausaufenthalt hat Frau Wolfers das Bett nicht mehr verlassen und keine einzige Reha-Maßnahme bekommen. Ziel der Rehabilitation, abgekürzt Reha, ist es, die Leistungs- und Arbeitsfähigkeit nach einer Erkrankung oder einem Unfall wiederherzustellen, und zwar mithilfe von Krankengymnastik, Gehübungen, Massagen und Physiotherapie. Frau Wolfers erhielt nichts von alledem. Ihre Beine und Füße haben sich aufgrund der fehlenden Bewegung bereits deformiert, ihre Gelenke verkrümmt, die Füße laufen spitz zu und sind in dieser Position erstarrt. Diese Deformationen sind irreparabel. Frau Wolfers wird nie mehr laufen können. Ihr Gesundheitszustand verschlechtert sich kontinuierlich.

Ich erlebe nur einen einzigen Tag, an dem man sich wirklich um Frau Wolfers kümmert. An diesem Tag hat sich der Gutachter des Medizinischen Dienstes angemeldet, um ihren Pflegebedarf neu festzusetzen: Frau Prieß hatte den Antrag bei der Krankenkasse gestellt, sie höher einzustufen. Die Aufstufung von Pflegestufe II auf III bedeutet eine Mehreinnahme von monatlich 150 Euro. Der Gutachter bewilligt sie. Die zusätzlichen zwei Stunden, die Frau Wolfers nun durch die Aufstockung zustehen, werden nicht zu ihrer Pflege verwandt. Auch in den bisherigen anderthalb Stunden aus der Pflegestufe I dürfen wir uns nicht ausschließlich um sie kümmern. Sie wird lediglich vom Nachtdienst gewaschen und umgezogen, tagsüber erhält sie Essen und eine neue Windel.

Ich überlege mir, wie ich Frau Wolfers helfen kann, was natürlich untersagt ist, da mein Zeitplan es nicht vorsieht. Dennoch beginne ich damit, Frau Wolfers zum Frühstück auf den Bettrand zu setzen. Nach zwei Tagen greift sie eigenständig nach dem Becher und hält ihn beim Trinken fest. Von Mal zu Mal sitzt sie stabiler. Sie nimmt auch die kleinen Brotstückchen selbst in die Hand und führt sie zum Mund. Bereits nach einer Woche kann sie ganz allein frühstücken. Frau Wolfers genießt ihre wiedergewonnene Selbstständigkeit und strahlt. Nun üben wir, das Bett zu verlassen. Einmal muss ich jedoch Katrin bitten, mir zu helfen. Gemeinsam setzen wir sie in einen Sessel, wo sich die hauchzarte Frau Wolfers wacker aufrecht hält und ihren Kaffee trinkt. Wir sind genauso begeistert wie sie. Schnell flattert die Nachricht durchs ganze Heim – auf Frau Prieß' Schreibtisch. Sie zitiert mich in ihr Büro. Folgendes Gespräch trage ich aus dem Gedächtnis in mein Tagebuch ein. Frau Prieß kommt sofort zu ihrem Anliegen:

»Ich habe gehört, du hast Frau Wolfers aus dem Bett geholt. Du scheinst nicht ausgelastet zu sein.«

Ich: »Doch, ich bin ausgelastet, und deshalb mache ich mir Gedanken, wie ich Zeit einsparen kann. Seit Frau Wolfers aufrecht sitzt, isst sie selbstständig, und ich habe währenddessen Zeit, mich um andere Bewohner zu kümmern.«

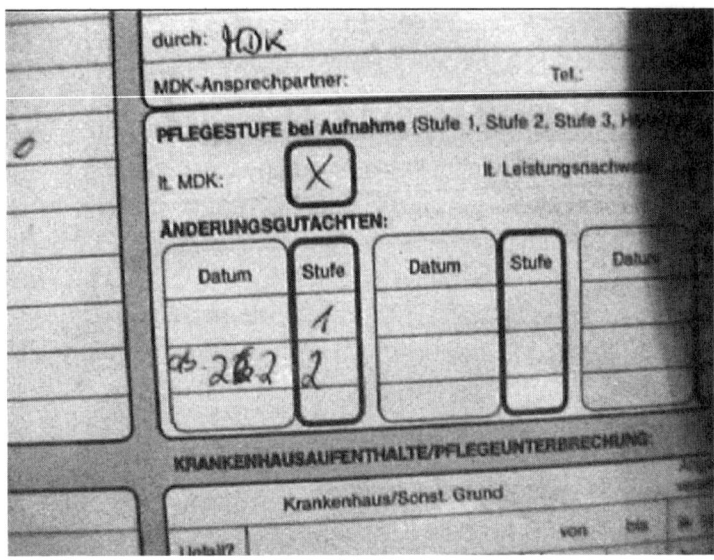

Auszug aus Frau Wolfers' Dokumentation: Aufstockung von Pflegestufe 0 auf Pflegestufe II innerhalb eines Dreivierteljahres.

Sie: »Ich will, dass die Frau im Bett bleibt und ihr das Essen weiter eingegeben wird. Schließlich zahlt die Kasse dafür.«
Ich: »Mir ist egal, was die Kasse bezahlt oder nicht. Ich bin verantwortlich für die Bewohner. Ich finde es deprimierend, dass sich ihr Zustand immer nur verschlechtert. Es ist doch schön, auch mal Erfolge zu sehen.«
Sie: »Es geht hier nicht um Erfolge! Es geht darum, die Arbeiten vernünftig bezahlt zu bekommen, es geht um deinen Lohn.«
Ich: »Heißt das: Wenn ich auf einen Teil meines Lohns verzichte, dann darf Frau Wolfers selbstständig essen? Auf wie viel muss ich denn verzichten?«
Sie: »Wenn du darauf verzichtest, deine Erfolge in der Krankenakte zu vermerken, ist es für mich möglich, weiterhin so abzurechnen. Und jetzt mach deine Arbeit.«

Wer arbeitet, braucht keinen Lohn

Für diesen Spätdienst bin ich zusammen mit der 22-jährigen Pflegehelferin Natalie Puzniak eingeteilt, die seit sechs Wochen im Prießschen Heim beschäftigt ist. Ich will gerade loslegen, da fragt sie mich: »Womit beginnen wir?«
Ich: »Wieso fragst du? Ist das etwa dein erster Spätdienst?«
Sie: »Nein. Aber bisher habe ich immer einen Zettel mit Zimmernummern bekommen und dann angefangen.«
Ich: »Hast du schon vorher mal in der Pflege gearbeitet?«
Sie: »Nein, bisher noch nicht.«
Ich: »Du hast doch bestimmt einen Pflegekurs gemacht oder wenigstens einen Erste-Hilfe-Kursus.«
Sie: »Ehrlich gesagt, ich habe keine Ahnung. Das hier ist mein erster Job in der Pflege.«
Ich: »Und wie hast du bisher gearbeitet?«
Sie: »Zuerst stand ich nur hilflos vor den Betten. Dann haben sie mir meistens gesagt, was ich tun soll. Und so habe ich das dann gemacht.«
Ich: »Die wichtigsten Handgriffe hat dir keiner gezeigt? Zum Beispiel, wie man jemanden vom Bett in den Rollstuhl setzt?«
Sie: »Nee.«
Ich: »Und da ist bisher noch nichts passiert?«
Sie: »Darüber möchte ich lieber nicht sprechen. Ich brauche den Arbeitsplatz.«
Ich: »Okay, wir gehen jetzt durch die Zimmer, und ich zeige dir die wichtigsten Dinge. Dann kannst du dich etwas schonen – und auch die Bewohner.«
Erleichtert folgt Natalie mir. Während ich ihr viele Handgriffe zeige, die mir Adnan in München beigebracht

hat, verschwindet ihr zaghaftes Auftreten. In der Pause frage ich weiter:

»Wie bist du eigentlich an diese Arbeit gekommen?«

Natalie: »Mein Bruder Michael hat vor mir hier gearbeitet. Der hat aber gekündigt, und dann konnte ich seinen Platz übernehmen. Ich bin froh gewesen, überhaupt was zu bekommen.«

Ich: »Warum hat dein Bruder denn gekündigt?«

Sie: »Frau Prieß hat ihn nicht bezahlt. Bis heute sind noch zwei Monatsgehälter offen.«

Ich: »Und trotzdem hast du hier angefangen? Obwohl du das wusstest?«

Sie: »Mir blieb gar nichts anderes übrig. Das Geld vom Sozialamt reichte vorn und hinten nicht. Ich will aber von denen nicht mehr abhängig sein. Und nicht jeden Monat dort betteln müssen.«

Ich: »Hast du denn was gelernt?«

Sie: »Als ich mit 17 von der Schule ging, habe ich mehr als 100 Bewerbungen geschrieben und nie eine Zusage bekommen. Mit 19 wurde ich dann schwanger, dann kam meine Tochter und das Thema hatte sich erledigt.«

Ich: »Hast du denn bisher Geld von Frau Prieß bekommen?«

Sie: »Auch nicht. Und das ist mein größtes Problem. Ich habe nichts auf dem Konto, und der Vermieter hat schon eine Mahnung geschickt. Er will mir kündigen. Meine Strom- und Wasserrechnung habe ich auch nicht bezahlt. Wenn ich das nicht in den nächsten zwei Wochen tue, dann wird beides abgestellt.«

Ich: »Du musst doch auch für dich und deine Tochter was einkaufen. Woher nimmst du denn das Geld?«

Sie: »Von meinen Eltern, die unterstützen mich zum Glück. Wenn ich die nicht hätte, müsste ich trotz Arbeit wieder zum Sozialamt.«

Ich: »Hast du denn Frau Prieß nicht angesprochen?«

Sie: »Doch, schon mehrere Male, aber die verspricht nur zu zahlen und tut es dann sowieso nicht. Der ist meine Situation total egal.«
Ich: »Lass dich doch mal beraten. Es gibt bei jedem Amtsgericht eine Sprechstunde mit Experten, die kostenlos ist. Ruf doch da mal an!«
Sie: »Dann verliere ich bestimmt meine Arbeit und muss wieder zum Sozialamt. Nee, das möchte ich nicht.«
Ich: »Weißt du denn, ob die anderen Kollegen bezahlt werden?«
Sie: »Keine Ahnung. Wir reden ja kaum miteinander. Aber frag mal Tanja, die hat auch so was erwähnt, dass sie noch kein Geld gesehen hat.«

Die Schwester von Frau Prieß erscheint, und wir verstummen.

Vier Tage später habe ich mit Tanja Schwalowski Dienst. Die 23-Jährige ist seit sechs Monaten als Pflegehelferin bei Frau Prieß tätig. Nach ihrem Schulabschluss bekam auch sie keinen Ausbildungsplatz, war arbeitslos und jobbte als Kellnerin. In der Kaffeepause sitzen Tanja, Gerda Gebel, die als Reinigungsfrau im Heim angestellt ist, und ich zusammen. Gerda Gebel sagt:

»Ich war eben auf der Bank. Mein Geld ist immer noch nicht auf dem Konto und die Miete bereits abgebucht. Jetzt ist das Konto überzogen, und ich bekomme kein Geld mehr.«

Tanja sagt: »Ich bin seit über sechs Monaten hier und habe noch keins erhalten. Also beschwer dich nicht.«

»Sechs Monate kein Gehalt. Wovon lebst du denn?«, frage ich.

Tanja: »Ich wurde vom Arbeitsamt hierher vermittelt. Für Langzeitarbeitslose bezahlt das Arbeitsamt im ersten Jahr die Hälfte des Gehaltes. Frau Prieß muss nur die andere Hälfte bezahlen. Das macht sie aber nicht.«

Ich frage: »Hast du das denn dem Arbeitsamt gesagt?«

Tanja: »Klar, sofort nach dem ersten Monat. Die meinten nur, ich soll mich gedulden. Erst wenn ich auch im zweiten Monat nichts bekomme, könnte ich mich ja noch mal melden.«
Ich: »Hast du das getan?«
Tanja: »Nein. Ich habe Angst, dass die Maßnahme abgebrochen wird. Dann würde ich bestimmt das Geld, was jetzt noch überwiesen wird, auch nicht mehr bekommen.«
Ich frage: »Was sagt Frau Prieß dazu?«
Tanja: »Die hat mir so viel versprochen und nichts davon gehalten. Die nutzt meine Situation voll aus. Spart das Geld lieber für ihr schönes Haus an der See. Da fährt sie jedes Wochenende zum Entspannen hin. Wir sind der egal.«
Gerda Gebel sagt: »Bei mir geht das auch schon seit drei Monaten so. Zum Glück verdient mein Mann genug Geld. Für mich ist das nur ein Nebenjob.«
»Warum arbeiten Sie denn überhaupt weiter?«, frage ich.
Gerda Gebel: »Seit die Kinder aus dem Haus sind, fehlt mir eine Aufgabe. Hier bin ich wenigstens unter Menschen.«
Ich frage: »Gibt's überhaupt jemanden, der bezahlt wird?«
Frau Gebel überlegt: »Bis auf die Geschwister von Frau Prieß und die beiden Fachkräfte wahrscheinlich keinen. Die Hilfskräfte, die findet sie wie Sand am Meer. Aber von den Fachkräften ist sie abhängig. Die sind nämlich Mangelware. Da muss die Prieß alles tun, um die zu halten.«
Ich frage: »Warum versucht ihr nicht gemeinsam, euch zu wehren?«
Tanja sagt: »Wir reden kaum miteinander. Wer interessiert sich schon für die Probleme des andern?«
Gerda Gebel: »Der Bernhard ist doch immer da. Man kann ja nie offen reden. Außerdem: Die Stimmung im Dienstzimmer, die ist wie auf einer Beerdigung. Keiner traut sich, was zu sagen.«

Ich sage: »Damit hat es Frau Prieß ja einfach. Sie wartet, bis eine Hilfskraft das Handtuch wirft, und stellt die nächste ein. So wird man reich. Dagegen muss man sich doch mal wehren!«

Tanja: »Besser nicht. Gibt zu viel Ärger.«

Gerda Gebel: »Ich denke auch, das muss jeder für sich selber klären.«

Natalies Bruder Helge, der zwei Monate umsonst gearbeitet hat, macht ein paar Wochen nach seinem Weggang einen neuen Anlauf, seinen Lohn einzufordern. Er kommt ins Altenheim, wo Frau Prieß ihn sogar ins Büro delegiert und ihm verspricht, das Geld auszuzahlen: »Ich muss nur kurz zur Bank fahren. Kannst du vielleicht vorher mein Auto waschen?« Helge erledigt die Aufgabe flink und zuverlässig. Frau Prieß steigt in den polierten Wagen und fährt davon.

Stinkbombe

Etwas über einen Monat arbeite ich nun in der Pflegestation Prieß und werde ebenfalls nicht bezahlt. Wie Natalie bin ich mit der Miete im Rückstand, meine Vermieterin jedoch kennt kein Pardon und setzt mich unverzüglich auf die Straße. Zum Glück finde ich mit Hilfe einiger Freunde einen neuen Vermieter, bei dem ich auch gleich unterkriechen kann. Geld habe ich noch immer keins.

Zwar bin ich empört, doch überlege ich noch, wie ich reagieren soll. Viel stärker bedrückt mich etwas anderes. Es ist Frühling, schon recht warmes Wetter, und im Heim stinkt es. Zu viele Menschen in zu kleinen Räumen. Man kann keinen Durchzug machen, nie richtig lüften. Die Bewohnerinnen werden selten gewaschen und geduscht. Sie haben fettige Haare, riechen nach Schweiß und Urin, ihre Kleidung muffelt. Ich habe die Eingebung, mich auch nicht mehr zu waschen, und setze meine Idee sofort um. Ich unterlasse das Rasieren und schlüpfe immer wieder in dieselben Arbeitsklamotten. Schon nach zwei Tagen stinke ich zum Davonlaufen, mein neuer Vermieter erkundigt sich besorgt, warum ich mich nicht wasche und ob es mir schlecht gehe. Nachts hätte ich mich gern selbst in einen anderen Raum gelegt, meine eigenen Dünste wecken mich immer wieder auf. In das mit Kaffee, Urin, Putzmitteln und Pudding bekleckerte Hemd und die durchgeschwitzte Hose steige ich nur widerwillig. Ich weiß, dass Frau Prieß auf das äußere Erscheinungsbild der Pflegekräfte sehr achtet. Nur vier Tage muss ich durchhalten. Dann mustert mich Bernhard, der Hausmeister, sehr genau, und nach Dienstschluss lässt mich Frau Prieß in ihrem Büro antreten. Folgendes Gespräch notiere ich aus dem Gedächtnis in mein Tagebuch:

»Hast du private Probleme?«

Ich: »Nicht, dass ich wüsste. Wie kommen Sie darauf?«

Sie: »Du machst auf mich einen heruntergekommenen Eindruck. Bist seit Tagen nicht mehr rasiert und riechst unangenehm. Einige Kollegen und auch ein paar Angehörige haben sich bereits beschwert. Wenn du keine Waschmaschine hast, kannst du gern bei uns waschen. Oder wo liegt dein Problem?«

Ich: »Mich wundert, dass dies allen nach nur wenigen Tagen auffällt. Dass allerdings viele Bewohner bereits seit Wochen nicht geduscht sind, ist noch keinem aufgefallen.«

Sie: »Soll das bedeuten, du duschst nicht, weil einige Bewohner nicht geduscht werden?«

Ich: »Sie haben es erkannt. Ich sehe da keinen Unterschied.«

Sie: »Ich will, dass du morgen wieder gepflegt zum Dienst erscheinst.«

Ich: »Wenn auch die Bewohner geduscht werden, kein Problem.«

Sie: »Darauf kannst du dich verlassen. Ich kümmere mich drum.«

Beim Hinausgehen schenkt sie mir noch drei weiße Billig-T-Shirts. Bereits am nächsten Tag veranlasst sie, dass die ersten BewohnerInnen gewaschen werden und empfängt mich erwartungsvoll, als ich zur Spätschicht erscheine. Noch bin ich ungewaschen, da ich es gelernt habe, Zusagen nicht zu vertrauen, solange sie nicht in die Tat umgesetzt sind. Doch nach dem Dienst bin auch ich unter die Dusche gegangen. Am zweiten Tag nach Frau Prieß' Zusage sind alle BewohnerInnen gründlich gewaschen gewesen.

In der Tretmühle

Erst die Dusche nach dem Dienst und anschließend zwei Stunden schlafen – alle Pflegekräfte haben diesen Drang, wenn es ihre familiäre Situation erlaubt! Dann mache ich mir etwas zu essen und gehe spazieren, gut fürs Denken und für mein Tagebuch, das ich anschließend schreiben muss. Dabei eventuell etwas Musik, manchmal Nachrichten im Fernsehen, aber nur, wenn ich noch mitdenken kann. In allen Orten außer in München habe ich Bekannte oder Freunde zum Erzählen. Ohne sie wären die Tage noch härter. Wenn ich mal einen oder zwei Tage hintereinander frei habe, treibe ich mich draußen herum, auf Flohmärkten, in Stadtteilen oder Parks und laufe mir Frust, Verzweiflung und Schuldgefühle von den Hacken – jedenfalls versuche ich es.

Fortbildung: Windeln für Reiche

Während meiner gesamten Zeit in der Altenheimpflege erlebe ich nur eine einzige so genannte Fortbildung. Johannes Schwemann ist Referent und Vertreter für Inkontinenzmittel, Heimleiterin Prieß eine seiner regelmäßigen Abnehmerinnen und gute Bekannte. Bereits vor seiner Präsentation hat sie bei ihm bestellt. Für eine examinierte Pflegerin, fünf Helferinnen und für mich ist die Veranstaltung Pflicht. Wir werden in Frau Prieß' Büro zitiert, wo der Referent uns gut gelaunt erwartet, in Anzug mit Krawatte und einem Vertreterkoffer voller Modelle. Ein neuer Erlass der Krankenkassen dient ihm als Aufhänger. Diese Verordnung besagt, dass die Ausgaben für Windeln pro Bewohner nicht mehr als 35 Euro monatlich betragen dürfen. Wer permanent Windeln benötigt, hat dieses Limit schnell überschritten und muss die weiteren Kosten privat übernehmen.

Beflissen entnimmt der Windel-Vertreter seinem Koffer die neuen »abgespeckten« Modelle der Höschenwindeln, breitet sie vor uns aus und zählt ihre Vorteile auf. Die »Abgespeckten« besäßen weniger Saugkraft, seien aber um 15 Cent pro Stück billiger als die bisherigen Modelle. Gleichzeitig empfiehlt er uns, die weniger saugfähigen Windeln nur noch dreimal am Tag zu wechseln – angelehnt an Praxisbeispiele aus Dänemark und Frankreich. Anfangs sind wir begriffsstutzig. Jetzt sollen BewohnerInnen mit schlechteren Windeln noch länger in der Nässe liegen? Und nur diejenigen würden sich davor schützen können, die genug auf dem Konto haben, um sich die De-luxe-Variante zu leisten?

»Wird es in Zukunft eine Zweiklassengesellschaft für Höschenwindeln geben?« Meine Frage hat Herr Schwemann erwartet:

»Diese Frage ist berechtigt. Es wird Fälle geben, da können sich die Bewohner keine Zuzahlung erlauben.«

Ich: »Was machen diese Menschen dann?«

Er: »Entweder sie kommen mit den billigen Modellen aus, oder sie zahlen für die bequemeren drauf. Das können in Spitzenfällen bis zu 125 Euro mehr im Monat werden.«

Ich: »Dann wird bei den Sozialhilfeempfängern die Gefahr für Dekubitus wohl steigen.«

Er: »Warum das?«

Ich: »Dünnere Windeln und weniger Wechseln bedeutet, dass der Bewohner länger in seinem Urin liegen muss. Dies fördert Pilze und offene Stellen. Der Gesundheitszustand derjenigen wird sich damit verschlechtern.«

Er: »Ich bin keine Pflegekraft und kann das nicht beurteilen. Ich setze lediglich die Vorgaben der Krankenkassen um. Die stützen sich auf Forschungen aus Dänemark und Frankreich. Nach diesen Forschungen reicht ein dreimaliger Wechsel am Tag im Durchschnitt aus.«

Ich: »Wer also in Zukunft mehr Urin lässt als der Durchschnitt, der muss zuzahlen?«

Er: »So ist es. Unsere Firma hat allerdings darauf reagiert. Wir entwickelten das Modell Imobil. Diese Windel ist so saugfähig, dass nur noch dreimal gewechselt werden muss.«

Ich: »Was kostet die denn?«

Er: »Das Modell ist selbstverständlich teurer als die Standardmodelle. Es kostet ein Euro pro Stück.«

Ich: »Das bedeutet für den Bewohner drei Euro am Tag. Das ergibt eine monatliche private Zuzahlung von rund 55 Euro, nach Abzug der 35 Euro, die die Krankenkasse übernimmt. Wer sich das nicht leisten kann, muss im Nassen liegen.«

Er: »Daran kann ich leider nichts ändern. Da sind mir durch die Krankenkassen die Hände gebunden. Sie als Pflegekraft sparen jedoch Zeit ein.«

Ich: »Sie vergessen dabei aber, dass wir danach noch kränkere Bewohnerinnen und Bewohner medizinisch behandeln müssen. Das heißt, ich brauche dann eher mehr Zeit für den Einzelnen als weniger.«

Windel-Vertreter Schwemann führt noch weitere Modelle vor, nach 90 Minuten ist sein Auftritt beendet. Wir werden entlassen und müssen die Zeit nacharbeiten.

Frau Bohnhorst lässt nicht locker

Katrin und ich haben an diesem Tag Spätdienst. Da eine Pflegehelferin krankgeschrieben und im Frühdienst ausgefallen ist, sind sehr viele Arbeiten der vorigen Schicht liegen geblieben. Wir sind schon zu Dienstbeginn sicher, nicht alles schaffen zu können, und deshalb beide angespannt und gereizt. Denn selbst wenn wir immer zu zweit arbeiten, sind nur 50 Prozent der notwendigen Pflegekräfte im Einsatz. Wir stehen also selbst bei so genannter vollständiger Besetzung (zwei Personen pro Schicht für 28 Bewohner) unter Dauerstress und in der permanenten Gefahr, nicht mal die Grundpflege zu schaffen. Fällt obendrein noch eine Kollegin aus, sind wir kurz vorm Verzweifeln.

So an diesem Nachmittag, an dem Vera Bohnhorst der Kragen platzt. Die 75-Jährige kann wegen fortgeschrittener Altersdemenz nicht mehr allein leben und wohnt erst seit kurzem in der Pflegestation Grimm, die nur ein paar Straßen von ihrer alten Wohnung entfernt liegt. Ihrem Sohn Michael fehlte der Mut, seiner Mutter über die Endgültigkeit des Umzugs die Wahrheit zu sagen. Er vertröstet sie damit, dass sie bald wieder in ihre Wohnung zurückkehren könne. In sechs Wochen, hat er gesagt. Diese sind nun längst verstrichen, der Sohn aber antwortet auf ihr Nachhaken immer mit der alten Floskel, die sechs Wochen seien noch nicht um. Doch Frau Bohnhorst beharrt darauf, genauso so insistierend wie ihr Sohn, dass er sein Versprechen einhalten soll.

Ich verteile gerade den Kaffee, als Michael Bohnhorst zu Besuch kommt. Freudig begrüßt seine Mutter ihn, und beide melden sich zu einem Spaziergang ab. Bereits nach einer halben Stunde kehren sie zurück, früher als sonst, der Sohn verabschiedet sich:

»So, Mutter, ich muss jetzt wieder los.«

Frau Bohnhorst: »Wie, schon?«

Michael Bohnhorst: »Ja, leider, ich muss noch was erledigen. Am Sonntag habe ich mehr Zeit für dich. Mach's gut bis dahin.«

Frau Bohnhorst: »Ich möchte, dass du mich zurück in meine Wohnung bringst. Und zwar jetzt sofort, oder stehst du nicht zu deinem Versprechen?«

Michael Bohnhorst: »Doch, doch. Ich kümmere mich nächste Woche drum.«

Frau Bohnhorst: »Das sagst du jedes Mal. Nimmst du mich denn nicht mehr ernst? Ich habe mein ganzes Leben lang alles dafür getan, dass es dir gut geht. Jetzt verlange ich von dir, etwas zurückzugeben.«

Michael Bohnhorst: »Lass uns am Sonntag darüber reden. Ich habe jetzt keine Zeit.«

Der Sohn flüchtet, und wir bleiben mit seiner Mutter allein zurück.

Aufgebracht wandert Frau Bohnhorst auf und ab. Sie steht Katrin im Weg, die ihr befiehlt, sich zu setzen und Ruhe zu geben. Frau Bohnhorst hört gar nicht hin und wendet sich an mich:

»Da muss man sich sein ganzes Leben lang durchschlagen, jede Entscheidung selbst treffen und für alles die Verantwortung tragen. Und dann? Jetzt darf ich nicht mal selbst entscheiden, was ich möchte und was nicht?«

Ich: »Was möchten Sie denn?«
Frau Bohnhorst: »Ich möchte zurück in meine Wohnung. Wieder selbst bestimmen, wann ich esse, fernsehe oder ins Bett geh. Ist denn das zu viel verlangt? Bitte helfen Sie mir, oder nehmen Sie mich auch nicht ernst?«
Katrin fährt dazwischen: »So, Frau Bohnhorst, jetzt reicht's. Ich bringe Sie auf Ihr Zimmer!«
Frau Bohnhorst: »Das möchte ich aber nicht.«
Katrin: »Sie haben aber zu wollen!«
Sie packt Frau Bohnhorst energisch am Arm und zerrt sie in ihr Zimmer. Ihre Zimmergefährtin, die 93-jährige Magdalena Stöbener, liegt schon im Bett. Katrin geht. Sie verkeilt von außen mit einem Hocker die Tür, sodass sie sich nicht öffnen lässt. Mit einem »So, jetzt ist aber Ruhe« dreht sie dem Zimmer den Rücken.
Frau Bohnhorst rüttelt und zerrt an der Tür. Sie bleibt verschlossen. Anscheinend hat sie das Fenster geöffnet und schreit hinaus:
»Hilfe, Hilfe, man hat mich eingesperrt! Ruft die Polizei!«
Vor und hinter der verriegelten Tür kocht die Wut. Katrin stößt den Hocker zur Seite und zischt ins Zimmer:
»Jetzt ist aber genug. Geben Sie endlich Ruhe!«
Frau Bohnhorst: »Aber ich möchte doch nur, dass sich jemand meiner annimmt. Ist denn das zu viel verlangt?«
Katrin explodiert: »Seien Sie endlich still!«
Die schwerhörige Bettnachbarin Frau Stöbener: »Lassen Sie uns doch mal in Ruhe, Sie freche Göre. Frau Bohnhorst hat doch Recht. Wer hört denn hier auf uns? Keiner! Wir müssen den ganzen Tag tun, was Sie wollen. Und bekommen das noch in einem Ton gesagt, den ich mir nicht mehr länger gefallen lasse.«
Katrin droht: »Gleich ist hier Ruhe. Darauf können Sie sich verlassen!« Und entschwindet.
Als ich eine Stunde später das Abendessen bringe, ist

Türbarrikade vor dem Zimmer von Frau Bohnhorst

tatsächlich alles still. Beide Frauen liegen im Bett, apathisch, mit geöffneten Augen. Keine ist mehr imstande, sich zu regen, aufzustehen oder gar zu essen. Das Ergebnis einer hohen Valium-Dosis.

Nach Dienstende verlassen Katrin und ich gemeinsam die Pflegestation. Auf dem Weg zur U-Bahn frage ich sie:
»Findest du's nicht zu hart, diesen Befehlston den Bewohnern gegenüber?«

Sie: »Ich habe selbst lange gebraucht, mich daran zu gewöhnen. Ich habe jedoch gemerkt, dass ich ohne klare Kommandos die Zeiten nicht einhalten kann. Besonders, wenn wir unterbesetzt sind, und das sind wir doch ständig. Die Zeit reicht ja nicht mal, um alle sauber und satt zu bekommen.«

Ich: »Warum beschwerst du dich nicht bei Frau Prieß?«

Sie: »Das habe ich schon oft gemacht. Sie hat immer versprochen, mehr Personal einzustellen. Bisher hat sie noch kein Versprechen eingehalten.«

Ich: »Macht dir die Arbeit denn Spaß?«
Sie: »Nee, wirklich nicht. Es ist doch frustrierend, jeden Tag nur den Notstand zu verwalten. Allein die Situation der verprügelten Frau Dornreiter! Sie ist jetzt seit über einer Woche bei uns, und noch keiner hatte Zeit für ein Gespräch mit ihr. Stattdessen stellen wir sie mit Beruhigungsmitteln still. Ihre Probleme lösen wir damit auf gar keinen Fall.«
Ich: »Findest du denn, dass das Einsperren von Bewohnern eine Lösung ist?«
Sie: »Natürlich nicht. Aber Frau Bohnhorst ist schon oft nach dem Besuch ihres Sohnes zu ihrer alten Wohnung spaziert. Bisher ist ihr nichts passiert, sie wurde immer von der Polizei zurückgebracht. Aber wenn, dann werden wir verantwortlich gemacht, weil sie unbeaufsichtigt herumrennt.«
Ich: »Wenn wir schon verantwortlich sind, dann ist es doch auch unsere Verantwortung, sich über diese ganzen Missstände mal zu beschweren.«
Sie: »Okay, aber ich habe auch Verantwortung gegenüber meiner Familie. Wenn ich auf Missstände hinweise, riskiere ich meinen Arbeitsplatz. Das kann ich mir einfach nicht leisten. Denn eins ist hier jedem klar: Wer sich heute beschwert, hat morgen keine Arbeit mehr.«

Dieses Gespräch trage ich aus dem Gedächtnis in mein Tagebuch ein.

Das unsittliche Ansinnen von Pflegekräften

Ich muss meinen Lebensunterhalt wie meine Kolleginnen mit dem Lohn als Pflegehelfer bestreiten. Als die Zahlungen nach mehr als sechs Wochen immer noch ausbleiben,

> **Gehälter und Überstunden von Altenpflegerinnen und Altenpflegern**
>
> AltenpflegerInnen Durchschnittsgehalt: Anfangsgehalt ab 1800 Euro brutto
> Tarifliche Grundvergütung liegt bei 1801,31 Euro (BAT IVa) bei einem Alter von 21 Jahren, bei 25 Jahren bei 2091,09 Euro monatlich. Dazu können Ortszuschlag und Zulagen kommen. Private Betreiber zahlen oft unter Tarif.
> (Quelle: BAT 2004, Deutscher Berufsverband für Altenpfleger)
>
> **Überstunden**
>
> Altenpflegekräfte leisten jährlich 9 Millionen Überstunden im Jahr, das entspricht rund 5000 Vollzeitstellen. Zusammen mit den 3600 offenen Vollzeitstellen und den 160 neuen Heimen pro Jahr, die ca. 4000 Vollzeitkräfte benötigen, gab es 2003 bundesweit 12 600 Vollzeitstellen neu zu besetzen.
> Der Frauenanteil unter den Pflegekräften lag 2001 bei 86,8%.
> Im Jahr 2000 gab es insgesamt 268 000 AltenpflegerInnen und AltenpflegehelferInnen in Deutschland. Bis zum Jahr 2010 werden zusätzlich zu den bereits arbeitenden ca. 114 000 Altenpflegekräfte in stationären Einrichtungen (= Heimen) benötigt.
> (Quelle: Deutsches Institut für angewandte Pflegeforschung, Pflege-Thermometer 2003)

bitte ich um einen Termin bei Frau Prieß. Er wird mir gewährt. Laut Gedächtnisprotokoll hat das Gespräch folgenden Inhalt gehabt:

Frau Prieß fragt mich: »Was kann ich für dich tun?«

Meine Antwort: »Ich brauche dringend mein Gehalt. Ich besitze noch fünf Euro, und die Miete ist noch nicht bezahlt. Was denken Sie eigentlich, wovon ich lebe?«

Sie: »Es kann doch mal passieren, dass sich die Auszahlung etwas verzögert.«

Ich: »Nein, das darf nicht passieren. Sie erwarten von

mir, dass ich jeden Tag pünktlich erscheine und meine Arbeit mache. Das habe ich getan, und nun erwarte ich von Ihnen, dass Sie Ihre Aufgaben erledigen.«

Sie: »Jetzt reg dich aber mal ab!«

Ich: »Ihre Reaktion zeigt mir, dass Sie mich nicht ernst nehmen. Ich glaube, Sie kommen Ihren Aufgaben bewusst nicht nach.«

Sie: »Das kann ich mir nicht gefallen lassen. Du weißt wohl nicht, wer vor dir sitzt?«

Ich: »Doch, das weiß ich genau. Sie nutzen mit Absicht die Abhängigkeit von der Arbeit aus, spielen mit meiner Existenz. Das werde ich mir nicht gefallen lassen!«

Sie: »Das hat sich bisher noch kein Mitarbeiter getraut. Was bildest du dir eigentlich ein?«

Ich: »Ich bilde mir ein, pünktlich meinen Lohn zu bekommen. Das ist mein Recht, und darauf bestehe ich. Und ich möchte wissen, wann ich mein Geld erhalte!«

Sie: »Das kann ich dir jetzt nicht sagen. Dieses Gespräch wird allerdings Konsequenzen haben. Das kann ich dir versprechen.«

Ich verlasse ihr Büro und weiß, meine Zeit auf der Pflegestation Prieß ist abgelaufen. Die folgende Nachtschicht von 21.30 bis 6.30 Uhr ist zugleich mein letzter Dienst.

Ich bin allein mit 28 BewohnerInnen in vier Häusern. Eine zweite Kraft ist nicht eingeteilt, obwohl das vorgeschrieben ist. In einer Notfallsituation wäre ich vermutlich nicht in der Lage, rechtzeitig zu reagieren. Nachdem ich bis ein Uhr Bettbezüge und Kleidung gewaschen, zusammengefaltet und in die Schränke geräumt habe, soll ich zwölf BewohnerInnen wecken. Mir ist der Paragraf aus dem Heimgesetz bekannt, welcher zum Schutz der BewohnerInnen eine Grundpflege vor sechs Uhr nicht erlaubt. Deshalb beschränke ich mich in meiner letzten Nacht im Heim Grimm auf die nächtlichen Kontrollgänge und lasse alle in Ruhe weiterschlafen. Derweil schreibe ich einen Brief:

»Liebe Kollegen,
Schon bereits nach dem ersten Nachtdienst war ich schockiert über die unmenschliche Behandlung der Bewohner. Ich konnte es einfach nicht fassen, dass ich alte Menschen um den wohlverdienten Schlaf gebracht habe. Wie ich auf Anweisung, nur um selbst keinen Ärger zu bekommen, respektlos gegen deren Willen handelte.
In der letzten Nacht übertrug Frau Prieß mir allein die Verantwortung für diese Menschen. Es war mir nicht möglich, entgegen meiner Überzeugung zu handeln. Meine Definition von verantwortlichem Handeln ließ es nicht zu, pflegebedürftige Menschen gewaltsam aus dem Schlaf zu reißen.
Es geht hier schon lange nicht mehr um das Wohl der BewohnerInnen und der Pflegekräfte. Der Tagesablauf wird dominiert von den wirtschaftlichen Interessen der Besitzerin. Ich bin überzeugt, dass nur ein gemeinsames Handeln aller Pflegekräfte dies ändern kann. Jeder Versuch, dies zu erreichen, ist an der Angst, den Arbeitsplatz zu verlieren, gescheitert. Doch jeder von euch sollte sich die Frage stellen, was ein Arbeitsplatz wert ist, der nicht einmal bezahlt wird. Ich kann das mit meinem Gewissen nicht mehr vereinbaren!«
Noch am selben Tag bitte ich telefonisch um die Auflösung meines Arbeitsvertrags. Frau Prieß knallt den Hörer auf, schickt mir ein Fax mit Auflösungsvertrag – und lässt mich weiterhin auf das Geld warten. Vier Wochen später drohe ich in einem Schreiben gerichtliche Konsequenzen bei Nichtzahlung an. Kurze Zeit danach ist das Gehalt endlich auf meinem Konto gutgeschrieben.

Seniorenresidenz Christian Runkel in Köln-Nippes

Eine ganz normale Schicht

Schon drei Wochen nach meiner Hamburg-Etappe fange ich in Köln an – ich muss schnell Geld verdienen, weil die Heimleiterin Christiane Prieß ja erst fünf Wochen später meinen ganzen Lohn überwiesen hat.

Deshalb kann ich nicht lange wählen. Ich wohne bei Freunden in Köln und finde einen neuen Job in der Seniorenresidenz Christian Runkel in Köln-Nippes. Das Heim ist wieder die erste Adresse, die das Arbeitsamt genannt hat, und nun mein dritter Anlauf als Altenpfleger. Es ist Hochsommer, als ich zu meiner ersten Schicht fahre. Sie übertrifft alles Bisherige.

Ich melde mich um 6.30 Uhr im Wohnbereich II zu meinem ersten Frühdienst. Im Dienstzimmer empfangen mich Rita Wagner, studentische Aushilfe, und Luigi Vittozzi, ebenfalls Pflegehelfer. Erleichtert rutscht es Luigi heraus:

»Endlich Unterstützung. Hast du schon mal in einem Heim gearbeitet?«

»Ja, in zweien. Seit wann bist du denn in der Pflege?«

Luigi: »Erst seit einem Monat. Die letzten zwei Jahre war ich arbeitslos, und davor habe ich als Helfer auf verschiedenen Baustellen gearbeitet.«

Ich: »Hat man dich denn eingearbeitet?«

Luigi: »Dazu hat hier keiner Zeit.«

Ich: »Woher weißt du denn, was du machen musst?«

Luigi: »Schwester Angela gibt mir einen Zettel mit Zimmernummern. Ich soll die alten Menschen waschen, anziehen und dann in den Aufenthaltsraum bringen. Das ist alles.«
Ich wende mich an Rita: »Und seit wann bist du hier?«
Rita: »Erst seit zwei Wochen. Ich brauche das Geld, um mein Studium zu finanzieren.«
Ich: »Schon mal im Pflegebereich gearbeitet?«
Rita: »Bisher noch nicht.«
Ich: »Na, dann warten wir mal auf die Schwester. Die wird uns schon sagen, wo es langgeht.«
Luigi: »Die ist woanders beschäftigt. Vor dem Frühstück wird sie hier nicht auftauchen.«
Ich: »Und wer erklärt mir, was ich zu tun habe?«
Luigi: »Angela hat mir gesagt, dass Rita und ich uns um den Wohnbereich II kümmern sollen. Und du gehst hoch in den dritten Bereich. Hier hast du den Zettel mit den Zimmernummern.«

Ich gehe mit meiner Liste in die Wohngruppe III, zu ihren zwölf Bewohnerinnen, um dort vom ersten Tag an allein zu arbeiten. Ohne Einweisung. Rita und Luigi hätten auch gar nicht das Know-how gehabt, im Verhältnis zu ihnen bin ich mit meinem halben Jahr Altenheim-Erfahrung der best instruierte Helfer dieser Schicht.

Frau Anders verwest

Als ich das erste Zimmer betrete, pralle ich zurück, kämpfe mit dem Impuls zu fliehen. Ein Geruch von Schweiß, Fäkalien und Verwesung erfüllt den Raum, in dem die 88-jährige Christel Anders stark gekrümmt im Bett liegt, mit verfilzten Haaren, nach einem Schlaganfall bettlägerig. Als ich ihre Bettdecke anhebe, kommt's mir hoch, ich renne raus, reiße mich wieder zusammen, schlucke. Im unteren Drittel des Bettlakens kleben getrocknetes Blut und alter Eiter. Der Verband an den Fersen ist durchnässt und – meiner Erfahrung nach – vermutlich seit 14 Tagen nicht gewechselt worden. Das Fleisch darunter verfault und strömt den Verwesungsgeruch aus. Frau Anders ist meine erste Patientin, die sich in solch einem verwahrlosten Zustand befindet.

Sie muss erbarmungslose Schmerzen haben. In den letzten Tagen ist sie nur notdürftig versorgt worden. Auf keinen Fall so, wie es eine Patientin mit fortgeschrittenen Dekubiti benötigt (siehe Seite 41). Ich muss die einzige Fachkraft Angela Duwe sprechen und mache mich auf den Weg zu ihrer Station. In dem Gewirr von langen Gängen fällt es mir schwer, mich zu orientieren. Ich will die Suche schon abbrechen, weil ich zu viel Zeit verschwende, da spricht mich eine Frau an:

»Bist du der Neue?«

Ich: »Ja, ich habe heute meinen ersten Dienst. Und wer bist du?«

»Ich bin Angela. Kann ich dir irgendwie weiterhelfen?«

Ich: »Ich komme gerade aus dem Zimmer von Frau Anders. Ihre Verbände müssen dringend gewechselt werden.«

Angela: »Das geht jetzt nicht. Die Wohnbereiche I und II sind erst mal dran. Hier warten immerhin 52 Bewohner auf mich. Meist reicht die Zeit nicht aus, auch noch die im dritten Bereich zu versorgen. Das musst du schon selbst machen.«

Ich: »Ich habe keine Erfahrung in solchen Dingen. Was soll ich tun?«

Sie: »Du wirst doch einen Verband wechseln können!«

Ich: »So richtig weiß ich nicht, wie man das macht.«

Sie: »Wenn du es nicht tust, wird sich Frau Anders gedulden müssen. Ich habe jetzt dafür keine Zeit. Bis später.«

Neben »Keine Zeit!« ist es der zweite Standardsatz im

Repertoire der Pflegenden: »Dann muss sie sich eben gedulden.«

Die medizinische Behandlung setzt Wissen, Anleitung und praktische Erfahrung voraus und darf nur von examinierten Kräften durchgeführt werden. Doch was ist zu tun, wenn die einzige Pflegerin keine Zeit hat? Ich wechsle Frau Anders' Verbände – zwar habe ich mir abgeguckt, wie ich es machen muss, doch ich fühle mich unsicher. Beim Lösen der eingetrockneten Mullbinden reißen die fünfmarkstückgroßen Wunden an den Fersen wieder auf. Ich spüle den Eiter mit einer Ringer-Lösung (einer wässrigen Lösung mit den wichtigsten im Blut enthaltenen Salzen) aus der Wunde, bestreiche mit einem Spachtel die Wundränder mit Zucker, bedecke alles mit Mullbinden und verbinde zum Schluss die Füße mit einem selbstklebenden Riesenpflaster. Die korpulente Frau Anders müsste oft gelagert werden, doch das schafft eine einzelne Pflegekraft einfach nicht. Aber ihre Beine in Schlingen zu legen hätte keiner großen Kraftanstrengung bedurft, und ihre kaputten Fersen hätten nicht mehr aufliegen müssen. Aber wer hätte es machen sollen? Auch ich habe eigentlich keine Zeit.

Frau Anders hat auch andere Verletzungen. Sie wird durch eine Magensonde ernährt, zugänglich durch eine offene Wunde in der Bauchdecke, die alle zwei Tage desinfiziert und neu verbunden werden muss. Zur Kontrolle schreibt die Pflegekraft das Datum des Wechsels auf den Verband. Das letzte Mal wurde er vor zehn Tagen gewechselt, die Wunde ist bereits entzündet. Ich löse den alten Verband, bestreiche die Wunde mit einer Wund- und Heilsalbe und erneuere Mull und Pflaster. Frau Anders geht es von Tag zu Tag schlechter.

Als ich ihren Fall einige Tage später in der Pflegerrunde anspreche und darum bitte, etwas mehr für sie zu tun, wird mir geantwortet: »Wir können den Arzt rufen und beide Füße abnehmen lassen, dann haben wir Ruhe.«

Frau Lampert wird gewindelt

In Zimmer 311 wohnt Hilde Lampert. Die 78-Jährige ist durch einen Schlaganfall halbseitig gelähmt und benutzt einen Rollstuhl. Sie kann noch sprechen, ist aber häufig schwer zu verstehen. Obwohl sie nicht inkontinent ist, wird sie gewindelt. Das spart Zeit, besonders die der einzigen Nachtwache, die derzeit allein für 64 Bewohner verantwortlich ist.

Frau Lampert möchte nicht in die Windeln nässen und klingelt jedes Mal, wenn sie zur Toilette gehen muss. Im letzten Nachtdienst hat ihr die Schwester jedoch befohlen, das zu unterlassen. Dadurch eingeschüchtert, will sie das Bett überhaupt nicht mehr verlassen. Ihre Tochter Monique Stahl, die fast täglich zu Besuch kommt, spricht mich an:

»Sind Sie neu hier?«

Ich: »Ja, ich habe heute meinen ersten Tag.«

Sie: »Schon wieder ein neues Gesicht. Das Pflegepersonal wechselt hier aber auch ständig. Warum liegt die Mutti noch im Bett?«

Ich: »Sie möchte noch nicht aufstehen. Es gab anscheinend Probleme in der Nacht.«

Sie: »Was war denn? Hören Sie, ich habe mich schon mehrmals beschwert: Meine Mutti bezahlt für ihre Pflege 2250 Euro im Monat, und sie bekommt nicht mal ein Rezept für die Sprachtherapie.«

Ich: »Da müssen Sie mit Schwester Angela sprechen. Die ist für Rezepte zuständig.«

Sie: »Das habe ich bereits vor acht Wochen getan, und nichts ist geschehen. Genauso wie das Rezept für den Gehwagen. Der Arzt in der Reha hat mir gesagt, dass Mutti unbedingt Gehübungen machen muss, um aus dem Rollstuhl rauszukommen. Aber sie liegt nur die ganze Zeit im Bett, und es geht ihr kein bisschen besser. Im Gegenteil:

Jetzt soll sie eine Pflegestufe raufgestuft werden – das ist doch nicht zu fassen!«
Ich: »Ich kann Ihnen da leider auch nicht weiterhelfen.«
Sie: »Was meinen Sie, wie oft ich das schon gehört habe. Ich habe meine Mutti hierher gebracht, damit sie gut umsorgt wird und sich erholen kann. Danach sollte sie wieder in ihre Wohnung zurück, doch davon ist sie weit entfernt. Ich weiß nicht mehr, was ich tun soll.«
Ich: »Gehen Sie doch mal zu Herrn Oberfrank. Der ist der Pflegedienstleiter und für alle Stationen zuständig. Ich habe jetzt leider auch keine Zeit. Auf mich warten noch andere Bewohner.«

Frau Fischer schneidet sich die Adern auf

Es sind einfach zu viele! An meinem ersten Arbeitstag habe ich einige BewohnerInnen erst gegen zehn Uhr in den Aufenthaltsraum zum Frühstücken gebracht. Sie sind unzufrieden und nörgeln. Verständlich. Besonders für die DiabetikerInnen ist es viel zu spät. Ich habe nicht mal Zeit, mich zu entschuldigen. Wozu auch? Warum sollten die alten Menschen mich und das Heim von unserer Schuld entbinden?

Ich rolle gerade mit der nächsten Bewohnerin in den Speisesaal, als ich Glas zerbrechen höre: Die meisten stehen in einer Ecke dicht gedrängt um einen Tisch herum. Erst als ich näher trete, begreife ich, was ich schon hätte ahnen können: Charlotte Fischer hat ein Wasserglas am Tischrand zerschlagen und schneidet mit zitternden Händen an ihren Pulsadern herum. Das Blut schießt heraus. Ich reagiere sofort, fühle mich aber wie durch einen langen Tunnel laufen, in dem nur noch Weniges stark vergrößert zu erkennen ist: das Blut, das spritzt, Frau Fischers Gesicht, das totenbleich wird, der Pulk der Alten, die durcheinander schreien. Ich renne zum nächsten Flurtelefon, alarmiere den Notarzt, laufe zurück, packe Frau Fischers verletzten Arm mit der einen Hand, nehme ihr mit der anderen die Scherben weg und umwickle die Wunde mit Küchentuch, will sie abbinden, doch das Tuch ist sofort durchtränkt, das Blut quillt darunter hervor. Frau Fischer wird ohnmächtig und sackt in ihrem Rollstuhl nach unten. Ich packe die Stuhlgriffe und fahre sie nur auf den Hinterrädern, sodass sie wieder in den Sitz zurückrutscht, auf den Gang. Zum Glück ist der Notarzt schon eingetroffen und übernimmt sie mit zwei Trägern, noch auf der Bahre bekommt sie eine Infusion und Wundversorgung.

Wie aufgezogen funktioniere ich weiter, haste zurück in den Aufenthaltsraum, wische mechanisch das Blut weg und versuche, die aufgeregten BewohnerInnen zu beruhigen, die schrill durcheinander rufen. Später erfahre ich, dass Charlotte Fischer selten mit jemandem gesprochen, kaum Kontakte gehabt und sehr zurückgezogen vor sich hin gelebt hat. Von Tag zu Tag magerer, mit einer Pergamenthaut, die ständig aufriss und sie noch zerbrechlicher wirken ließ.

Schockiert und innerlich zersprungen beende ich meinen ersten Arbeitstag in der Seniorenresidenz Runkel. In den beiden vorigen Heimen kam es nur durch krankheitsbedingte Ausfälle und Unterbesetzung zu Eskalationen. Hier brennt es andauernd. Fast täglich werden neue Bewohner aufgenommen, sodass wir uns um jeden Einzelnen immer weniger kümmern können. Eine Pflege, bei der die Bewohner nur mangelhaft versorgt werden können, nennt man gefährliche Pflege. Wie oft bin ich in meiner Zeit als Pfleger eine Gefahr für die BewohnerInnen gewesen, wenn ich sie nicht mal waschen und notdürftig pflegen, mit Essen und Trinken versorgen konnte und ihr Leben nur noch dahinkümmerte!

Gefährliche Pflege

Gefährliche Pflege bedeutet, dass der Patient durch die Pflege Schaden erleidet. Diese Schäden können physischer Art sein wie zum Beispiel Druckgeschwüre, versteifende Gelenke, Unfälle, Hunger und Durst. Wer gefährlich pflegt, der geht meist auch auf die psychischen und sozialen Bedürfnisse der BewohnerInnen nicht ein. Angst, Stress, Depression, Regression und Isolation können die Folgen sein. Weiterhin ist die gefährliche Pflege durch mangelhafte Kommunikation charakterisiert. Der Patient/die Bewohnerin ist und wird nicht informiert, wird nicht gefragt und kann seine/ihre Meinung nicht anbringen. Meist ist bei gefährlicher Pflege die Pflegeplanung nicht vorhanden und die Informationsübermittlung lücken- und fehlerhaft. Wenn es zu Klagen kommt, gilt hier der Straftatbestand der Körperverletzung (§§ 223 ff. StGB), der bei Pflegefehlern meistens zum Tragen kommt.

Das Hochglanzheim

Erschöpft verbringe ich den Abend in meiner neuen Bleibe mit Freunden, bei denen ich in meiner Kölner Zeit unterschlüpfen und so meine Ausgaben gering halten kann. Gefunden habe ich die Seniorenresidenz Christian Runkel in Köln-Nippes über die Liste des Arbeitsamtes. Ein kurzes Vorstellungsgespräch beim Heimleiter Ingolf Oberfrank, und ich war eingestellt.

Das erst im April 2000 neu eröffnete Haus gehört zur Margarethenhof Gesellschaft in Krefeld, einem Unternehmen mit damals acht Altenheimen. Der Neubau strahlt Luxus aus, mit breiten Gängen und großen Zimmern, zwei Drittel Einzel-, der Rest Zweibettzimmer. Die Flure ohne Mobiliar, die Wände schmucklos. Die Empfangshalle gibt sich gediegen und großzügig, mit Natursteinboden, Grünpflanzen und an den Wänden gleichmäßig verteilten Bildern. Hinter der Halle liegen die Verwaltungsräume und das Restaurant, dessen Küche auch alle Heimbewohner zu versorgen hat.

In den darüber liegenden Wohnetagen ist Schluss mit der Inszenierung von Wohlhabenheit: Linoleumböden auf langen, schlecht beleuchteten Gängen, die üblichen Pflegebetten, Möbelsammelsurien und Wohn-Nippes der Bewohnerinnen, wenig einladend und gar nicht gemütlich. Direkt vor dem Haus wurde ein Steingarten angelegt, doch nur zur Dekoration, darin Herumlaufen oder mit einem Rollstuhl fahren kann man nicht. Das Heim liegt in der Innenstadt, umschlossen von anderen Bauten, ohne Grün, Park oder Terrasse.

Das Haus hat drei Etagen und ein Dachgeschoss. Insgesamt bietet es 80 Pflegeplätze. Jede Etage entspricht einer Pflegegruppe. Zurzeit meiner Anstellung liegen in der Pflegegruppe I 26 Bewohner, in der Pflegegruppe II ebenfalls 26 Bewohner, und in der Pflegegruppe III werden 12 Menschen betreut.

In den Pflegegruppen I und II arbeiten jeweils 2 Helfer in einer Schicht, das heißt, das eine Pflegekraft für 13 Bewohner verantwortlich ist. In der Pflegegruppe III muss eine Pflegehelferin allein 12 absolut pflegebedürftige Menschen der Stufe III versorgen.

Damit sind fünf Helfer für die direkte Versorgung verantwortlich. Parallel dazu ist eine sechste Kraft eingestellt, die tatsächlich eine Altenpflegerausbildung absolviert hat und zwischen den drei Gruppen und drei Etagen hin und her rennen muss, um die medizinische Behandlung zu übernehmen.

Im Dachgeschoss des Gebäudes sind Appartements für betreutes Wohnen eingerichtet. Sie bleiben fast gänzlich unbewohnt, auch lange nach der Eröffnungsphase, wohl

Vorderansicht der Residenz Runkel mit großzügig gestalteter Eingangshalle

auch, weil die horrenden Mieten kaum jemand bezahlen kann.

Für alle drei Pflegegruppen zusammen sind insgesamt 15 Pflegekräfte gesetzlich vorgeschrieben. Wir waren aber nur zu sechst, also insgesamt neun Kolleginnen zu wenig.

Wie lange können Pflegerinnen und Pfleger sowie Bewohnerinnen und Bewohner solch eine Lebens- und Arbeitssituation aushalten, ohne krank zu werden – oder dabei zu sterben?

Übrigens legt die Pflegekasse üblicherweise bei ihren Auszahlungen an die Heime die gesetzlich vorgeschriebene Anzahl von Pflegekräften zugrunde (ohne diese zu kontrollieren oder sich belegen zu lassen). Das bedeutet, dass dem Heim die Beträge zur Finanzierung von 15 Angestellten überwiesen worden sein könnten.

Die Krabbelstube

Ich habe aushilfsweise auf einer anderen Station als sonst Frühdienst, als mir auf dem Gang ein suchendes Paar begegnet.

Mann: »Entschuldigung, können Sie uns helfen. Wir können das Zimmer 321 nicht finden.«

Ich: »Das ist hier den Gang entlang und am Ende links um die Ecke. Darf ich fragen, was Sie da möchten?«

Frau: »Unser Vater wird heute vom Krankenhaus in dieses Heim verlegt. Wir bringen ihm seine persönlichen Sachen und möchten uns das Zimmer ansehen. Könnten Sie uns dabei behilflich sein?«

Ich: »Ja, das kann ich. Wie heißt denn Ihr Vater?«

Tochter: »Peer Larsson.«

Ich: »Tut mir leid, aber ich weiß nichts von einer Neuaufnahme für Zimmer 321.«

Sohn: »Wer ist denn für diese Station zuständig?«

Ich: »Heute bin ich das.«

Tochter: »Aber dann müssen Sie doch darüber informiert sein, dass unser Vater heute hier einzieht!«

Ich: »Wissen Sie, zurzeit werden hier täglich neue Bewohner eingeliefert. Da passiert es schon mal, dass die Geschäftsleitung vergisst, uns zu informieren.«
Mittlerweile haben wir das Zimmer erreicht, ich öffne die Tür. Irritiert sehen wir uns an: Der Raum ist leer.
Ich: »Anscheinend hat die Geschäftsleitung auch vergessen, dem Hausmeister Bescheid zu sagen.«
Sohn: »Das darf doch nicht wahr sein, unser Vater kommt in einer Stunde, und es ist noch nichts fertig. Was können wir denn jetzt tun?«
Ich: »Gehen Sie ins Büro der Geschäftsleitung und beschweren Sie sich.«
Als tatsächlich eine Stunde später der 87-jährige Peer Larsson eingeliefert wird, ist sein Zimmer notdürftig mit Bett, Kleiderschrank und einem Stuhl versehen. Wir wissen nichts über seinen Gesundheitszustand außer dem Umstand, dass er nach einem Knochenbruch aus dem Krankenhaus hierher überwiesen wurde. Es scheint auch niemand aus der Verwaltung Herrn Larsson begrüßt oder ihm seine neue Umgebung gezeigt zu haben.

Einige Tage später – ich war nicht mehr der Station von Herrn Larsson zugeteilt – treffe ich auf Peter Smith, studentische Aushilfe für die Nachtwache. Mittlerweile liegen im Heim Runkel 70 Bewohner, die alle von der einzigen Nachtwache betreut werden müssen. Peter ist völlig aufgelöst:

»Das sind einfach zu viel Bewohner. Der neue, Herr Larsson, ist immer hingefallen, wenn er auf Toilette gehen wollte. Mir ist nichts anderes übrig geblieben, als die Matratze auf den Boden zu legen. Bei so viel Bewohnern auf drei Etagen fehlt mir die Zeit, mit jedem auf Toilette zu gehen. Ich laufe mir hier jede Nacht die Fersen wund und werde nicht fertig.«

Ich: »Hat Herr Larsson sich dabei verletzt?«
Er: »Ich konnte nichts feststellen. Er beschwert sich

lauthals über die Behandlung. Als ich ihm eine Höschenwindel anziehen wollte, hat er sich gewehrt und sie wieder vom Leib gerissen. Und sein Zimmer sieht chaotisch aus.«
Ich: »Aber der Mann ist doch gar nicht inkontinent.«
Er: »Das weiß ich, doch was bleibt mir anderes übrig. Ich habe einfach keine Zeit, ihn jedes Mal zur Toilette zu führen. Das ist zu viel Arbeit!«

Nach einer Weile nennen die Pflegekräfte Herrn Larssons Zimmer nur noch die Krabbelstube, da die Matratze am Boden bleibt, weil er immer öfter stürzt. Auch wird er weiterhin gewindelt, wogegen Herr Larsson ununterbrochen protestiert. Ich kann diese Maßnahmen nicht nachvollziehen, weil Herr Larsson mir bei unserer ersten Begegnung überhaupt nicht altersschwach erschien, sondern sehr wach, wenn auch ängstlich und verschüchtert. Pflegerin Angela aber meint:

»Den können wir nur abschießen, sonst kriegen wir vor dem keine Ruhe.«

Sie gibt ihm Beruhigungsmittel, Eunerpan und Melperon, sein Protest wird ein stiller: Er weigert sich zu essen.

Da ich ihn nicht täglich betreue, mir aber über seine Krabbelstube Gedanken mache, gehe ich ihn nach einem Dienst besuchen. Er kommt aus der Eifel wie ich, und wir hatten aufgrund unseres Dialekts gleich einen Draht zueinander. Noch auf dem Flur höre ich lautes Poltern, Herr Larsson liegt hilfeflehend auf dem Boden:

»Ach, Junge, ein Glück, dass wenigstens du da bist. Kannst du mir helfen?«

»Ja, natürlich. Wie ist das denn passiert?«, antworte ich, in unseren Dialekt verfallend.

Er: »Ich wollte nur zur Toilette. Da bin ich wieder an dem Tischbein hängen geblieben.«

Ich: »Kann man ja mal übersehen.«

Er: »Ich kann schon seit Jahren nicht mehr richtig sehen. Durch meinen Altersdiabetes bin ich fast blind.«

Ich: »Entschuldigen Sie, das habe ich nicht gewusst. Aber aus diesem Grund waren Sie doch nicht im Krankenhaus?«
Er: »Nein. Ich bin vor zwei Monaten gestürzt und habe mir dabei den Oberschenkel gebrochen.«
Ich: »Dürfen Sie denn überhaupt schon auftreten, oder brauchen Sie einen Rollstuhl?«
Er: »Einen Rollstuhl brauch ich keinen mehr. Ich will jeden Tag trainieren, um schnell wieder nach Hause zu kommen. Sie können mir dabei doch bestimmt helfen?«
Ich: »Leider nicht. Ich bin hier für die Pflege zuständig. Sie brauchen ein Rezept für Physiotherapie, und das macht Schwester Angela.«
Er: »Dann muss ich dringend mit der Schwester sprechen.«

Niemand hat sich bisher mit Peer Larsson unterhalten, auch seine Kinder sind ein paar Tage nicht da gewesen und konnten nicht vermitteln. Keiner hat auf seine Einwände reagiert, dass er nicht gut sehen kann. Keiner von uns war aufmerksam genug, um in seinen Bewegungen die eines Blinden zu erkennen, und niemand hat die Informationen verarbeitet, dass er Diabetiker ist, dass er nach seinem Knochenbruch Reha-Maßnahmen braucht, dass er bei jedem Sturz in Gefahr ist, sich erneut etwas zu brechen – und dass er bei klarem Verstand ist und das Windeln ihn demütigt!

Nach meinem Besuch wird das entwürdigende Arrangement rückgängig gemacht, Herr Larsson schläft wieder im Bett und wird nicht mehr gewindelt. Zu seiner großen Erleichterung erhält er auch Besuch von seiner Frau, die bis zu dem Zeitpunkt selbst im Krankenhaus gelegen hat. Nach einem halben Monat ist Herr Larsson der pflegeleichteste Bewohner. Nun, seinem Naturell entsprechend, zu Witzen aufgelegt und so sehr liebenswürdig.

Frau Bennfeld möchte reden

Ingeborg Bennfeld wohnt in Zimmer 312 und liest leidenschaftlich gern. Eine große Bibliothek ist ihr Ein und Alles. Die Sonderschullehrerin führte bis vor kurzem ihren Single-Haushalt, leidet jedoch seit vielen Jahren unter depressiven Phasen, die sich nach der Pensionierung verstärkt haben. Nun hofft sie, im Heim nicht mehr so viel allein zu sein. Wenn sie guter Dinge ist, strahlt sie Selbstvertrauen aus und Herzlichkeit gegenüber den Pflegekräften. Dann verteilt sie auch schon mal Rüffel an die Pflegedienstleiter oder telefoniert mit dem Verein Handeln statt Misshandeln, der sich für würdevolles Leben im Alter einsetzt. Wird sie jedoch von Depression heimgesucht, bleibt sie tagelang im Bett liegen, oft vollständig angezogen, lässt ihr feines, grau meliertes Haar ungekämmt und kommt nur gelegentlich zum Essen, wie eine Schlafwandlerin.

Von ihrer depressiven Stimmung abgesehen, ist Frau Bennfeld mit ihren 70 Jahren jedoch vital, geradezu fit und macht den Eindruck, noch weitere 20 Jahre gut leben zu können.

In einer meiner ersten Frühschichten in der Kölner Seniorenresidenz erwartet mich Frau Bennfeld, nachdem sie mich per Piepser gerufen hat, fertig angezogen in aufgeräumtem Zimmer. Ich begrüße sie:

»Guten Morgen. Ich bin der neue Pfleger, mein Name ist Markus. Sie haben gerufen?«

Sie: »Wie Sie sehen, habe ich bereits alles selbst gemacht. Nehmen Sie doch Platz.«

Ich: »Aber nur für ein paar Minuten. Es warten noch andere Bewohner auf mich.«

Sie: »Ich weiß, Sie haben viel zu tun, aber Sie werden doch fünf Minuten Zeit haben? Ich habe sonst keinen zum Reden.«

Depression

Depression ist eine Gemütskrankheit, die sich in einer traurigen Verstimmung ausdrückt und von Angstzuständen, Unruhe und Schlafstörungen begleitet wird. Schuldgefühle, Grübelzwang, Unentschlossenheit und ein einziges Thema, nämlich die schlechte momentane Situation und die freudlose Zukunft, beherrschen Stimmung und Denken.
Depressive Perioden wird jeder Mensch in seinem Leben mal durchleben, mit mittleren und schweren Depressionen hat schätzungsweise jeder Dritte in seinem Leben zu kämpfen. Depressionen gehen häufig einher mit körperlichen Beschwerden wie Kopf-, Nacken- und Kreuzschmerzen, Atemnot, Herzbeschwerden, Verdauungsbeschwerden, Übelkeit, Schwindel und Krämpfen im Unterleib. Die körperlichen Leiden können oft so in der Vordergrund rücken, dass die dahinter liegenden seelischen Beschwerden anfangs nicht erkannt werden.
Schwere Depressionen sind eine ernsthafte Krankheit. Die Betroffenen können ihre alltäglichen Lebenssituationen nicht mehr meistern und werden häufig von Selbstmordgedanken begleitet. Sie müssen von Neurologen, Psychiatern oder in Kliniken behandelt werden. Im Alter steigt die Wahrscheinlichkeit, an einer Depression zu erkranken, besonders bei chronischen Krankheiten und einem Leben im Heim. Auch die Tendenz zur Selbsttötung steigt mit dem Alter.

Ich: »Wie geht es Ihnen denn heute?«
Sie: »Wissen Sie, ich bin hierher gekommen, um nicht mehr so einsam zu sein. In dem wunderschönen Prospekt wurden täglich Veranstaltungen wie Gedächtnis- und Aktivtraining angeboten. Doch der ist nicht mal das Papier wert, auf dem er gedruckt ist. Man lässt mich den ganzen Tag allein.«

Was soll ich bloß antworten? Ich fühle mich – wie so oft – unbehaglich und mitschuldig. Auch weiß ich, dass die meisten Prospekte der Altenheime häufig mehr Aktivitäten ankündigen, als dann tatsächlich stattfinden. Ich

klammere mich an das konkrete Thema, das Frau Bennfeld angesprochen hat:
»Fand bisher keine Veranstaltung statt?«
Sie bestätigt mir, dass sie noch nicht eine einzige besuchen konnte, und meint: »Da hätte ich auch in meiner Wohnung bleiben können. Mir fehlt der Kontakt zu anderen Menschen. Ich vermisse das Gespräch schon so sehr, dass ich mich dabei ertappe, wie ich Selbstgespräche führe. Hier passiert einfach nichts, und dafür zahle ich so viel Geld. Ich darf gar nicht darüber nachdenken.«
Ich: »Ich könnte Ihnen ein paar neue Bücher besorgen.«
Sie: »Nein, lassen Sie nur. Es ist sehr gut gemeint, hilft mir aber auch nicht weiter. Ich bedanke mich trotzdem für Ihr Verständnis. Wenn wir uns wenigstens ab und zu unterhalten könnten, wäre das eine große Hilfe für mich.«
Ich verspreche es ihr und gehe.

Selbst verschuldete Unwissenheit

Nach den Erlebnissen mit Frau Bennfeld und Herrn Larsson wird mir wieder klar, dass wir nur nach Dienstschluss mit den BewohnerInnen ins Gespräch kommen können – wenn wir wollen. Eigentlich müssten wir uns auch während der Schichten unterhalten, um wenigstens die lebensnotwendigen Informationen für die Pflege zu bekommen. Dass wir es nicht oder zu wenig machen, liegt nicht nur am Stress und an der fehlenden Zeit.

Viele Kollegen möchten von den BewohnerInnen nichts Persönliches erfahren, um ihr permanent schlechtes Gewissen nicht noch mehr zu belasten. Wir sehen ja, wie es ihnen von Tag zu Tag schlechter geht. Würden sie es uns auch noch mitteilen, drückten uns die Schuldgefühle umso stärker. Dann bekäme das schlechte Gewissen einen Namen, ein Gesicht mit Augen, die mich bei meinem hektischen Tun fragend beobachteten. Augen, die Trauer, Hilflosigkeit, Angst spiegeln. Bleiben hingegen die Leiden hinter Lidern und Lippen stecken, gelingt es mir besser, Abstand zu wahren. Abstand auch zur eigenen Schuld. Dennoch ist sie da, die Schuld, in jeder Minute. Sie webt sich in den Tag.

Wer anonym bleibt, den muss ich weder höflich noch herzlich oder gar menschlich behandeln. Viele Kollegen sagen nicht mal guten Morgen, wenn sie im Frühdienst die Zimmer betreten. Wenn sie etwas äußern, dann im Kommandoton, zackig reagieren soll ihr Gegenüber, das zur Zimmernummer verkommt. Und Nummern sind Dinge, sind Objekte, die all das nicht brauchen, was den Menschen ausmacht: Gesellschaft, Anerkennung, Selbstständigkeit, Intimsphäre, Entscheidungsfreiheit, Privatsphäre. Dass die Institution Heim den Menschen dieser Grundrechte beraubt, dass das Heim per se eine unwürdige und damit mit dem Grundgesetz nicht zu vereinbarende Daseinsform ist, das leben die Pflegenden den Bewohnerinnen und Bewohnern täglich vor.

Überall wird betont, dass die Pflegerinnen und Pfleger die Betreuten nicht nur »satt und sauber« zu pflegen haben, sondern zu »aktivierender Pflege« angehalten sind. Aktivierende Pflege fördert Selbstständigkeit, Unabhängigkeit – und Lebenslust im Alter (siehe Seite 175). Das ist das genaue Gegenteil von dem, was ich bisher erlebt habe. Im Heim kann sich die Situation eines Bewohners nicht verbessern, können seine Ressourcen nicht ausgeschöpft werden – das Gegenteil ist häufig der Fall, wie das Schicksal von Herrn Larsson zeigt.

Leere Versprechungen

Unter den Pflegekräften herrscht ein ständiges Kommen und Gehen. Die einen kündigen, die anderen werden krank und bleiben weg. Drei neue Pflegehelferinnen werden eingestellt. Die Erste verletzt sich gleich in ihrer ersten Schicht bei einem Sturz die Hüfte, die Zweite bleibt unangekündigt am zweiten Tag fern, die Dritte hält es eine Woche aus und verschwindet dann auf Nimmerwiedersehen. Ein endlich gefundener examinierter Pfleger lässt sich überreden und darf mit seinem zotteligen, ungepflegten Hund, der ihn überall hin begleitet, auf die Station. Auch er taucht am zweiten Tag nicht mehr auf. Kollegin Rita ist ausgepowert und kündigt. Die verbleibenden PflegerInnen beschweren sich täglich und fordern Neueinstellungen.

Ich arbeite schon zwei Monate im Heim, als Pflegedienstleiter Oberfrank eine Teamsitzung einberuft, die erste, seit ich hier angefangen habe. Nach einer langen Diskussion ändert sich jedoch nur wenig für uns: Zwar werden zwei neue Mitarbeiterinnen eingestellt, die am nächsten Tag auch anfangen. Doch entlastet wurden wir dadurch nicht, denn noch am selben Tag kündigte eine andere Pflegehelferin, und zwei weitere wurden krank.

Suizidnächte

Frau Keller droht zu springen

Als ich in der dritten Woche zur Frühschicht ins Dienstzimmer komme, sitzt Björn Kersten da und starrt auf den Linoleumboden. Björn ist gelernter Altenpfleger, seit 15

```
BEWOHNER-PFLEGEBLATT                    VOM: 19.08.00 07:54:49 UHR


BEWOHNER :

INFORMATION
Bew. war am Abend uneinsichtig als Sie zu Bett gebracht werden
sollte.Bew. riß sich mehrfach los,ließ sich doch zu Bett bringen.
Die Nachtwache wurde von der Polizei informiert ,das eine Bew.
am Fenster steht und um Hilfe ruft.Bew. versuchte Mehrfach über
das Schutzgitter ihres Fensters zu klettern.Bereitschafts-Arzt
wurde gerufen.Diese Spritzte Ihr 1 Amp. Atosil.Danach Schlief Bew.
Bew. ist Suizid-gefährdet.
```

Frau Kellers Akte dokumentiert ihren Selbstmordversuch

Jahren dabei und als Aushilfe für die Nachtschichten eingesetzt. Erfreut, mich im fahlen Gegenlicht zu entdecken, bricht es aus ihm heraus:

»Was sich in diesem Haus abspielt, ist nicht mehr zu akzeptieren. Das ist lebensgefährliche Pflege auf Kosten der Bewohner. Ich bin nicht mehr bereit, das mitzumachen.«

Ich: »Was ist denn jetzt schon wieder passiert?«

Er: »Kurz nach Mitternacht habe ich gerade im zweiten Stock kontrolliert, als ich laute Stimmen höre. Vor dem Haus standen Leute – einige offensichtlich betrunken – und schauten gebannt nach oben. Sie klatschten und schrien: Los, spring schon! Im dritten Stock stand Frau Keller im Nachthemd am Fenster und wollte springen.«

Ich: »Die? Die ist doch sonst total ruhig und zurückhaltend. Was hast du denn gemacht?«

Er: »Ich habe sofort die Feuerwehr alarmiert und dann Herrn Oberfrank angerufen. Wir haben über eine Stunde gebraucht, Frau Keller dazu zu überreden, vom Fenster wegzukommen.«

Ich: »Was meinst du, warum sie Schluss machen wollte?«

Er: »Ich weiß nicht. Sie ist weder psychisch noch körperlich krank. Einem Feuerwehrmann hat sie erzählt, dass sie sich einsam und vernachlässigt fühlt. Dass sie keinen Sinn mehr im Leben sieht.«

Ich: »Was sollen wir bloß tun?«

Er: »Wir dürfen das nicht länger hinnehmen, wir müssen uns wehren. Auf der Teamsitzung haben sie uns auch nur gezeigt, dass sie uns nicht ernst nehmen. Sie versprechen irgendwas, und nichts ändert sich.«

Ich: »Wir sollten uns für die nächste Sitzung gemeinsam vorbereiten. Am besten nicht im Pflegeheim, und dann fassen wir unsere Forderungen mal zusammen.«

Er: »Aber das müssen wir echt gut vorbereiten. Und vorsichtig dabei sein.«

Ich: »Klar, sind wir. Ich informiere die Kollegen auf Station II und III. Du kümmerst dich um Station I.«

Ausgebrannt

Ich habe meinen zehnten Dienst hinter mir, noch ganze acht stehen mir bevor. Erst dann habe ich zwei Tage frei, bin aber schon zur »Halbzeit« komplett ausgelaugt. Fühle mich bei jeder vom Schichtplan abweichenden Arbeit überfordert. Schon im normalen Ablauf wird jetzt jede kleine Entscheidung für mich zu viel: Soll ich Frau X jetzt duschen oder mit dem Waschlappen waschen? Jeder meiner Muskeln schmerzt, ich greife nur zum Waschlappen und reibe mit ihm mechanisch auf ihrem Rücken herum. Ich muss Frau Y füttern, stelle jedoch erst mal den Pudding ab, laufe in ein anderes Zimmer und vergesse Frau Y – was mir erst nach Dienstschluss wieder einfällt. Ich schleppe mich durch den Flur, sehe aus den Augenwinkeln, dass Herr Z aus seinem Stuhl gerutscht ist. Er gehört heute gar nicht zu meinem Aufgabenbereich, meine Kollegin ist jedoch nirgends zu sehen, muss ich denn jetzt …? Herr Z bleibt er, wo er ist.

Gesetzlich vorgeschrieben sind sieben Dienste hintereinander mit anschließenden zwei freien Tagen. Ich arbeite insgesamt 18 Schichten, fast dreimal so viel wie erlaubt. Aus den anschließenden zwei Tagen Pause ist auch nichts geworden. Der Plan für die nächsten Schichten sieht keinen einzigen freien Tag vor. Mit blutenden Blasen an den Füßen, brennender Haut und wie im Nebel gehe ich zum Arzt. Er fragt mich, was ich beruflich mache, und schreibt mich nach meiner Antwort kommentarlos und ohne Untersuchung für 14 Tage krank. Doch nach drei Tagen zu Hause stehe ich wieder auf der Station, weil ich ein schlechtes Gewissen habe: Wenn ich fehle, läuft es für die anderen noch schlimmer, was ich nicht verantworten kann. Viele Kollegen denken und handeln so, und viele Chefs bauen darauf.

Herr Schewe signalisiert SOS

Tags darauf bin ich zum Frühdienst auf Station II eingesetzt und will Paul Schewe versorgen. Zu meinem Erstaunen ist die Tür des 88-Jährigen verriegelt. Ich muss mir erst umständlich einen Schlüssel besorgen und betrete in Sorge den Raum. Erst jetzt sehe ich, dass zwischen Tür und Boden ein Zettel klemmt, auf dem in großen Buchstaben steht:

»Hilfe! Tür verschlossen! Bitte sofort befreien. Paul Schewe kann nicht versorgt werden. Bitte um schnelle Hilfe! HILFE dringend!!«

Herr Schewe sitzt erschöpft und fassungslos mitten im Zimmer auf dem Boden und beschimpft mich:

»Das ist doch eine Unverschämtheit. Die ganze Nacht

schließt man mich einfach in meinem Zimmer ein. Das ist Freiheitsberaubung.«

Ich: »Beruhigen Sie sich. Es ist doch zum Glück nichts Schlimmes passiert!«

Er: »Die ganze Nacht habe ich kein Auge zugedrückt, und Sie sagen, es ist nichts passiert. Ich bezahle hier sehr viel Geld, um vernünftig und nicht wie ein Krimineller behandelt zu werden. Das lasse ich mir nicht gefallen!«

Ich: »Sie haben ja Recht, aber was soll ich Ihrer Meinung nach jetzt tun?«

Er: »Erledigen Sie Ihre Arbeit vernünftig, dann kann so etwas nicht passieren.«

Ich: »Wir Pflegekräfte leisten hier jeden Tag knallharte Arbeit. Wir müssen oft auf unsere Freizeit verzichten und sind fast jeden Tag hier. Ich verstehe ja, dass Sie verärgert sind, doch Sie kritisieren die Falschen. Beschweren Sie sich bei der Geschäftsleitung.«

Er: »Diese hohen Herren sind für uns nie zu erreichen. Ich habe schon mehrmals vor dem Büro des Geschäftsführers gestanden, doch der hat nie Zeit. Für die zählt lediglich, dass ich mein Geld pünktlich überweise.«

Ich: »Wenn Sie mit den angebotenen Leistungen nicht zufrieden sind, sollten Sie die Zahlungen einstellen. Vielleicht kümmert man sich dann besser um Sie.«

Er: »Die finanziellen Angelegenheiten erledigt doch mein Sohn für mich. Ich muss dringend mit ihm telefonieren und ihm alles erzählen. Am besten sofort. Wenn Sie mir beim Anziehen helfen könnten.«

Paul Schewe wirkt wach und gesund, höflich und gebildet und achtet auf formvollendetes Aussehen. Niemals würde er ohne Weste und Schlips erscheinen. Der Tod seiner Frau hat ihm den Lebensmut geraubt. Seitdem nimmt er seine Umwelt nicht mehr wahr und versinkt in Trauer. Sein plötzliches Alleinsein ist der einzige Grund für seinen Umzug ins Altenheim gewesen. Die entwürdigenden Er-

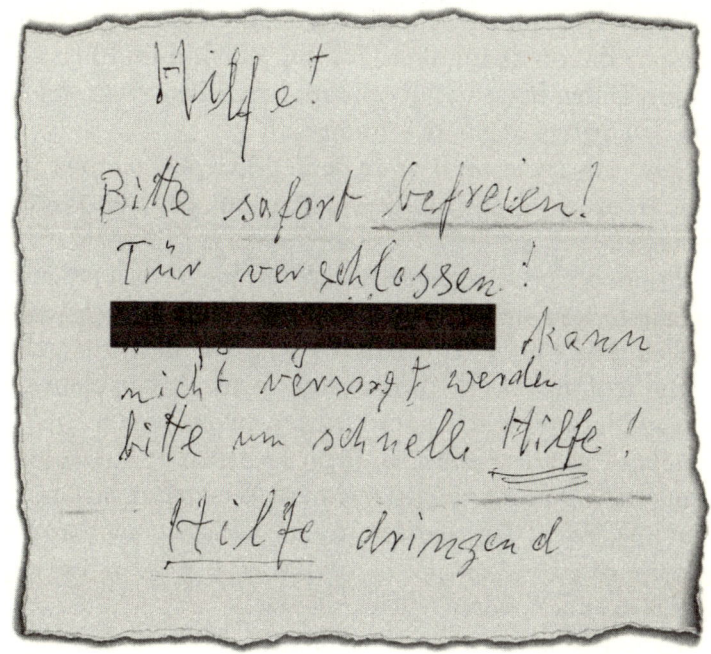

SOS-Nachricht von Paul Schewe

lebnisse hier scheinen ihn jedoch aus seiner Lethargie zu reißen, denn nach unserem Gespräch beschwert sich Paul Schewe des Öfteren bei Ingolf Oberfrank. Bevor er in den Verwaltungstrakt hinunterfährt, trinkt er sich mit einem Glas Rotwein etwas Mut an.

In einer Pause treffe ich wieder auf Peter Smith, der hauptsächlich als Nachtwache eingestellt ist und ein paar Tage vorher mir von seinen Mühen mit Herrn Larsson und dessen Matratze geklagt hat. Er erkundigt sich sofort, wie es seinem »Gefangenen« auf Station II nun geht. Die Nacht steckt auch ihm noch in den Knochen:

»Es ist wieder der totale Horrordienst gewesen. Auf Station I hat eine Bewohnerin versucht, sich das Leben zu nehmen. Die halbe Nacht bin ich damit beschäftigt gewesen, sie davon abzuhalten. Ich bin nur hin und her gerannt. Dabei hatte ich überhaupt keine Zeit mehr, mich um den dritten Stock zu kümmern.«

Ich: »Aber warum hast du denn gleich alle Zimmer im dritten Stock abgeschlossen? Nicht nur das von Herrn Schewe?«

Er: »Ich wollte sicher sein, dass mir nicht noch jemand wegläuft oder springen will. Du kannst dir gar nicht vorstellen, was hier in der Nacht los ist. Ich kann schon nicht mehr schlafen, weil ich dauernd an die Arbeit denken muss. Die Szenen gehen mir nicht mehr aus dem Kopf.«

Ich: »Uns allen geht's so. Deshalb haben wir beschlossen, etwas dagegen zu unternehmen. Wir treffen uns morgen im Café in der Neusser Straße. Willst du auch kommen?«

Er: »Na klar, wann soll ich da sein?«

Ich: »Direkt nach dem Frühdienst.«

Der Aufstand

Erster Akt: Vorbereitungen

Obwohl für jeden die Gefahr besteht, den Arbeitsplatz zu verlieren, versammeln sich zwei Tage nach Peters letztem Horror-Nachtdienst sieben Pflegehilfskräfte und Björn Kersten als einzige Fachkraft im Café. Gemeinsam stellen wir folgende Minimalforderungen an die Geschäftsleitung auf:

1. Sofortige Einstellung von drei Pflegekräften je Station
2. Besetzung des Nachtdienstes mit einer Hilfs- und einer Fachkraft

3. Information über den Gesundheitszustand von neuen Bewohnern
4. Mitarbeiterversammlung in den nächsten Tagen.

Björn und ich übergeben unsere Forderungen noch am selben Tag an den Pflegedienstleiter Oberfrank. Leider haben wir unter uns eine Kollegin, die ihn schon vor Abgabe unseres Schreibens mit Informationen versorgt hat. Die Heimleitung reagiert schnell, und schon am nächsten Tag findet unter der Leitung der stellvertretenden Geschäftsführerin Erika Buyten eine Sitzung der Pflegekräfte statt, auf der wir die geforderte Mitarbeiterversammlung vorbereiten. Ermutigt durch die prompte Reaktion der Leitung wagen mehrere Kolleginnen, Kritik zu äußern, die handschriftlich im Ergebnisprotokoll festgehalten wird. Unter den Punkten 7 und 19 listen wir auf:

»TOP 7: Thema Küche/Stationshilfe/Pflegeauslastung: Das Pflegepersonal ist überlastet mit Mittagessenanreichen. Kaum Grundpflege geleistet. Viele Bewohner äußern Suizidgedanken, weil sie sich pflegerisch unterversorgt fühlen. Frau Buyten bittet darum, grobe Verunreinigungen trotzdem zu entfernen ...«

»TOP 19: Nochmals: Kritik wegen zu wenig Pflegepersonal. Suizidversuch Frau Dahlke am Sonntag wird auf zu wenig Pflegepersonal zurückgeführt. Bezugspflege kann nicht durchgeführt werden. Auch Pflegekonzept des Hauses ist noch nicht erstellt.«

Für Pflegedienstleiter Oberfrank wird es brenzlig. Die Mitarbeiter lassen sich nicht mehr mit uneingelösten Versprechen hinhalten. Eine halbe Stunde vor der Mitarbeiterversammlung versucht er, Björn und mich von der Versammlung auszuschließen. Er beauftragt uns, während der Versammlung den Grunddienst auf den Stationen zu übernehmen. Doch fünf Minuten vor Beginn kommen zwei Pflegehelferinnen und lösen uns ab:

»Ihr habt euch bei der letzten Sitzung getraut, was zu

sagen. Es ist für uns alle besser, wenn ihr jetzt auch teilnehmt!«

Ingolf Oberfrank wird unsicher, als wir auftauchen, kann jedoch nicht mehr eingreifen, weil im selben Moment Geschäftsführer Gobinda Sarkar und sein Assistent den Raum betreten.

Zweiter Akt: Ein glanzvoller Auftritt

Gobinda Sarkar lehnt es ab, sich zu setzen, und fällt nach kurzer Begrüßung und Blick auf seine Rolex in einen halbstündigen Monolog über die Pflegesituation in Deutschland. Er macht die Politik und die Pflegekasse für die katastrophalen Verhältnisse in Heimen verantwortlich. Über die eigenen Heime – außer diesem in Köln gehören noch sieben weitere Häuser zu seinem Geschäftsbereich – verliert er kein Wort. Nach zwei vergeblichen Versuchen, ihn zu unterbrechen, gelingt es Björn beim dritten Mal:

»Entschuldigung, wir sind doch hier, um unsere Probleme zu besprechen!«

Sarkar, der während des Sprechens einen imaginären Punkt über unseren Köpfen anvisiert, fragt ungehalten: »Welches Problem sehen Sie?«

Björn: »Mir bleibt keine Zeit, mich um die Bewohner zu kümmern. Die Menschen sind so enttäuscht, dass ich morgens nicht einmal begrüßt werde. Es ist alles aus der Form geraten und geht schon lange nicht mehr um das Wohl der Bewohner. Denken Sie doch mal bitte mehr mit Ihrem Herzen als mit dem Portemonnaie.«

Sarkar: »Denken Sie, ich habe kein Herz? Sie haben sieben Stunden Arbeitszeit zur Verfügung, und Ihre Taktik und Fähigkeiten sind entscheidend für Ihre Zeiteinteilung. Sie haben den Bewohner zu waschen und anzuziehen und dann auch zusätzlich Zeit, auch mal Ihr Herz zu zeigen.

Machen Sie nicht mich dafür verantwortlich. Ich kann Ihnen keine Zeit geben.«

Björn: »Sie könnten mehr Mitarbeiter einstellen.«

Sarkar: »Sie machen mich dafür verantwortlich, dass Sie Ihre Arbeit nicht in den Griff bekommen? Ich könnte zehn neue Pflegekräfte einstellen, und es würde Ihr Problem nicht lösen. Weil Sie jeden Tag andere Bewohner haben. Für ein und denselben Bewohner brauchen Sie heute zehn Minuten und morgen vielleicht schon zwanzig. Deshalb müssen Sie sich Ihre Zeit besser organisieren. Ich bin nicht bereit, hier irgendwelche Vorwürfe entgegenzunehmen, dass wir Sie unter zeitlichen Druck setzen, weil wir kaum Mitarbeiter einstellen. Das lasse ich mir nicht gefallen.«

Björn: »Was schlagen Sie stattdessen vor?«

Sarkar: »Sie müssen sich anders organisieren. Sie haben jeden Tag die unterschiedlichsten Aufgaben zu erledigen und sollten sich angewöhnen, flexibel zu denken. Dafür bin ich nicht zuständig – das müssen Sie schon tun. Ich zahle Ihnen jeden Monat Ihr Geld, und Sie sind verpflichtet, Ihre Aufgaben zu erledigen. So einfach ist das.«

Björn: »Ich arbeite seit mehr als 15 Jahren in der Altenpflege. Bisher war jeder Betrieb mit meiner Arbeit sehr zufrieden, und ich glaube, dass ich sehr gut einschätzen kann, was machbar ist und was nicht. In diesem Haus arbeiten kaum ausgebildete Kräfte, und auf jeder Station fehlen mindestens zwei Pflegekräfte pro Schicht.«

Sarkar: »Wenn Sie mit den Arbeitsbedingungen in unserem Haus nicht zufrieden sind, können Sie uns jederzeit verlassen. Ich werde Ihnen keine Träne nachheulen.«

Björn: »Das werde ich auch tun!«

Im gleichen Moment steht er auf und verlässt zum Entsetzen aller Pflegekräfte den Raum. Herr Sarkar fährt fort, mit dem blinden Fleck an der Wand gegenüber zu sprechen: »Wenn Sie das Gefühl haben – denn das ist es doch, deswegen stehe ich heute hier, wenn Sie tatsächlich das Gefühl haben, Sie werden über den Tisch gezogen, Sie werden von uns betrogen und bekommen die entsprechende Personalstärke nicht und müssen aus diesem Grund zwanzig Tage am Stück arbeiten. Wenn das alles der Fall ist, wenn Sie so fühlen, dann möchte ich das gern von Ihnen hören. Denn das ist immer besser, es von den Mitarbeitern direkt zu hören, damit man gemeinsam Lösungen finden kann.«

Ich: »Es gibt meines Erachtens Arbeitsvorschriften, die nach sieben Tagen Dienst mindestens zwei Tage Erholung vorschreiben, um ein Ausbrennen der Pflegekräfte zu verhindern. Was halten Sie davon?«

Sarkar: »Also, was wir tun können – wo auch immer –, werden wir tun. Es gibt aber auch Dinge, die wir nicht einhalten können. Vergessen Sie den Arbeitsvertrag und was darin steht. In dem Moment, wo Sie sich entschieden haben, für unsere Firma zu arbeiten, haben Sie einen Schritt getan, sich beruflich zu verändern oder neu zu starten. Sie haben dabei aber ganz bestimmt nicht gedacht, es ist alles Honig und Milch, was hier fließt. Das haben Sie sicher nicht. Oder haben Sie gedacht: Ich brauche hier nicht zu arbeiten, und es wird schon alles automatisch gehen? Also machen Sie uns doch keinen Vorwurf, und vergessen Sie mal die Vorschriften. Die hält doch keine Firma ein!«

Ich: »Ich denke, dass diese Vorschriften sinnvoll sind. Jeder von uns kann in seinen sieben Stunden nur ein gewisses Pensum erreichen. Hier kommen so viele Aufgaben auf einen zu, dass man nicht mal alle Bewohner waschen kann.«

Sarkar: »Was haben Sie gedacht, als Sie hier angefangen haben?«

Ich: »In erster Linie, dass der Mensch im Mittelpunkt steht.«

Sarkar: »Wissen Sie, wie oft ich mir schon die Probleme

der Bewohner anhören musste? Da kommen Dinge wie: Ich wurde heute nicht gewaschen, nicht angezogen oder habe nichts zu essen bekommen – und da muss ich dann gleich anfangen zu heulen. Nein. Nur den Satz zu sagen: Der Mensch steht im Mittelpunkt – der kommt ja dann immer vom Pflegepersonal –, das kann nicht die Lösung sein. Menschen, die an diesen Satz im Zusammenhang mit der Altenpflege noch glauben, wissen nicht, was Sache ist.«

Ich: »Ist es denn nicht ein Recht des Bewohners, für das Geld eine gewisse Lebensqualität geboten zu bekommen?«

Sarkar: »Unser Haus setzt schon auf Qualität, aber diese muss nicht unbedingt teuer sein. Man kann auch mit preiswerten Dingen den Menschen eine Freude machen. Ich nenne mal ein Beispiel: Ein Saft muss nicht 1,30 Euro kosten, damit er schmeckt. Es gibt ihn auch für 80 Cent von einer anderen Firma, damit ist er nicht unbedingt schlechter. Und nach diesem Prinzip arbeitet unser Haus. Ich bin in erster Linie für den wirtschaftlichen Erfolg zuständig und muss mich jedes Jahr vor den Gesellschaftern rechtfertigen. Wir führen insgesamt acht Altenheime in Deutschland, und das muss sich schon rentieren. Ich habe den Gesellschaftern für dieses Jahr einen Gewinn versprochen, und glauben Sie mir: Ich werde alles dafür tun, dieses Ziel zu erreichen. Das ist die aktuelle Situation der Altenpflege, und wenn Sie mir nicht glauben, dann glauben Sie keinem Menschen auf dieser Welt.«

Ich: »Dazu hätte ich noch eine Frage: Sind Sie der Meinung, dass wir in der Lage sind, zumindest die Grundpflege ordnungsgemäß zu erledigen?«

Sarkar: »Obwohl wir – und das kann ich Ihnen garantieren – den vorgegebenen Stellenschlüssel der Pflegekassen einhalten, denke ich, dass wir das momentan nicht erfüllen können.«

Dieses Zugeständnis erstaunt uns. Gleichzeitig wird uns klar: Die Geschäftsleitung lehnt jegliche Mehrausgaben für Neueinstellungen ab. Gemäß Sarkars Darlegung war die gefährliche Pflege, die wir betrieben, einzig und allein auf das Unvermögen der Pflegenden und ihre mangelnde Organisation zurückzuführen. Empört und maßlos enttäuscht verlassen in den nächsten Tagen weitere Mitarbeiter das Haus.

Der Reibach mit den Pflegekräften

Nach der Versammlung muss ich noch ein paar Stunden arbeiten, dann gehe ich nach Hause. Sarkars Worte gehen mir nicht aus dem Sinn. Der Personalschlüssel würde eingehalten? Das kann nicht sein. Am nächsten Tag habe ich Spätdienst. Ich beschließe, den Vormittag zum Recherchieren und Telefonieren zu nutzen.

Zuerst rechne ich zusammen, was offensichtlich ist. Ich zähle alle BewohnerInnen des Hauses Christian Runkel zusammen, die in den letzten zwei Monaten bis zum Zeitpunkt der Aussage im Heim gelebt haben. Es sind insgesamt 72 BewohnerInnen. Dann liste ich auf, wer von ihnen nach Pflegestufe I, II oder III versorgt wird und dementsprechend unterschiedlich viele Stunden Betreuung erhalten muss. Ich bekomme heraus, dass diese 72 BewohnerInnen insgesamt 107 Stunden Pflege am Tag brauchen. Auf ein ganzes Jahr hochgerechnet, sind es (107 x 365) 39 055 Stunden Grundpflege, die von uns geleistet werden müssen.

Wie viele Pflegerinnen und Pfleger braucht ein Heim, um genau so viele Stunden zu betreuen? Wer könnte es wissen? Vermutlich die Pflegekasse, denn sie überweist die Gelder für die angegebene Zahl an Pflegekräften an die Heime. Sie muss einen Berechnungsschlüssel zugrunde legen. Ich rufe die Pflegekasse an und erhalte die Auskunft: Eine einzige Pflegekraft hat 1226 Stunden Pflege im Jahr zu leisten. Mit dieser Berechnungsgrundlage müssten in der Seniorenresidenz Runkel 32 Vollzeit-Pflegekräfte arbeiten.

Wenn ich jetzt noch die gesetzlich vorgeschriebenen 50 Prozent Fachkräfte berücksichtige, müssten im Heim Runkel in Köln 16 Fachkräfte und 16 Hilfskräfte eingestellt sein. Leider ist das nicht der Fall: Zu meiner Zeit und nach dem Rausschmiss von Björn Kersten arbeiten noch 4 ausgebildete Pflegekräfte, also 12 Angestellte zu wenig, und 9 Pflegehelferinnen und -helfer, also 7 weniger als mindestens notwendig. Von den vorgeschriebenen 32 Pflegekräften fehlen also 19 Mitarbeiter.

Ich weiß es, ich erlebe es täglich, ich sehe es an den gehetzten Gesichtern meiner Kollegen, und doch: Es schwarz auf weiß zu sehen, dass wir, die wir hier arbeiten, mit unseren 13 Leuten eine kleinere Gruppe sind als die Gruppe der fehlenden, nicht eingestellten 19 Phantomkollegen – das macht mich wütend.

Ich weiß auch: Auf dem Papier sind diese Phantome sehr real. Nicht auf meinen Papieren, aber auf denen des Heimleiters Sarkar. Denn die Pflegekassen sind so freundlich anzunehmen, dass jedes Heim sich mindestens an den gesetzlich vorgeschriebenen Personalschlüssel hält.

Ich denke an die Frauen und Männer auf Station III – auf meiner Station. Jetzt will ich es wissen: Was verdient die Seniorenresidenz Runkel an ihnen, genauer gesagt: Wie hoch ist der Betrag, der für ihre Pflege kassiert wird, ohne dass dafür Leistung erbracht, sprich Pflegepersonal bereitgestellt wird?

Die Seniorenresidenz Runkel berechnet zu meiner Zeit für eine Pflegestunde 44,25 Euro. Dieser Betrag ist höher als der Betrag, den die Pflegekasse für eine Pflegestunde überweist. Die Differenz trägt die Bewohnerin oder der Bewohner. Dies ist üblich, da jedes Heim für die Bereitstellung der Pflege einen Aufschlag berechnet.

Also angenommen, nicht jede Pflegestunde, die bezahlt

wird, wird auch gegeben. Dann werden immer zwei betrogen: die Pflegekasse und die BewohnerInnen selbst. Sollten die Bewohner gar keine eigenen Mittel zur Verfügung haben, um den Stundenpflegesatz des Heimes zu bezahlen, werden Angehörige oder das Sozialamt den Differenzbetrag ausgleichen. Dann sind es sogar drei bis vier Parteien, die von dem Betrug betroffen sind.

Nun zu den Menschen auf Station III, die ich die meiste Zeit während meiner Anstellung im Heim Runkel versorgt habe. Es sind insgesamt 25 BewohnerInnen, die täglich mit 53 Stunden zu betreuen sind. Pflegerinnen und Pfleger sind aber nur so viele eingestellt, dass wir lediglich 23 Stunden Pflege am Tag schaffen. Das sind 30 Stunden täglich zu wenig. Für diese 30 nicht geleisteten Stunden werden aber pro Jahr 484 535,50 Euro kassiert. Eine nicht unerhebliche Summe.

Von diesen fast 500 000 Euro werden bestimmt noch Beträge für die Verwaltung des Heims, für Versicherungen und Sicherheitsvorschriften, für offizielle Abgaben ausgegeben. Sicherlich aber wird ein noch ganz ansehnlicher Betrag übrig bleiben. Ein Betrag, der im Grunde genommen Eigentum aller ist: der Pflegekasse, der BewohnerInnen, des Sozialamtes, der Angehörigen. Auf wessen Konto landet diese Summe Geldes, die nicht für ihren ursprünglichen Zweck verwendet wird? Das frage ich mich noch heute.

Ich frage mich auch, warum die Pflegekasse den Verbleib ihrer Gelder nicht kontrolliert und nicht nachgewiesen haben möchte. Als Wirtschaftler finde ich das sehr merkwürdig. Kein Unternehmen würde Gelder für eine Tochterfirma und deren Angestellte bereitstellen, die es gar nicht gibt, und diesen Geldfluss über Jahrzehnte hinweg unkontrolliert fortsetzen. Und parallel dazu über leere Kassen jammern.

Das Ergebnis meines Rechenbeispiels – so konkret, wie es ist – schockt mich. Ich bin fassungslos. Aber kann ich was ändern? Momentan nicht. Ich beschließe, erst mal weiter durchzuhalten.

Doch wir Pflegerinnen und Pfleger können nicht mal eine Minimalbesetzung leisten, was auch die stellvertretende Heimleiterin Erika Buyten erkennen muss. Sie fordert in einer nächsten Besprechung der Führungskräfte insgesamt elf weitere Einstellungen, um die Personalsituation zu entschärfen. Gegenüber dem Geschäftsführer kann sie sich jedoch nicht durchsetzen.

Immer mehr Pflegekräfte gehen. Einige kündigen, andere kommen einfach nicht mehr zu ihren Diensten. Angehörige beschweren sich über den harten Umgangston gegenüber den Pflegebedürftigen. Doch der Geschäftsführer setzt seinen Sparkurs fort und nimmt in den darauf folgenden Wochen noch weitere zehn Bewohner auf.

Kein Platz für Alte

Frau Jordan auf Abwegen

Auch Brigitte Jordan ist eine neue Bewohnerin im Christian-Runkel-Heim. Die 65-Jährige leidet an der Alzheimerkrankheit im fortgeschrittenen Zustand: Sie ist in der Nacht unterwegs und agil, am Tag müde und depressiv. Es gibt Heime, die für Demenzkranke eigene Stationen einrichten, mit gesicherten Wegen und Gängen, Aufenthaltsräumen und Nacht-Cafés, in denen sie versorgt werden und sich besser zurecht finden. Hier in der Seniorenresidenz in Köln hingegen haben wir Demenzkranken nichts zu bieten – und in der Nacht nur einen Pfleger für mittlerweile 82 Bewohner!

So stromert Brigitte Jordan, wenn alle schlafen, orientierungslos und auf der Suche nach ihrer Erinnerung durch die Gänge und in die Zimmer der BewohnerInnen. Aufgeschreckt und dann ähnlich durcheinander wie ihre Besucherin, beschweren sich diese natürlich sofort. Das nimmt die Stationsleiterin Angela Duwe zum Anlass, Frau Jordan ein valiumähnliches Präparat zu geben. Doch seine Nebenwirkungen verschlimmern nur ihre Verwirrung und lassen sie noch häufiger als zuvor auf ihren unsichtbaren Pfaden in die Bewusstseinsleere wandeln.

Ich habe Spätdienst und bin der einzige Pfleger für die 25 BewohnerInnen der Station III. Für das Abendessen sind die Tische im Speisesaal bereits gedeckt, ich helfe nach und nach den BewohnerInnen auf dem weiten Weg in den Speiseraum. Als ich mit Frau Lampert als einer der Letzten unterwegs bin, schallt uns aufmunterndes Applaudieren entgegen. Ein ungewöhnliches Geräusch, sodass wir uns beeilen – und uns scheinbar in einem Nachtlokal wiederfinden.

Frau Jordan steht auf gedecktem Tisch, mit dem einen Fuß in der Butterdose, dem anderen auf Zehenspitzen, und rollt sich langsam und lasziv Hose, Bluse, Unterhemd vom Körper. Sie schlängelt sich. Dicht um den Tisch herum drängeln sich die Zuschauer, Frauen und Männer, klatschen begeistert in die Hände, lachen entfesselt und impulsiv – wie erlöst. Der Höhepunkt einer verbotenen Party. Ich stehe inmitten der enthemmten und zufriedenen Alten, selbst fasziniert und sprachlos. Erst als Frau Jordan an ihrem Slip nestelt, spreche ich sie an. Weiterhin gut gelaunt beobachten alle, wie ich ihr vom Tisch helfe und sie, die nun völlig erschöpft alles mit sich geschehen lässt, in ihr Zimmer begleite. Zurück im Essraum überfällt mich wieder die doppelte Hektik, muss ich doch alles aufräumen und ein zweites Mal die Tische eindecken. Die Stimmung bleibt noch lange ausgelassen.

Die wachen Momente sind für Alzheimer-Kranke die

schlimmsten. Dann nehmen sie sich selbst als Last wahr, schämen sich ihrer Krankheit und möchten wenigstens für ein paar Minuten etwas gutmachen – ohne es zu können. In solchen Momenten strahlt Frau Jordan über mein Kommen und hilft mir beim Blumengießen: Sie rupft die Pflanzen raus, schüttet fein säuberlich alle Erde auf den Boden und füllt die Töpfe mit Wasser, bis sie ordentlich überlaufen. Noch während sie herumhantiert, hat das Vergessen sie wieder fest im Griff. In diesem fortgeschrittenen Zustand haben Alzheimer-Kranke auch die Welt der Erziehung und der Kindheitserfahrungen verloren. Sie laufen nackt herum, hinterlassen ihre Fäkalien in den Zimmerecken und jammern und tönen fast ununterbrochen: ein Klagegesang auf der Suche nach dem verlorenen Ich. So ergeht es auch Frau Jordan, die in ihrer amorphen Welt durch die Tage dämmert und keinem etwas zu Leide tut. Später ändert sich auch dieser Zustand, und es ist für die anderen BewohnerInnen nicht nur schwierig, sondern auch gefährlich, mit ihr zusammenzuleben.

In einer nächsten Spätschicht möchte ich Frau Jordan und ihre Zimmernachbarin zum Abendessen abholen und lande in einer hässlichen Filmszene: Die Alzheimer-Kranke hat die gesamte Wäsche beider Bewohnerinnen aus den Schränken gerissen und im Zimmer verteilt. Es stinkt nach Kot und Urin. Alle Pflanzen sind aus ihren Töpfen gerissen, die Blumenerde ist auf dem Bett ihrer Mitbewohnerin Senta Neumann verstreut. Diese, skelettdürr und schwach, schaut hilflos zu und kann sich nicht wehren, als Frau Jordan ihr die schwere Tagesdecke über den Kopf wirft und sie zu ersticken droht. Ich entreiße Frau Jordan die Decke und alarmiere den diensthabenden Altenpfleger Florian Rodehorst, den das Heim von einer Personalvermittlung ausgeliehen hat. Er entscheidet, Pflegedienstleiter Oberfrank zu informieren – und bekommt zur Antwort:

»Schaut, wie ihr allein zurechtkommt!«

STATIONS-BUCH	Hs/Station: 99.9	vom: 24.10.00 Seite: 1
Datum/Uhrzeit/Berichte		Verantwortlich

Person:

24.10.00 Tagesbericht
   20.00 Maßn. 03*: anleitung teilweise Übernahme   MS
   20.00 Maßn. 01*: Anleitung/teilweise Übernahme durch PP MS
   20.00 Maßn. 03*: Medikamenten Gabe und Kontrolle durch   MS
   20.00 Maßn. 02*: volle Übernahme durch PP   MS
   20.00 Maßn. 03*: Med. gabe und Kontrolle durch PP   MS
   MS / 24.10.00 / 20.21
   Bew.war im Zustand einer akuten Psychose bzw.Paranoia im
   Zusammenhang mit Alzheimer.Sie verwüstete ihr Zimmer total und
   warf die Bettdecke andauernd auf das Bett und Fr.¯   ,sodass
   wir nicht mehr in der Lage waren,für die Sicherheit von Fr.
   undFr.   zu garantieren. In einem Telefonat mit PDL und
   stellv. PDL wurde uns gesagt,wir sollten doch zusehen,wie wir die
   Sache hinkriegen! Nach ca.1Stunde ergebnisloser Versuche,einen
   Hausarzt zu erreichen und nachdem wir auch die Betreuerin nicht
   erreicht hatten,riefen wir letzlich bei der Rettungsleitstelle an
   und diskutierten mit denen die Lage.Man schickte uns einen RTW,mit
   welchem dann Fr.   in der Begleitung von Pflg.   ins
   Vincens-KH gebracht wurde.Nach einem Gespräch mit dem Arzt dort blieb
   Fr.   erstmal da, es soll versucht werden,sie in die Geron-
   topsychiatrie einzuweisen.Die Akte ist noch im KH,wird morgen von
   Pflg   abgeholt.

STATIONS-BUCH	Hs/Station: 99.9	vom: 25.10.00 Seite: 1
Datum/Uhrzeit/Berichte		Verantwortlich

Person:

25.10.00 Tagesbericht
   hh / 25.10.00 / 10.01
   Als ausgebildetes Pflegepersonal muß jeder Pfleger in der Lage sein,
   psychische Verhaltensauffälligkeiten in diesem Rahmen zu begleiten.
   Des weiteren sind Diagnosenstellungen von Pflegekräften unüblich.
   rh / 25.10.00 / 12.23
   Weiteres Telefongespräch mit der Betreuerin von FR.   , wir haben
   gemeinsam nochmals die Situation durchdiskutiert.Wir sind beide zu
   dem Schluß gekommen das es Zeit wird ,daß sich alle Verantwortlichen
   Personen nun absprechen.Damit meine ich Dr.   als be-
   handelnden Arzt, die Betreuerin der Bewohnerin und wir als Pflegeper-
   sonal!Ihre Betreuerin ist um einen Gerontopsychiatrischen Platz für
   Fr.   bemüht, kann aber,solange kein Gutachten des Arztes vor-
   liegt, nichts unternehmen.Laut ihrer Aussage wird Fr.   : wahr-
   scheinlich diese Woche wieder entlassen.
A Die Zustände um die Bewohnerin sind seid Wochen bekannt ,auch bei der
A Pflegedinstleitung.Es wurden darüber hinaus auch schon mehrfach
A Einträge in den Tagesbericht vorgenommen!
A Nachtrag: Bei zwei Personen als Personal für den gesamten Wohnbereich
A sowie dem Betreuten Wohnen ist es ,selbst als exam. Alten-bzw Kranken
A pfleger nicht zu gewährleisten eine,der Situation angemessene, Betreu-
A ung der Bewohnerin zukommen zu lassen.Auch über diesen Umstand wurde
A die PDL schon mehrfach infor.!

```
26.10.00 Tagesbericht
  sg / 26.10.00 / 15.43
              zeigte in den ersten Wochen nach Heimaufnahme nur gering-
fügige Verhaltensabweichungen.So war sie nicht in der Lage, einen
logisch aufgebauten Handlungsablauf zu koordinieren.Sie konnte nicht
korrekt be-und entkleiden,zeigte Unregelmäßigkeiten im Wach/Schlaf-
rhxthmus sowie Zeitgitter und Kurzzeitgedächnisstörungen.
           war im Wohnbereich orientiert, zeigte in keiner Zeit Weglauf-
tendenzen oder aggressive Verhaltensweisen. Sie war aufgrund fehlender
Einsichtsfähigkeit und mangelnder Merkfähigkeit von anfang an schwer
lenkbar und hatte ihren eigenen Rhythmus. Sie nahm jedoch am
stationären Ablauf teil und hatte ein freundliches aufgeschlossenes
Wesen. Im laufe der folgenden Wochen zeigten sich vermehrt Defizite
in den lebenspraktischen Fähigkeiten.         zog sich häufig nackt
aus und lief über den Wohnbereich.Sie nahm fremde Gegenstände an sich,
ging häufig in andere Zimmer und urinierte auf den Boden.
Vor 14 Tagen ungefähr verstärkten sich ihre psychischen Verhaltens-
auffälligkeiten zunehmend so das die Betreuerin zwecks Intervention
eingeschaltet wurde. Fr. war während ihres gesamten Heimaufenthaltes
ständig in neurologischer Behandlung.
MS / 26.10.00 / 17.03
Spätdienst 26.10.:Bew.wurde heute aus dem KH.entlassen.Sie ist
komplett desorientiert und teilweise aggressiv.
Sie gefährdet sich selbst und die anderen Bewohner!
wurde informiert und kommt heute noch zum HB.
```

Florians Protokoll zu den Ereignissen im Stationsbuch

Nachdem Florian sowohl Frau Jordans Betreuerin als auch den Hausarzt nicht erreichen kann, ruft er den Notarzt. Gemeinsam mit dem Notfall-Team entscheiden wir, Frau Jordan ins Sankt-Vincent-Krankenhaus einzuliefern.

Dazu verfasst Florian einen Eintrag ins Stationsbuch (siehe Seite 120 oben).

Als Pflegedienstleiter Oberfrank diesen Bericht gelesen hat, versucht er, die Verantwortung von sich zu weisen, und verfasst folgenden Nachtrag:

»*Als ausgebildetes Pflegepersonal muss jeder Pfleger in der Lage sein, psychische Verhaltensauffälligkeiten in diesem Rahmen zu begleiten. Des weiteren sind Diagnosestellungen von Pflegekräften unüblich.*«

Florian reagiert prompt und ergänzt am nächsten Tag:

»*Die Zustände um die Bewohnerin sind seit Wochen bekannt, auch bei der Pflegedienstleitung. Es wurden darüber hinaus schon mehrfach Einträge in den Tagesbericht vorgenommen. Nachtrag: Bei zwei Personen als Personal für den gesamten Wohnbereich sowie dem Betreuten Wohnen ist es, selbst als examinierter Alten- bzw. Krankenpfle-*

ger nicht zu gewährleisten, eine der Situation angemessene Betreuung der Bewohnerin zukommen zu lassen. Auch über diesen Umstand wurde die PDL schon mehrfach informiert.«
(Erklärung: PDL = Pflegedienstleiter).
Oberfrank sieht sich, offenbar für einen Moment verunsichert, in der Pflicht, Geschäftsführer Sarkar zu benachrichtigen. Dieser zitiert ihn zusammen mit der stellvertretenden Heimleiterin Erika Buyten noch am selben Tag in die Zentrale nach Krefeld. Sie entscheiden, Frau Jordan so schnell wie möglich wieder ins Heim zu holen. Ein neuer Tagesbericht wird verfasst, die Eintragungen von Florian werden gelöscht. Auch die Stationsärztin Frau Dr. Hassler kommt zum Zuge. Frau Doktor »*stellte Frau Jordan neu ein*« – so der neue Bericht – und bestätigt, die Bewohnerin könne jetzt problemlos in der Seniorenresidenz bleiben. Die neu verordneten Medikamente machen Frau Jordan nahezu bewegungslos.

Auf allen Stationen können die wenigen PflegerInnen die Arbeit weder schaffen noch rechtzeitig auftauchen, wenn es brennt. In den nächsten drei Wochen müssen wir mehr als einmal pro Tag den Notruf alarmieren. Die Notärzte und das Krankenhaus beschweren sich bei uns über die unwürdigen Verhältnisse im Heim. Daraufhin erhalten wir von Oberfrank die Direktive, ab sofort nur noch nach Absprache mit ihm und nur in den äußersten Notfällen – die er definiert – den Unfallwagen zu rufen. Bis dahin haben die Mitarbeiter auf den Stationen immer eigenverantwortlich und ad hoc entschieden – denn sie sind die Einzigen, die das wirklich entscheiden können.

Wir halten uns nicht an Oberfranks Direktive, denn wir können die alltäglichen Notsituationen nicht auffangen. PflegerInnen dürfen keine Platzwunden nähen, keine Kreislaufstörungen behandeln. Selbst wenn sie bereit wären, könnten sie es nicht: Der Medizinschrank ist so gut wie leer, keine Binden, Pflaster, Wundspray oder Ähnliches, da das einmal Verbrauchte kaum je nachbestellt wurde. Wie ausgeraubt sind auch die Erste-Hilfe-Kästen, die auf jeder Station deponiert und gesetzlich vorgeschrieben sind und in Notfällen den Bewohnern helfen sollen. Die PflegerInnen, die keine Verbände und Notfallmedikamente mehr in ihrem Medizinschrank finden, suchen auch in den Erste-Hilfe-Kästen ganz oft vergebens.

Nicht nur die Krankenhausmitarbeiter vermuten Situationen gefährlicher Pflege bei uns. Auch die Nachbarn in der Straße, die jeden Notfalleinsatz beobachten, sind hellhörig geworden und lassen keine Bewegung im und vor dem Altenheim unkommentiert. Über die Seniorenresidenz wird schlecht geredet. Da sie mitten in der Stadt liegt, verbreiten sich die Katastrophenmeldungen im Nu. Das lässt die Heimleitung handeln: Sie gibt Pressemitteilungen heraus und organisiert ein Sommerfest, um die Nachbarn wohlwollend zu stimmen und vom Reden abzuhalten. Der Neubau steckt weiterhin in roten Zahlen, und die Bettenbelegungen entsprechen immer weniger denen, die die Geschäftsführung den Aktionären vorausgesagt hat.

Frau Robel wehrt sich

Die 88-jährige Hiltrud Robel aus Zimmer 309, die mehr als 25 Jahre in der Sozialarbeit tätig gewesen ist, nutzt jede Sekunde, die ich in ihrem Zimmer bin: Dann schnattert sie ohne Unterlass, während sie in ihrem Kühlschrank eine Schokolade oder einen Joghurt zum Verschenken sucht. Einmal in der Woche richtet der Friseur ihre perfekte Dauerwelle. Und wie viel ihr über die Pflegekasse zusteht, das weiß sie haargenau.

Frau Robel leidet an Allergien gegen verschiedene Lebensmittel und ist auf Diät angewiesen. Ihr bei der Großküche bestelltes Essen wird jedoch fast nie geliefert, sodass wir ihr nur die normalen Mahlzeiten servieren können. Täglich schimpft sie über das Essen, will sich buchstäblich nicht abspeisen lassen. Ihre Beschwerden, die wir weitergeben – mehr können wir nicht tun – fallen erst auf fruchtbaren Boden, als Frau Robel sich bei einer ehemaligen Kollegin der Caritas empört. Sofort wird ihr Fall in der Teamsitzung zum Thema. Mit selbstbewussten Bewohnerinnen weiß die Crew umzugehen: Angela schlägt vor, der Bewohnerin rassistisches Verhalten gegenüber dem Pflegepersonal vorzuwerfen und dieses zu dokumentieren. Sie setzt ihren Vorschlag flugs um. Außerdem wird in der folgenden Zeit in Frau Robels Krankenakte ein stetig wachsendes aggressives Verhalten notiert, das auf psychische Störungen hinweisen soll.

Auszug aus dem Protokoll der Teamsitzung:
»*Frau Robel beschwert sich über unzureichende pflegerische Versorgung, schlechtes Essen, sie ruft bei der Caritas an und beschwert sich dort. Die Pflegehilfskraft Frau Ganter äußert, sie setzt rassistisches Verhalten gegenüber Pflegemitarbeitern fort, lasse Essen, das ihr nicht schmeckt, auf dem Flur stehen und verjage die Reinigungsfrauen. Frau Ganter wird das Verhalten genauestens dokumentieren.*«

Die Pflegehilfskräfte werden angewiesen, sich zukünftig nicht mehr mit Frau Robel zu unterhalten und sich bei der Pflege auf das Notdürftigste zu beschränken. Die so Vernachlässigte lässt sich das erst recht nicht gefallen und informiert die Polizei.

Bereits am darauf folgenden Tag erscheinen zwei Beamte. Sie werden von der stellvertretenden Heimleiterin Erika Buyten und der Pflegedienstleiterin Angela Duwe im Dienstzimmer der Station III empfangen.

Polizist: »Gestern erhielten wir einen Anruf von einer Frau Robel. Sie erhob schwere Vorwürfe gegenüber der

Pflege in diesem Haus. Wir sind verpflichtet, ihre Angaben zu überprüfen.«

Angela: »Das hab ich mir schon gedacht, dass Frau Robel der Grund Ihres Besuchs ist. Die alte Frau macht uns schon seit Wochen große Probleme. Sie lehnt jede Art der Hilfe ab und beleidigt uns ständig, wenn wir in ihr Zimmer kommen. Es gibt halt Menschen, denen man nichts recht machen kann.«

Polizist: »Frau Robel behauptet, sie würde seit Tagen nichts zu essen bekommen. Was meinen Sie dazu?«

In der Zwischenzeit hat Angela bereits die neu verfassten Tagesberichte der Bewohnerin ausgedruckt und legt sie den Beamten vor:

»Sehen Sie doch mal, was hier in der Krankendokumentation der Bewohnerin steht. Allein in den letzten Tagen hat die Frau uns mehrmals beleidigt, ihr Essen auf den Flur geschmissen und die Pflege durch ausländische Kollegen verweigert. Dies sind klare Anzeichen für eine psychische Störung, hierzu zähle ich auch den Anruf bei Ihnen.«

Polizist: »Na, dann ist ja alles geklärt. Wir benötigen dann nur noch die Personalien der Frau, um unseren Bericht abzuschließen.«

Angela holt den Personalausweis – alle Ausweise der BewohnerInnen sind im Dienstzimmer hinterlegt –, die Polizisten machen sich eine Kopie und gehen, ohne Frau Robel persönlich zu den Vorwürfen befragt zu haben.

Im Dezember, einen Monat nach meinem Weggang aus dem Heim in Köln und zwei Monate nach den geschilderten Ereignissen, erhalte ich einen Anruf von einer ehemaligen Kollegin. Sie berichtet mir, dass Frau Robel regungs- und sprachlos nach einem Hirninfarkt – nun Pflegestufe III – im Bett vor sich hin dämmert und nie mehr sagen kann: »Warte mal, Jüngelchen, ich hab da noch was für dich.«

Frau Bennfeld schreibt Tagebuch

Die Pflegekräfte begegnen Frau Bennfeld, der belesenen und wachen 70-jährigen Bewohnerin aus Zimmer 312, zunehmend mit Misstrauen und Abwehr, da sie sich über die unwürdigen Bedingungen in der Residenz beschwert. Sie telefoniert weiterhin öfter mit dem Verein *Handeln statt Misshandeln*, wo sie Unterstützung und Verbündete findet. Zudem hat ihre Ärztin, wie sie mir erzählt, ihr geraten, regelmäßig ein Tagebuch zu schreiben.

So könne sie ihren Depressionen begegnen. Das Pflegepersonal argwöhnt nun, dass ihre Eintragungen einen anderen Zweck haben könnten und eine Anklageschrift gegen das Heim sein werden. Es beschließt, ihr das Tagebuch zu entwenden.

In dieser Zeit treffe ich Frau Bennfeld einmal in der Küche an. Es scheint ihr gut zu gehen, sodass ich zu frotzeln wage:

»Oh, Frau Bennfeld hat sogar eine Tomate auf dem Teller. Wie sind Sie denn daran gekommen?«

Sie: »Die habe ich mir besorgen lassen. Es ist anscheinend nicht möglich, sie auf normale Weise zu bekommen. Dabei müsste sich doch langsam alles eingespielt haben.«

Ich: »Das wird wohl noch dauern.«

Sie: »Ich glaube, hier wird sehr damit gerechnet, dass viele von uns gar nicht mehr merken, was mit ihnen geschieht. Und die es tatsächlich noch merken, die haben Angst, etwas zu sagen.«

Ich: »Die machen dann einfach alles selbst.«

Sie: »Das Thema scheint auch wieder aus der öffentlichen Diskussion verschwunden zu sein. Eine Zeit lang hat man von Seiten der Presse ja Druck gemacht. Es gab doch sogar einen Artikel im Stadtanzeiger über die Missstände in Heimen.«

Ich: »Den habe ich auch gelesen. Der war doch von Professor Hirsch, von dem Verein *Handeln statt Misshandeln* in Bonn. Sehr interessant!«

Sie: »Ja genau, der hat auch diese Stelle eingerichtet, wo man anrufen kann. Ich habe da auch schon mal angerufen, aber die können auch nicht viel machen, die haben ja keine Befugnisse. Genauso wie der Heimbeirat. Es heißt, der könne helfen. Das hat eine Dame vom Bezirksamt mal behauptet und mir eine Broschüre gegeben. In der steht, dass der Heimbeirat nur ein Mitwirkungsrecht, aber gar kein Mitbestimmungsrecht hat. Da frage ich mich, was das soll, ich stelle mir unter Mitwirkung auch Mitbestimmung vor. Das ist doch Augenwischerei, was da stattfindet. Ich glaube, die alten Leute haben in unserer Gesellschaft überhaupt nichts mehr zu sagen!«

Ich: »Obwohl sie fast in der Mehrheit sind.«

Sie: »Die haben kaum eine Lobby. Aber um auf dieses Heim zurückzukommen: Es ist schon ein Unterschied, ob das Personal ausgebildet ist oder nicht. Hier merkt man doch ganz klar, dass die meisten keine Ahnung von der Pflege haben. Die laufen oft sehr hilflos an mir vorbei.«

Ich: »Stimmt, es fehlen die Fachkräfte, die uns Anweisungen geben. Die verlassen sich hier zu sehr auf die Intuition des Einzelnen.«

Sie: »Manche haben ein Händchen dafür, aber die meisten eben doch nicht. So schlecht wie hier ging es mir in meinem ganzen Leben noch nicht. Seitdem ich hier bin, geht es kontinuierlich bergab – kontinuierlich.«

Ich: »Das sagen auch andere Bewohner.«

Sie: »Und ich bekomme noch Unterstützung durch meine Ärztin, die wenigstens einmal die Woche kommt und mit der ich mich unterhalten kann. Auch sie hat schon des Öfteren erwähnt, dass man mir ansieht, wie schlecht es mir geht. Ich habe immer ein selbstbestimmtes Leben geführt, auch, als ich schon psychisch krank war. Das war mit viel Anstrengung verbunden, aber das hat sich gelohnt. Seitdem ich hier bin, komm ich mir vor wie abgemeldet.«

Ich: »So, als hätten Sie Ihre Selbstbestimmung am Eingang abgegeben?«

Sie: »Ja, die bin ich los. Meine Ärztin hat hier noch andere Patienten, und die sagen alle dasselbe. Viele beschweren sich über die unzureichende Zuwendung und die fehlende Zeit. Wenn ich hier einen Pfleger mal antreffe und eine Frage habe, bekomme ich meistens nur die Antwort: Ich habe jetzt keine Zeit! Da frage ich mich doch, wofür ich hier so viel Geld bezahle. Ein anderer Fall ist, wenn ich auf die Klingel drücke, dann kann ich länger als eine Stunde warten, bis überhaupt jemand reagiert. Und was passiert, wenn ich wirklich mal einen Anfall bekomme? Dann bin ich doch längst tot, bis einer bei mir eintrifft. Ich habe schon viel mitgemacht, aber so leben wie hier, das möchte ich auch nicht länger.«

Ich: »Dann müssen die Bewohner mal gemeinsam protestieren.«

Sie: »Ich sehe da keine Möglichkeit, diesen Protest erfolgreich zu gestalten. Ich bin nur glücklich, dass ich wenigstens meine Bücher habe. Das Lesen hilft mir über die schlimmste Zeit hinweg. Aber irgendwann sind die auch gelesen, und dann weiß ich nicht mehr, was ich hier machen soll. Vor dem Tag habe ich am meisten Angst, denn hier ist überhaupt nichts – alles ziemlich hoffnungslos.«

Die folgenden Tage kann ich mich leider mit Frau Bennfeld nicht unterhalten, dann werde ich krank. In dieser Zeit stirbt Frau Bennfeld. Da sie einen Betreuer hatte, hätte ihr Zimmer, in dem sie normalerweise ihre Tagebücher verwahrte, versiegelt werden müssen und nur vom Betreuer betreten und aufgelöst werden dürfen. Es wird jedoch noch am Todestag vom Pflegedienstleiter Oberfrank und von der Stationsleiterin Duwe geräumt.

In den Aufzeichnungen, die mir Frau Bennfeld kurz zuvor für zwei Tage ausgeliehen hatte, mit der Aufforderung, sie ruhig mal zu lesen, stehen weder Anschuldigungen noch Klagen. Es sind Notizen über die Einnahme von Medikamenten und über Zeiten, wann sie gefrühstückt oder Besorgungen erbeten hat. Ein völlig harmloses Tagebuch.

Wer kontrolliert die Altenheime?

Besuch der Heimaufsicht

Die Prüfung der Heimaufsicht in Köln, die ich miterlebe, wird von uns initiiert. Nach gemeinsamer Absprache der Pflegerinnen und Pfleger hat Florian Rodehorst anonym bei der Heimaufsicht angerufen und um einen Kontrollbesuch gebeten, Begründung: Wir sind aufgrund der Unterbesetzung nur noch zu gefährlicher Pflege in der Lage. Obwohl der gelernte Pfleger Florian lediglich als Leiharbeiter im Altenheim Christian Runkel beschäftigt wird, ist er während seiner gesamten Arbeitszeit sehr engagiert und versucht unentwegt, die Bedingungen für uns alle zu verbessern.

Für die Seniorenresidenz Runkel hat die Heimaufsicht eine Kontrolle für Donnerstag, den 31. August, angemeldet. Eine Woche zuvor beginnen die Vorbereitungen. Die Pflegehilfskräfte werden angewiesen, sich bei der Pflege auf das Nötigste zu beschränken – was wir auch sonst nur machen – und sich auf die Reinigung der Station zu konzentrieren. Insbesondere die Gänge, Küchen und Toiletten werden akribisch geputzt und die Reinigungsaktionen anschließend wie bei den Stubenkontrollen der Bundeswehr vom Pflegedienstleiter abgenommen. Die Zimmer von

Aufgaben der Heimaufsicht

Entsprechend ihrem offiziellen Auftrag kontrolliert und berät die Heimaufsicht alle stationären Einrichtungen in Deutschland einschließlich der Angebote betreuten Wohnens und der Hospize. Sie achtet auf die Einhaltung der gesetzlichen Vorgaben und die Qualität der Betreuung und hat diese sicherzustellen. Gleichzeitig muss sie alle Beteiligten umfassend beraten: Bewohner, Angehörige, Mitarbeiter, Träger der Heime.

Die Heimaufsicht wirkt mit an der fachlichen Weiterentwicklung der Alten- und Behindertenbetreuung. Sie arbeitet mit den Pflegekassen, dem Medizinischen Dienst der Krankenkassen und den Sozialhilfeträgern zusammen.

Die Heimaufsicht in den einzelnen Bundesländern ist unterschiedlich organisiert, mal den unteren Landesbehörden angeschlossen, mal kommunal angebunden. In Nordrhein-Westfalen sind die Kreise und kreisfreien Städte für die Heimaufsicht verantwortlich, die Stadt Köln beschäftigt zwei Prüfer – für 500 Heime. Sie können nur Stichproben-Kontrollen durchführen.

Die Heimaufsicht kündigt ihren Besuch immer rechtzeitig an – nur in Bayern erscheint sie unangemeldet – und legt den Ablauf der Kontrolle im Vorhinein fest. Dieser Ablauf wird selten verändert, sodass sich das Heim bestens präparieren kann. Es pflegt sorgfältig die Bewohner, die besucht werden sollen, und es bereitet die Unterlagen vor, in die Einsicht gewünscht wird. Sobald also der Termin feststeht, arbeiten alle emsig auf diesen Tag hin.

Vera Ohlsen und Carl Schotthorst auf Station I werden besonders sorgfältig aufgeräumt, da die Prüfer ihre BewohnerInnen zu sehen wünschen.

Die beiden einzigen Fachkräfte, Angela und Florian, vervollständigen derweil die Krankendokumentationen der Bewohner. Die Dienstpläne der Stationen werden neu geschrieben. Die alten Pläne wiesen zu wenig Personal aus. Die Hektik ist noch größer als normalerweise schon, Pflegedienstleiter Oberfrank wirkt sehr angespannt. Er sammelt die Medikamente, die nach dem Tod von Bewohnern auf den Stationen bleiben, zusammen und deponiert sie in seinem Dienstzimmer.

Eine zweite Fachkraft wird für diesen einzigen Prüfungstag bei einer Personalleihfirma angefordert. Am Kontrolltag ist der Frühdienst auf allen drei Stationen zum ersten Mal ausreichend mit ausgebildeten Pflegekräften besetzt.

Doch eine Stunde vor dem Besichtigungstermin erhalten wir die Nachricht, dass die überlasteten Prüfer ihren Besuch auf den nächsten Tag verschieben. Ein Problem für den Pflegedienstleiter: Trotz langer Diskussionen sind drei Fachkräfte nicht bereit, noch einen zusätzlichen Dienst zu übernehmen. Lediglich Pflegerin Angela muss – wie sonst auch – zur Stelle sein.

Tatsächlich erscheint die Heimaufsicht dann am Freitagmorgen und wünscht als Erstes, eine examinierte Kraft zu sprechen, die sie herumführen soll. Die einzige Ansprechpartnerin Angela ist jedoch nicht aufzutreiben. Oberfrank sucht sie auf allen Stationen. Angela bleibt verschwunden.

Dennoch haben sich die Prüfer nach längerem Warten vom Fleck gerührt und stehen nun in Vera Ohlsens Zimmer, können aber ihre Krankendokumentation nicht einsehen. Diese bleibt, obwohl vorbereitet, unauffindbar. »Na, dann lassen wir uns den Stand von der Pflegerin erzählen.« Doch Angela taucht immer noch nicht auf. Da offiziell niemand anderes fachgerechte Auskünfte über Frau Ohlsens gesundheitlichen Zustand geben darf, wird die Prüfung abgebrochen. Am Freitag, dem 1. September, gegen 12 Uhr wird der Seniorenresidenz Runkel ein Aufnahmestopp auferlegt. Das bedeutet, das Heim darf keine neuen BewohnerInnen mehr werben, weil statt der vorgeschriebenen vier examinierten Kräfte nicht eine einzige im

Einsatz gewesen ist, demnach im Heim nicht professionell und verantwortlich gepflegt wird.

Die Heimaufsicht ist gegangen, und ich finde Angela im Keller, wo sie sich versteckt hat: »Sind sie noch da?«

Ich: »Du warst verschwunden, die Dokumentation von Frau Ohlsen auch, also haben sie die Prüfung abgebrochen – und einen Aufnahmestopp verhängt!«

Sie: »Ein Glück, noch mehr Bewohner können wir nicht verkraften. Es ist sowieso unverantwortlich, dass wir immer mehr neue Bewohner aufnehmen.«

Ich: »Wieso sagst du das nicht auf den Mitarbeiterversammlungen?«

Sie: »Weil das sinnlos ist. Sowohl Sarkar als auch Oberfrank wissen genau, was los ist, aber sie ändern nichts. Ich nehme doch auch an den internen Besprechungen teil und sehe, was mit Kollegen passiert, die sich kritisch äußern. Sie werden vorgemerkt und bei der nächsten Gelegenheit geschasst.«

Ich: »Dann hast du die Prüfung heute extra boykottiert?«

Sie: »Wir Examinierten hatten uns abgesprochen, wir haben keine andere Möglichkeit gesehen. Vielleicht tut sich jetzt was.«

Die Pflegekräfte sind über die Entscheidung der Heimaufsicht sehr erleichtert. Doch ihre Freude währt nicht lange.

Sofort wird Geschäftsführer Sarkar benachrichtigt, gegen 14 Uhr erscheint er in der Seniorenresidenz Runkel. Er telefoniert, verschwindet und kommt am selben Nachmittag zurück mit der Mitteilung, der Aufnahmestopp sei aufgehoben.

»Verbesserungen« und Sparmaßnahmen

Erst einen Monat nach dem Besuch der Heimaufsicht liegt ihr schriftlicher Bericht vor:

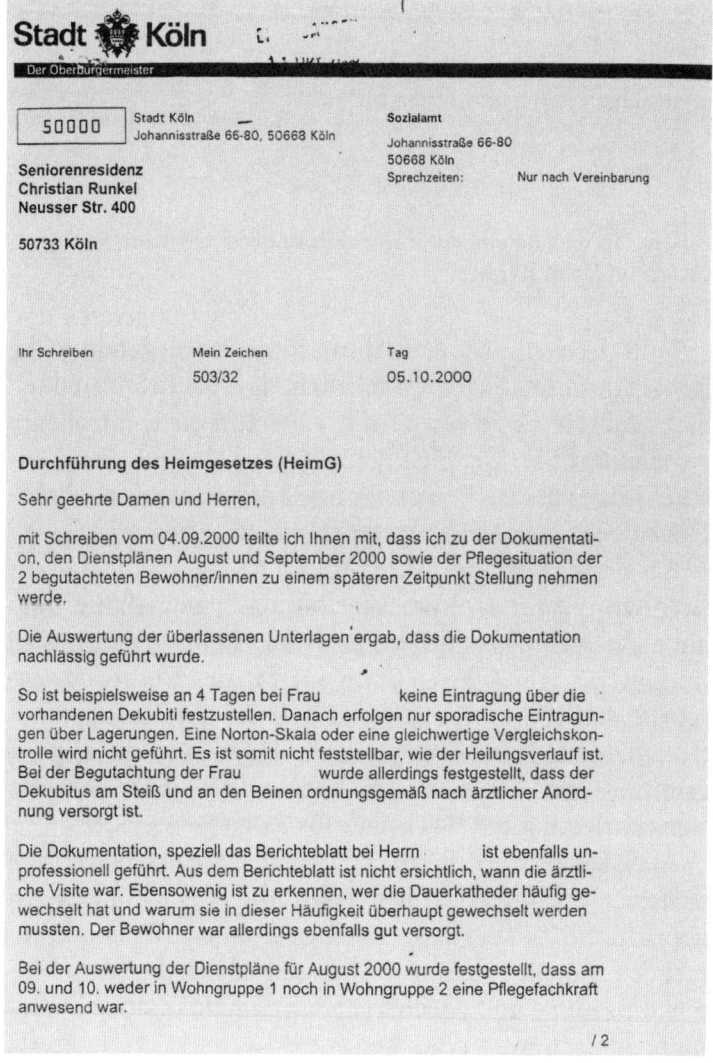

Durchführung des Heimgesetzes (HeimG)

Sehr geehrte Damen und Herren,

mit Schreiben vom 04.09.2000 teilte ich Ihnen mit, dass ich zu der Dokumentation, den Dienstplänen August und September 2000 sowie der Pflegesituation der 2 begutachteten Bewohner/innen zu einem späteren Zeitpunkt Stellung nehmen werde.

Die Auswertung der überlassenen Unterlagen ergab, dass die Dokumentation nachlässig geführt wurde.

So ist beispielsweise an 4 Tagen bei Frau   keine Eintragung über die vorhandenen Dekubiti festzustellen. Danach erfolgen nur sporadische Eintragungen über Lagerungen. Eine Norton-Skala oder eine gleichwertige Vergleichskontrolle wird nicht geführt. Es ist somit nicht feststellbar, wie der Heilungsverlauf ist. Bei der Begutachtung der Frau   wurde allerdings festgestellt, dass der Dekubitus am Steiß und an den Beinen ordnungsgemäß nach ärztlicher Anordnung versorgt ist.

Die Dokumentation, speziell das Berichteblatt bei Herrn   ist ebenfalls unprofessionell geführt. Aus dem Berichteblatt ist nicht ersichtlich, wann die ärztliche Visite war. Ebensowenig ist zu erkennen, wer die Dauerkatheder häufig gewechselt hat und warum sie in dieser Häufigkeit überhaupt gewechselt werden mussten. Der Bewohner war allerdings ebenfalls gut versorgt.

Bei der Auswertung der Dienstpläne für August 2000 wurde festgestellt, dass am 09. und 10. weder in Wohngruppe 1 noch in Wohngruppe 2 eine Pflegefachkraft anwesend war.

/ 2

> Insgesamt ist der Spätdienst schlecht besetzt. Am 13., 14. und 15.08. war im Spätdienst keine Pflegefachkraft anwesend. Am 05. und 06.08. war im Spätdienst im Wohnbereich 2 nur eine Kraft anwesend. Im Wohnbereich 1 war im Spätdienst am 11.08. und 25.08. auch nur eine Kraft jeweils anwesend. Im September 2000 sieht der Dienstplan nicht besser aus. In Wohngruppe 1 war am 01., 02., 03., 09., 10., 12., 13. und vom 18. bis einschließlich 22.09. nur eine Kraft im Dienst. Am 26. und 27.09. war keine Pflegefachkraft im Haus anwesend.
>
> Diese Besetzung kann so nicht akzeptiert werden. Unter Hinweis auf § 9 HeimG bitte ich daher um Ihre Stellungnahme innerhalb von 4 Wochen nach Erhalt dieses Schreibens.
>
> Eine Durchschrift dieses Schreibens erhält die Margaretenhof GmbH Krefeld sowie der VdAB.
>
> Mit freundlichen Grüßen
> im Auftrag

Auszug aus dem Bericht der Kölner Heimaufsicht vom Kontrollbesuch im Heim Runkel

Vom zeitweiligen Aufnahmestopp ist nirgendwo die Rede! Stattdessen wird festgehalten, dass die Krankenakten nicht vollständig gewesen sind, was selbst die Kontrolleure verwundert hat. Die Heimleitung hätte doch wissen können, welche beiden Bewohner begutachtet werden sollten? Die aufgelisteten Mängel werden wie folgt beseitigt:

Als Erstes wird die Akte Ohlsen nachgereicht. Offensichtlich gilt die Dokumentation als Beweis dafür, dass auch der reale Zustand der Bewohnerin in Ordnung sein muss. Dass Frau Ohlsen dann am Tag der Kontrolle vorschriftsmäßig versorgt gewesen ist – wie das Protokoll notiert –, dürfte keinen verwundern. Hätte ein Prüfer spontan eine dritte Bewohnerin begutachtet, wäre ihm die Verwahrlosung der Bewohner ins Auge gesprungen.

Als Zweites werden die Dienstpläne, die nachzureichen sind, neu geschrieben. Sie müssen übrigens nicht aus den geprüften Monaten sein, sondern können aus den kommenden Monaten stammen. So lassen sie sich den Vorschriften anpassen – und vorübergehend einhalten, ohne Dokumentenfälschung zu begehen.

Damit wenigstens für einen Monat Vorschrift und Realität übereinstimmen, beschließt die Geschäftsleitung, für den Monat Oktober drei ausgebildete Pflegerinnen aus dem Heim in Bad Nauheim abzuziehen, das heißt, sie arbeiten in Köln, stehen aber auch in Nauheim auf den Plänen. Neben Florian wird für vier Wochen ein zweiter Pfleger über eine Zeitarbeitsfirma eingestellt. Auch der Name des Pflegedienstleiters taucht auf dem Dienstplan für Oktober auf. Dieser Plan mit fünf examinierten Kräften im Einsatz für den Oktober wird nachgereicht. Da die Vorschriften damit erfüllt sind, hat die Heimaufsicht nichts zu beanstanden. Tatsächlich sind die addierten Pfleger einen Monat lang anwesend – und fehlen derweil in Bad Nauheim. Alle Pflegerinnen und Pfleger wissen, dass bereits im November keiner der zusätzlichen Mitarbeiter mehr im Heim Runkel arbeiten wird.

Nach der Neuorganisation der Dienstpläne werden die Krankendokumentationen neu formuliert. Die zusätzlichen Fachkräfte übernehmen diese »Gedächtnisarbeit«, müssen sozusagen nachsitzen. Das beschließen die leitenden Angestellten auf einem ihrer Treffen und halten im Protokoll fest: »Am 5. Oktober findet wieder eine Nacht- und-Nebel-Aktion statt, in der die Pflegeplanungen für die zuletzt eingezogenen Bewohner geschrieben werden. Ab 19 Uhr Verwaltungsbüro!«

Auch die Hilfskräfte sollen in einer Weiterbildung an die Verwaltungsaufgaben herangeführt werden. Aufgaben, die sie bisher zugunsten der Grundpflege der BewohnerInnen vernachlässigt haben. In einer Teamsitzung wird notiert:

»Die Dokumentation läuft im Haus noch nicht richtig … Eine exakte Dokumentation ist insofern wichtig, als dass sie als optimaler Nachweis für den Medizinischen Dienst dient und sich so letztendlich auf den Personalschlüssel auswirkt.«

Die zusätzlichen einmonatigen Mehrkosten durch den Einsatz des zweiten Leiharbeiters werden aufgefangen, indem die beiden Küchenhilfen der Stationen II und III ebenso wie der Hausmeister entlassen werden. Nun müssen wir auch noch die Tische eindecken, Brote vorbereiten, Tische abdecken und die Küche aufräumen. Die Arbeit für den Einzelnen wird immer mehr. Nach wie vor muss ich in einer Schicht 26 Bewohner betreuen, ihre Grundpflege und ihre medizinische Behandlung übernehmen und nun auch noch den Küchendienst erledigen. Die Zeit der zusätzlichen Pfleger – ohnehin nur im Oktober anwesend – wird von den Verwaltungsaufgaben aufgefressen, sodass sie keine Minute übrig haben für die eigentliche Krankenpflege der BewohnerInnen. Schon auf den ersten Blick lassen die eingetragenen Zeiten in den Dokumentationen Skepsis aufkommen: Ein Pfleger notiert in einer 8-Stunden-Schicht Arbeiten als erledigt, die tatsächlich 15–20 Stunden gebraucht hätten.

Ich habe die Dokumentation in diesem Heim vom ersten Tag an komplett verweigert, dennoch sind meine Schichten in den Computerprotokollen immer mit meinem Namen unterzeichnet. Diejenigen unter uns, die dieser Aufgabe nachkommen, können im nächsten Dienst oft feststellen, dass ihre Eintragungen korrigiert, geschönt und ergänzt worden sind. Denn die Dokumentationen sind Grundlage für die monatliche Abrechnung mit der Pflegekasse und werden bei Bedarf vom MDK geprüft. Nur die Tätigkeiten, die protokolliert sind, werden bezahlt.

Einige Tage nach dem Besuch der Aufsichtsbehörde teilt Oberfrank mit, dass sechs neue Bewohner aufgenommen werden und die Verwaltung daran arbeite, innerhalb der nächsten zwei Wochen eine Vollbelegung aller 80 Betten zu erreichen. Sein Kommentar:

»Dann können die uns ruhig einen Aufnahmestopp erteilen, denn dann ist unser Haus voll, und die können uns nicht mehr schaden. Und denken Sie daran, es geht auch um Ihre Arbeitsplätze.«

Essen aus Aluschalen und eine schnelle Kündigung

Gleichzeitig entscheidet die Geschäftsleitung, einen billigeren Lieferanten für die Mahlzeiten zu wählen. Hier der Beschluss aus einer Sitzung des leitenden Personals:

»Das Essen wird ab Montag auf Apetito umgestellt. Die Etagen werden versuchen, die Bewohner aufzufordern, selbst zu schmieren. Butter und Marmelade werden bewohnerbezogen auf die Tische gestellt.«

Die Firma Apetito liefert ihre Fertiggerichte in Aluschalen. Um Zeit einzusparen, erhalten wir den Auftrag, lediglich den Deckel abzureißen und das Essen direkt aus der Schale zu servieren. Die Gerichte sind rund 40 Cent billiger als die vom vorherigen Anbieter – und absolut ungenießbar! Wir werfen auch diese Mahlzeiten meistens weg, die BewohnerInnen essen kaum etwas und überschütten uns mit Beschwerden, die wir auf die Pflegedienstleitung umzulenken versuchen.

Unter den Folgen der zusätzlichen Einsparungen leiden BewohnerInnen und Personal noch mehr als zuvor. Altenpfleger Florian schreibt folgenden Brief:

»An die Küche bzw. Küchenleitung!
Wir als Personal des Spätdienstes müssen uns schämen, wenn wir unseren Bewohnern das Abendbrot servieren müssen. Es fehlt am Einfachsten! Angefangen mit dem, wie schon des öfteren, fehlenden Weißbrot, dann eine Wurstauswahl von einer Sorte (Salami) und dann noch fünfmal irgendwelche Diätcreme.

Sie sind scheinbar nicht in der Lage, die Bedürfnisse der Bewohner zu kalkulieren, oder Sie ignorieren sie einfach. Es ist doch wohl nicht zu viel verlangt, ein anständiges Angebot anzubieten und vor allen Dingen etwas Abwechslung in die Nebenmahlzeiten zu legen.

Allein hier oben gefrorenes Schwarzbrot anzubieten, ist eine Frechheit. Sollte sich die Versorgung der Bewohner, die nicht ins Restaurant gehen können, nicht schnellstens ändern, sehen wir uns nicht mehr imstande, das Abendbrot zu servieren.

Wir sind es leid, uns jeden Tag die Beschwerden der Bewohner anhören zu müssen.

Im Übrigen werden wir auch nicht mehr selbst das Abendbrot zusammenstellen, wenn die Küchenkraft sich nur fürs Restaurant zuständig fühlt.

Es wird abgelehnt, unter diesen Umständen sich in berufsfremden Tätigkeiten zu betätigen, solange dieses miserable Angebot bestehen bleibt.

Die Bewohner, die oben essen, haben den gleichen Anspruch wie diejenigen, die ins Restaurant gehen. Darüber hinaus sind wir Pflegekräfte und keine Küchenhilfen.

Wir bitten Sie, sich darüber Gedanken zu machen und für Abänderung zu sorgen.

Mit freundlichem Gruß Pfleger Florian Rodehorst«

Zwei Tage später haben Florian und ich gemeinsam Spätschicht. Plötzlich taucht Geschäftsführer Sarkar auf – das war noch nie vorgekommen –, eilt auf der Suche nach Florian durch die Gänge, findet – und feuert ihn. Er muss noch in derselben Stunde das Heim verlassen.

Nach insgesamt vier Monaten Dienst kündige ich bei der Seniorenresidenz Runkel. Ich habe einen Monat länger als geplant gearbeitet, weil ich weder KollegInnen noch BewohnerInnen im Stich lassen wollte. Ich habe weitere zehn Kilo abgenommen und brauche sieben Wochen Pause, bevor ich erneut eine Stelle suche.

Rentaco Residenz Große Bleiche/Mainz

Das Altenheim der Aktionäre

Mitte Dezember baue ich mir eine Existenz in Mainz auf. Ein Freund, der gerade auswandert, stellt mir seine Wohnung zur Verfügung. Und vom Arbeitsamt bekomme ich eine Liste mit freien Stellen, angeführt von der Rentaco Residenz Mainz.

Dieses Haus ist eines von 15 neu errichteten Altenheimen der Rentaco Finanz & Boden Management Aktiengesellschaft mit Sitz in Berlin. Aufsichtsratsvorsitzender ist zu dem Zeitpunkt Oscar Schneider, CSU-Politiker und Bundesminister für Raumordnung, Bauwesen und Städtebau. Das Unternehmen hat einen Großteil des Kapitals von privaten Investoren bezogen, in Form von geschlossenen Immobilienfonds, die die Prospekte als gewinnbringend und zukunftsträchtig anpreisen.

Die Rentaco wählt stets exklusive Innenstadtlagen und baut luxuriös ausgestattete Häuser, in denen gut betuchte Senioren eine letzte Bleibe finden sollen. Diese Zielgruppe hat nicht nur reich, sondern auch noch fit und mobil zu sein, sodass man teures Personal weitgehend einsparen kann. Heime dieser Art verwandeln sich zu Residenzen wie diese in der Großen Bleiche, der renommierten Hauptstraße von Mainz. Die Mainzer Residenz bietet 115 Apartments für betreutes Wohnen und 50 Pflegeplätze.

In den Prospekten wirbt die Rentaco mit Wellness-

Allerlei wie Bewegungsbad, Sauna und Wassergymnastik sowie einem abwechslungsreichen Unterhaltungsprogramm für die Bewohner. Dies und die exklusive Bauart der Heime begründet den Preis von 20 Euro pro Quadratmeter – der Durchschnittspreis für Mieten in vergleichbarer Wohnlage liegt bei 5 Euro.

Das Gebäude besitzt einen dreieckigen Grundriss. Im ersten Eck befinden sich das Foyer und darüber zwei Etagen mit jeweils einer Pflegestation. Im zweiten Dreieck sind die Wohnungen für betreutes Wohnen, und im letzten Eck liegt eine dritte Pflegestation.

Im Foyer schwimmen Fische in einem Aquarium und schauen durchs Glas auf sattes Grün schwerer Tapeten, die zur Decke und zum Boden von einer goldenen Zierleiste begrenzt werden. Dazu überall marmorierter Granitfußboden: in der Bibliothek, dem Restaurant, dem Verwaltungstrakt, selbst in den Fahrstühlen. Rund 20 Verwaltungsangestellte sitzen in zwei Großraumbüros und organisieren die Angelegenheiten in nur diesem einen Heim. Gleich beim ersten Anblick habe ich mich gefragt: Wie viel Geld muss das Heim monatlich einnehmen, um allein diese Mitarbeiter bezahlen zu können? Hinter den Büros befindet sich tatsächlich ein Schwimmbad, einladend modern und groß.

In den oberen Etagen bedeckt ein tiefer, flauschiger Teppich den Boden in allen Fluren und Zimmern. Er dämpft jeden Schritt, umschließt den Fuß wie eine Wolke und macht das Fahren mit den Rollstühlen zur Tortur. Die »zahlreichen praktischen Details, die Ihnen so manche Annehmlichkeit bereiten«, wie im Prospekt gepriesen, erschweren den Alltag. Im Teppich bleiben die Räder hängen, drehen durch oder verfangen sich in den Flusen. In den Bädern sind der Fußboden, sämtliche Abdeckungen und Stellflächen mit Granit ausgekleidet. Dort hat man die Spiegel so hoch und fest montiert, dass eine im Rollstuhl sitzende Person sich nicht darin sehen kann. Zum Ausgleich sind die Waschbecken so installiert, dass Rollstuhlfahrer das Kinn zwar auf den Waschbeckenrand legen, aber sich nicht im Sitzen waschen können. Ob die Aktionäre eines Tages, wenn sie mal alt sind, hier leben möchten?

Sowohl die Wohnungen als auch die Zimmer sind komfortabel und großzügig eingerichtet. Stationäre HeimbewohnerInnen zahlen zwischen 3000 und 4250 Euro Miete im Monat. Hinzu kommen die Kosten für jeden einzelnen Restaurantbesuch, jede Pflegedienstleistung oder das Angebot an Gymnastik. Die monatlichen Belastungen können so bis auf 10 000 Euro anwachsen, wie mir ein Bewohner belegt hat.

Heimliches Können

Mein Vorstellungsgespräch in Mainz ist mit den bisherigen nicht zu vergleichen. Die Pflegedienstleiterin Elke Heydorn nimmt mich über eine Stunde in die Zange. Sie fragt detailliert nach pflegerischen Erfahrungen und konfrontiert mich mit Problemfällen: »Wie reagieren Sie, wenn Frau Y das Essen verweigert?« Die 30-jährige Heydorn hat vor kurzem ihre Ausbildung zur Pflegedienstleiterin abgeschlossen und im Rentaco-Heim ihre erste Stelle angetreten. Sie ist voller Elan, der gut zu ihren Vorsätzen passt, das in der Schule Gelernte strikt umzusetzen und keinen Deut davon abzuweichen.

Ich darf anfangen. Und habe sogar die angebotenen 1400 Euro auf 1650 Euro brutto monatlich hochhandeln können. Nach der Probezeit wären es 1700 Euro gewesen, mit einem 13. Monatsgehalt inklusive. Auch Zuschläge für Sonn- und Feiertage und Nachtzeiten kommen hinzu.

So ungewohnt der Einstieg, das ausführliche Bewerbungsgespräch, so vertraut ist die Situation auf der Station. Im Pflegebereich haben wir auf einer Station 20 BewohnerInnen, auf der zweiten 10 BewohnerInnen zu betreuen. Ich wurde wechselweise auf beiden Stationen eingesetzt. Insgesamt waren wir lediglich vier Fach- und zehn Hilfskräfte und damit acht Kräfte zu wenig, von denen sieben Personen hätten ausgebildet sein müssen.

Zu meinem ersten Dienst erscheine ich um 6.30 Uhr im Stationszimmer der Station I. Die 30-jährige Stationsleiterin Svenja Lorenz empfängt mich, während sie nebenher anderes erledigt. Sie und ihre Kollegin Grit Weitkamp sind zusammen auf der Suche nach Arbeit aus Ostdeutschland nach Mainz gekommen. Beide engagieren sich unermüdlich für Bewohner und Personal. Manchmal wird Svenja etwas lauter, aber aggressiv oder demütigend ist sie nie. Da sie – auch wegen der vielen Arbeit – keinen Anschluss findet, nutzt sie jede Gelegenheit, nach Hause zu fahren oder wenigstens dorthin zu telefonieren. Nur bei diesen Gesprächen sitzt sie einen Moment still, während sie sonst unermüdlich über die Gänge eilt. Nach besonders harten Schichten schleppt sie Süßigkeiten und Kaffee an, und dann reden wir über das, wofür im Dienst die Zeit fehlt.

Jetzt aber, zu Beginn meiner Frühschicht, ist an Unterhaltung nicht zu denken. Sie sieht mich an:

»Hast du schon einmal in der Pflege gearbeitet?«

Ich: »Ja, ich habe schon einige Monate Erfahrung im Pflegebereich.«

Sie: »Das ist gut. Wir haben hier pro Schicht nur eine examinierte Kraft für beide Stationen, da fehlt mir die Zeit, dich einzuweisen.«

Ich: »Was soll ich tun?«

Sie: »Ich habe dir gestern einen Zettel mit zehn Bewohnern vorbereitet. Wenn du damit fertig bist, meldest du dich, und dann sehen wir weiter.«

Ich weiß, auf dem Zettel stehen wieder nur Zimmernummern und Namen, ob es ein Mann oder eine Frau ist, kann ich daraus nicht erkennen. Der Einarbeitungstag unterscheidet sich in nichts von einem der folgenden Arbeitstage. Ich suche mir das Notwendige wie Windeln und Medikamente selbst zusammen. Doch auch nach fünf Wochen Dienst weiß ich noch nicht, wohin die einzelnen langen Gänge führen, wo die Physiotherapie oder das Arztzimmer liegen.

Dafür habe ich jetzt en passant gelernt, die BewohnerInnen medizinisch zu betreuen, zum Beispiel diejenigen, die mit Magensonden leben müssen, in Fachkreisen nur PEG-Versorgung genannt:

Ich stehe vor dem Bett von Bettina Togler. Die 72-Jährige, durch einen Schlaganfall halbseitig gelähmte Frau schaut mich klagend und sprachlos an. Sie tut mir leid, was mich zögern lässt, denn in solchen Momenten wünsche ich mir nichts sehnlicher, als ein Wunderheiler zu sein. Doch dann nehme ich mich zusammen. Ihr ganzer Bauch ist von einem großen Pflaster bedeckt, das ich zusammen mit der darunter liegenden Mullbinde entferne. Jetzt liegt die Öffnung, die rosa Fleischwunde, bloß, aus der der Infusionsschlauch herausragt. An diesem Schlauch ist mittels eines Schraubverschlusses die Zuleitung zu der Pumpe mit der Nährflüssigkeit befestigt. Ich schraube diese Zuleitung vorsichtig ab, spüle sie durch und desinfiziere die offene Wunde mit Betaisodona. Auch den Schlauch, der in der Wunde steckt und zum Magen führt – er ragt etwas aus der Wunde heraus –, mache ich sauber und versuche, die Wunde nicht unnötig zu berühren.

Die Mimik von Frau Togler zeigt, dass sie Schmerzen hat. Am liebsten würde ich alles abbrechen, aber das wäre noch unerträglicher. Also lasse ich durch den sauberen Schlauch die Nährflüssigkeit von der neuen Ampulle bis zu den Schlauchenden durchlaufen, damit die Luft entweicht. Dann schraube ich den Schlauch wieder an und stelle die Fließgeschwindigkeit ein, die in den Krankenak-

PEG-Versorgung

Perkutane endoskopische Gastrostomie. Eine PEG-Sonde ist eine Magensonde, die mit einem Infusionsschlauch durch die Bauchdecke direkt in den Magen gelegt wird. Sie dient der künstlichen Ernährung von Patienten, die etwa wegen partieller Lähmungen nicht mehr selbst schlucken können, bewusstseinsgetrübt oder fortgeschrittene Alzheimer-Kranke sind, die keine Nahrung mehr aufnehmen können. Über die PEG-Sonde können den Patienten Flüssigkeit, speziell zubereitete Kost oder industriell gefertigte Sondennahrung zugeführt werden. Dies geschieht mit Hilfe einer programmierten Pumpe. Nach medizinischen Empfehlungen sollte man jedoch alten oder kranken Menschen keine Magensonde legen, nur weil es Probleme beim Essen und Trinken gibt, die anders besser gelöst werden können. Entgegen dieser Empfehlung werden aber in vielen Altenheimen Bewohner mit Magensonden versehen, die sehr gut noch schlucken und normal verdauen können, dafür aber gefüttert werden müssten. In solchen Fällen jemanden über eine Magensonde zu versorgen, ist gewalttätig und gefährlich. Es spart noch nicht mal Zeit, denn durch die häufig auftretenden Folgeerkrankungen müssen die Pflegenden länger im Einsatz sein als bei einer Essenseingabe ohne PEG-Versorgung.
Zu den Folgeerkrankungen der PEG-Behandlung zählen Entzündungen der Einstichstelle, allergische Reaktionen, Hautveränderungen und chronische Krankheiten. Deshalb muss die tägliche Versorgung sehr genau durchgeführt und protokolliert werden. Weitere belastende Nebenwirkungen sind Druckgefühle im Oberbauch, Blässe, Schweißausbruch, Übelkeit, Erbrechen, Durchfall, Blähungen und Verstopfung.

ten vermerkt ist – oder mir von der Stationsleitung genannt wird. Darüber wieder ein neuer Mullverband und ein neues Pflaster, Frau Toglers Wundschmerzen müssen sich ihrem Gesichtsausdruck zufolge wieder auf dem vorigen Level eingependelt haben. Ich gebe ihr noch die verordneten Medikamente, trage schnell alles im Pflegebericht ein – und habe genauso wie ein gelernter Pfleger gehandelt.

Ein Meister der Hinhaltetaktik

Nach ein paar Frühdiensten sind mir zwei Dinge klar. Erstens: Die Unterbesetzung ist so groß, dass wir Ungelernten alle Tätigkeiten der Examinierten wie Verteilung der Medikamente, Versorgung mit künstlicher Nahrung und Wundenbehandlung leisten. Wir können es allmählich, aber uns fehlt die Zeit. So kommt es zu Vernachlässigungen in der Grundpflege, zu Unterlassungen in der Wundpflege, zu täglich gefährlichen Situationen. Die Pflegekräfte sind permanent überfordert, die BewohnerInnen permanent unterversorgt.

Zweitens: Alle Pflegerinnen und Pfleger in diesem Heim, selbst die nicht ausgebildeten, sind erfahren und selbstbewusst. Sie diskutieren, sie beraten sich, sie kritisieren, besonders den Chef. Ihn, den Geschäftsführer Walter Blank, fordern sie immer wieder vehement auf, Neueinstellungen durchzusetzen.

Der 45-jährige Walter Blank ist das erste Mal in seinem Leben Geschäftsführer. Zuvor arbeitete er in der Gastronomie. Egal, wie groß unser Ärger und unsere Vorwürfe sind, er bleibt ruhig und höflich, wird nie aufbrausend oder konfrontativ. Stets in Anzug und Krawatte gekleidet, ist ihm die Altenpflege ein fremdes Terrain, ebenso wie das Leiten eines Heimes. Er überspielt dies mit der Taktik, die aufbrausenden PflegerInnen auf Teamsitzungen zu besänftigen. Dabei ist er unserer Kritik ausgesetzt, aber: Wir können ihn noch so sehr in Bedrängnis bringen – das Portemonnaie bleibt zu.

Deshalb drehen sich die manchmal zweistündigen Mitarbeiterversammlungen im Kreis und enden nur deshalb, weil die PflegerInnen mit schlechtem Gewissen zu den allein gelassenen BewohnerInnen eilen. Bei meiner ersten Versammlung verschanzt sich Walter Blank hinter der Bitte an alle, ruhig noch mal die Probleme zu schildern.

Pflegehelferin Trude Jäger: »Uns fehlt die Zeit. Die letzten 14 Tage waren der absolute Horror, viele Kollegen sind krank geworden, es ist einfach nicht mehr zu verantworten. Man schickt mich als Unausgebildete ständig allein auf die dritte Station, bei dem kleinsten Problem muss ich dann die Station verlassen, um Rat bei einer Ausgebildeten einzuholen. Die Arbeit ist einfach nicht zu packen. Ich gehe mit einem schlechten Gewissen nach Hause und denke nur noch an die Bewohner, die wieder einmal zu kurz gekommen sind. Mein Lebensgefährte wirft mir ständig vor, nur noch von der Arbeit zu reden, ich habe gar kein Privatleben mehr.«

Geschäftsführer Blank: »Ich denke mal, dass dies an der personellen Unterbesetzung liegt, und da gerade examinierte Kräfte fehlen, kommt es zu Engpässen, welche vom Hilfspersonal kaum ausgeglichen werden können. Dann haben wir zwangsläufig Situationen, in denen die Pflegehilfskräfte die Aufgaben von Ausgebildeten übernehmen müssen, obwohl dies vom Gesetzgeber untersagt ist und sie damit überfordert sind. Wir müssen dennoch die Aufgaben der Fachkräfte möglichst exakt auf die Hilfskräfte verteilen.«

Pflegerin Jutta Brüning: »Sie wissen, dass das gesetzwidrig ist.«

Blank: »Es geht mir in erster Linie darum, die Lage in unserem Haus wieder in den Griff zu bekommen und den Bewohnern wenigstens eine Grundpflege zukommen zu lassen. Alles andere steht für mich im Hintergrund.«

Pflegerin Olga Jetkowski: »Dann muss es für die examinierten Kräfte die klare schriftliche Anweisung geben, dass sie von einigen Aufgaben entbunden sind. Wir können es nicht schaffen, gleichzeitig bei einigen Bewohnern die Grundpflege durchzuführen und bei allen anderen die Behandlungspflege. Die Hilfskräfte müssen auch Teile der Behandlungspflege übernehmen, was bisher ja auch schon geschehen ist.«

Pflegehelferin Trude Jäger: »Für einen Großteil der Tätigkeiten in der Behandlungspflege braucht man eine Ausbildung, und oft muss ich eine Fachkraft hinzuziehen, weil ich nicht weiß, was zu tun ist. Dann gibt es andere Tätigkeiten, die wir nur zu zweit erledigen können, aber keiner ist da, und ich mache es dann allein. Abends werde ich dafür angeschissen, dass ich es allein gemacht habe, aber sonst hätte es keiner erledigt. Ich bin da wirklich hin- und hergerissen.«
Pflegerin Jutta Brüning: »Das ist einfach das Resultat, wenn nur eine examinierte Kraft für beide Pflegestationen zuständig ist, die obendrein noch Telefonate und Gespräche mit Angehörigen und Ärzten führen muss. Dann muss einfach ein Teil der Arbeit von den Hilfskräften erledigt werden, obwohl sie es eigentlich nicht dürfen, und dies führt zu der Zerrissenheit im Alltag.«
Blank: »Gut, das ist eine Zerrissenheit, die sicherlich da ist, und ich denke, bis wir die Situation im Griff haben, müssen klare Anweisungen her, damit jeder weiß, was er zu tun hat.«
Pflegehelferin Trude Jäger: »Wir haben ja nicht mal die Zeit, um neue Mitarbeiter einzuarbeiten. Unserer Neuen, Frau Scholz, haben wir nicht erklären können, was zu machen ist. Wir haben ihr einfach nur die vermeintlich pflegeleichten Bewohner zugeteilt. Sie wusste bis gestern nicht einmal, wo das Büro der Pflegedienstleiterin ist, dabei ist sie schon seit ein paar Wochen hier.«
Blank: »Hier gilt das Gleiche wie für die Neuaufnahme von Bewohnern, wir müssen neuen Mitarbeitern wenigstens das Haus zeigen und die Bewohner vorstellen. Bisher konnten wir das noch nicht realisieren, aber wir werden es in der Zukunft erledigen. Wenn ich das bisher Gesagte zusammenfasse, ist unser Hauptproblem die Zeit. Liegt es jetzt daran, dass wir uns organisatorisch noch nicht gefunden haben, oder nur an der Unterbesetzung?«

Pflegehelferin Trude Jäger: »Wir sind mittlerweile ein eingespieltes Team und sprechen uns untereinander ab. Aber wir sind zu wenige!«

Pflegerin Dorothee Peritz: »Der Dienstplan ist so was von konfus, und die Behandlungspflege ist so im Argen, dass man schon von gefährlicher Pflege sprechen muss. Es kann nicht alle zwei bis drei Tage die Schichtleitung gewechselt werden. Es gibt keine klaren Eintragungen in die Dokumentationen, es gibt keine Kommunikation, erst recht keine vernünftige Übergabe. Das führt zur Unterversorgung der Bewohner, daraus resultieren auch die Dekubitusfälle. Man muss sich schämen, so arbeiten zu müssen. Ich wollte mein Leben der Altenpflege widmen, aber wie das hier abläuft, ist es eine Schande für unseren Berufsstand.«

Blank: »Die Pflegedokumentationen werden aber doch direkt von Ihnen auf der Station geführt?«

Pflegerin Olga Jetkowski: »Von den Fachkräften, die gerade anwesend sind. Aber oft fehlen die Informationen über die Bewohner, wir bekommen die alten Menschen meist zwischen Tür und Angel zur Mittagszeit eingeliefert. Wir können die Leute kaum satt machen, und dabei sollen wir noch Neue aufnehmen.«

Pflegerin Dorothee Peritz: »Das ist schon kriminell, wie wir hier täglich arbeiten müssen.«

Pflegerin Olga Jetkowski: »Und die Pflegehilfskräfte fühlen sich ausgebeutet. Einerseits sollen sie unsere Aufgaben übernehmen, andererseits müssen sie dafür Kritik einstecken nach dem Motto: Was machst du da, das ist dir doch gar nicht erlaubt. So eine Situation bringt zwangsläufig böses Blut.«

Pflegehelferin Roswitha Fischer: »Das ständige Chaos entsteht, weil wir zu wenig Fachkräfte haben, die sich um die Krankenakten und die Behandlungspflege kümmern können.«

Pflegerin Anne Schönewald: »Ich finde es absolut notwendig, dass auf jeder Etage mindestens eine Examinierte ist. Ich selbst, obwohl ausgebildet, weiß des Öfteren nicht, was zu tun ist.«

Pflegerin Jutta Brüning: »Allein die Behandlungspflege auf der dritten Station, also Medikamente ausgeben, Verbände wechseln und die PEG-Versorgung, machen die ständige Anwesenheit einer ausgebildeten Kraft notwendig.«

Pflegehelferin Roswitha Fischer: »Das sind alles Aufgaben, die wir eigentlich als Hilfskraft nicht erledigen dürfen, aber oft bleibt uns ja nichts anderes übrig. Da steht für mich das Wohl des Bewohners im Vordergrund und nicht die Gesetzgebung.«

Pflegerin Olga Jetkowski: »Das ist für mich ganz selbstverständlich. Jeder erwachsene Mensch sollte in der Lage sein, die Medikamente zu verteilen oder mal einen Verband zu wechseln.«

Blank: »Ich trau natürlich jeder unserer Hilfskräfte zu, diese Aufgaben zu erledigen. Wir haben jetzt ein Problem, da unser Heim den gesetzlichen Bestimmungen unterliegt. Und deshalb macht sich Frau Heydorn eigentlich strafbar, wenn sie offiziell die Order an eine Hilfskraft erteilt. Das ist die gesetzliche Situation, aber auf der anderen Seite haben wir nicht genügend examinierte Kräfte, und da werde ich mich mit Frau Brüning zusammensetzen. Es muss Klarheit darüber geschaffen werden, wer welche Aufgaben übernehmen darf oder auch nicht, sodass kein Bewohner zu Schaden kommt.«

Pflegerin Jutta Brüning: »Wir sind bereits so weit, dass die Bewohner zu Schaden kommen. Uns muss bewusst sein, dass wir schon eine Stufe weiter sind.«

Blank: »Dann sollten wir uns relativ schnell im kleinen Kreis zusammensetzen und die Angelegenheit klären.«

Die Pflegedienstleiterin streicht die Segel

Da es ihre erste Anstellung als Pflegedienstleiterin ist, versucht Elke Heydorn enthusiastisch, das Gelernte umzusetzen, und stürzt sich jeden Tag wieder in die Arbeit, mal mit aufgesetzter Freundlichkeit, meist jedoch mit dem in Heimen üblichen Kommandoton. Sie will sich selbst von den älteren, routinierten Pflegerinnen nichts sagen lassen. Das erstaunt alle Kollegen, muss sie doch die Erfahrung schon gemacht haben, wie wichtig die Zusammenarbeit im Team und seine gesammelten Erfahrungen sind. Durch ihren unbeirrbaren Alleingang zerschlägt sie einiges Porzellan. Letztendlich aber scheitert sie an der Realität: Selbst mit übermenschlichen Kräften lässt sich die Unterbesetzung nicht ausgleichen.

Täglich müssten 83 Pflegestunden geleistet werden, doch das eingestellte Personal kann nur 49 Stunden schaffen. Die Geschäftsleitung verweigert Neueinstellungen, nimmt aber weiterhin neue BewohnerInnen auf, muss also von vornherein wissen, dass sie unterversorgt sein werden. Doch nicht die unbehandelten Kranken und sterbenden Alten schmälern die Gewinne, sondern teure Angestellte.

Die Pflegedienstleiterin ist Chefin und Managerin des Pflegeteams. Sie soll aufgrund ihrer vielen Aufgaben die Pflege und medizinische Behandlung der BewohnerInnen nicht selbst ausführen, sondern überwachen und koordinieren. So ist es jedenfalls vorgesehen, wenn genügend Pflegerinnen und Pflegehelfer eingestellt sind. Im Mainzer Heim Große Bleiche aber muss die Pflegedienstleiterin Elke Heydorn obendrein auch noch die BewohnerInnen medizinisch betreuen, was nicht zu schaffen ist.

Nicht nur das bedrückt sie, sie muss schon bei der Aufstellung der Dienstpläne verzweifeln. Zu wenig Ange-

Aufgaben der Pflegedienstleitung
Offiziell erarbeitet die Pflegedienstleitung die Dienst- und Urlaubspläne, stellt das Pflegepersonal ein, entscheidet über die Aufnahme von Auszubildenden und Praktikanten, koordiniert die Dienstübergaben und organisiert alle Kontakte nach draußen: Rezepte, Medikamente, Therapeuten- und Arztbesuche im Heim, Lieferung aller Materialien.
Daraus ergeben sich weitere Aufgaben wie Überwachen des Pflegedienst-Budgets, Abrechnen mit den Kranken- und Pflegekassen, Mitwirken bei Haushalts- und Jahreswirtschaftsplänen, Überwachen der Pflegedokumentationen. Die Pflegedienstleitung ist Ansprechpartnerin für Ärzte und Arzneimittelvertreter, kontrolliert das Einhalten der Pflegestandards, konzipiert Maßnahmen des Qualitätsmanagements. Im Idealfall leitet sie die Mitarbeiterbesprechungen und koordiniert Aus- und Fortbildungen.

stellte bedeuten eine Rund-um-die-Uhr-Besetzung mit allen Beteiligten. Freie Tage fallen aus. Ohne Pausen und Abstand zum Luftholen werden die Kolleginnen öfter krank als normalerweise, sodass die Rest-Crew die unbesetzten Dienste übernehmen muss. Die ist aber schon pausenlos im Einsatz und kann zwar auf dem Papier, aber nicht in Wirklichkeit nach Bedarf verdoppelt werden. Wie lässt sich solch eine Unterbesetzung bloß verwalten? Gar nicht. Auch Elke Heydorns großer Ehrgeiz und alle Willenskraft können nichts ausrichten. Ihr und unser Scheitern ist vorprogrammiert.

Mit jedem weiteren Tag erscheint unsere Pflegedienstleiterin derart überarbeitet und innerlich gejagt, dass wir Pflegenden uns fragen, wie lange sie noch durchhalten kann, ohne zusammenzuklappen.

Auch wir kennen diesen Zustand der Erschöpfung nur zu gut. Viele von uns leiden unter dem Burn-out-Syndrom.

Ein Schutz gegen die Burn-out-Gefahr ist das Arbeiten im

Burn-out – eine Krankheit

Das Burn-out-Syndrom ist ein Zustand permanenter Erschöpfung, chronischer Müdigkeit und innerer Leere. Es kommt häufig bei Menschen in pflegenden und sozialen Berufen vor. Wenn diese sich ausgebrannt fühlen, verwandelt sich ihr ursprünglich moralisch hohes, idealistisches Engagement in Resignation und Gleichgültigkeit. Das Burn-out-Syndrom entwickelt sich schleichend, bleibt lange und ist eine ernst zu nehmende Krankheit.
Sie zeigt sich bei Menschen, die isoliert arbeiten müssen, dabei selten mit jemandem sprechen oder sich austauschen können und sich allein gelassen, ausgebeutet und nicht anerkannt fühlen. Tagsüber der Kampf mit den Windmühlenflügeln, abends nur Erschöpfung und Unzufriedenheit, begleitet von ständigen Selbstvorwürfen, die Arbeit nicht geschafft, nicht wirklich geholfen, also versagt zu haben. Am nächsten Tag dieselbe Tretmühle, mit einem Schuldgefühl, das größer und drückender wird, begleitet von sinkender Selbstachtung, Angst und Nervosität. Gefühle von Ohnmacht und Hilflosigkeit bis hin zu Selbstmordgedanken werden häufiger. Diese Gefühle können auch in Aggressionen umschlagen, in allgemeine Reizbarkeit, Ungeduld, Misstrauen und häufige Konflikte mit Kollegen und Familie.
Die seelischen Probleme lösen körperliche Beschwerden, also psychosomatische Reaktionen, aus: Das Abwehrsystem wird schwächer und anfälliger für Infekte, Schlafstörungen treten auf, ebenso Albträume und sexuelle Probleme. Auch Herzklopfen, Kopfschmerzen, Verdauungsstörungen oder Gewichtsveränderungen sind möglich. Das Unfallrisiko und die Gefahr für Suchterkrankungen sind erhöht. Menschen mit Burn-out-Syndrom greifen schneller zu Alkohol, Tabak oder anderen Drogen.

Team, vorausgesetzt, in dem Team gibt es Vertrauen, eine offene Atmosphäre und den gemeinsamen Willen, Lösungen zu finden. Wie viel Macht und Unterstützung ein gutes Team bieten kann, erlebe ich im Heim Große Bleiche in Mainz. Im Großen und Ganzen vertrauen wir einander und unterstützen uns. Aber gleichzeitig sind wir so ausgebrannt, dass wir Probleme nicht mehr lösen können. Wir sind einfach zu wenige! Auf der nächsten Mitarbeitersitzung erklärt Heimleiter Walter Blank:

»Ich habe eine Neuigkeit für Sie: Frau Heydorn wird nicht wiederkommen!«

Trude Jäger: »Was?«

Walter Blank: »Es brauchen keine Spekulationen aufzukommen, Frau Heydorn hat von sich aus gekündigt. Ich war gestern auch etwas geplättet, aber die Entscheidung ist gefallen, und das habe ich zu akzeptieren. Jetzt müssen wir sehen, wie wir weitermachen, bis wir Ersatz gefunden haben. Wir haben heute zwei und am Montag noch ein Bewerbungsgespräch, das bedeutet, dass wir wirklich auf der Suche sind. Ob daraus was wird, kann ich Ihnen nicht versprechen, aber wir werden alles tun, um Sie zu entlasten. Ich habe auch schon mit einigen Mitarbeitern gesprochen, mir ist die Situation durchaus bewusst, doch ich kann Ihnen heute noch keine Lösung anbieten. Frau Brüning ist auch noch ganz sprachlos – doch ich hoffe, dass Sie die Aufgaben bis auf weiteres übernehmen werden.«

Jutta Brüning: »Das hätten Sie mir auch früher sagen können!«

Blank: »Ja gut, aber ich weiß das auch erst seit gestern und konnte Sie nicht erreichen.«

Jutta Brüning: »Ist schon in Ordnung, aber erwarten Sie von mir jetzt keine Entscheidung.«

Blank: »Wir werden uns heute noch zusammensetzen, und ich bin sicher, dass wir eine Lösung finden.«

Die Lösung ist immer dieselbe: Weiterarbeiten mit immer weniger Pflegekräften. Doch anders als bei meinen ersten Stellen halten hier die Pflegerinnen und Pfleger solidarisch zusammen und lehnen ein paar Tage später schriftlich ab, wie bisher die Verantwortung zu übernehmen.

Zuvor versucht Jutta Brüning, die noch mitten in der Ausbildung zur Pflegedienstleiterin steckt, in ihre neue Rolle zu schlüpfen. Sie befragt Stationsleiterin Svenja Lorenz:

»Ich war seit sechs Wochen nicht mehr im Dienst und blicke hier im Moment noch nicht durch. Im Übergabebuch steht, dass ich Herrn Blank anrufen soll. Es war recht mühsam, ihn zu erreichen, aber ich habe ihn dann doch noch erwischt. Er meinte, dass wir in den nächsten Tagen zwei neue Bewohnerinnen bekämen und die Zimmer vorbereiten sollten. Geht das?«

Svenja Lorenz: »Der Chef nimmt einfach neue Bewohner auf, ohne uns vorher Bescheid zu sagen. Und obendrein haben wir keine Informationen über ihren gesundheitlichen Zustand, können uns also auch nicht auf sie vorbereiten. Kein Wunder, dass hier alles drunter und drüber geht, wenn es von Anfang an schon nicht stimmt.«

Jutta Brüning: »Gibt es etwas, was ich noch wissen muss?«

Svenja Lorenz: »Ja, für nächste Woche sind zwei Nacht- und drei Spätdienste noch nicht besetzt.«

Jutta Brüning: »Ausgebildete oder Hilfskräfte?«

Svenja Lorenz: »Für die Spätdienste fehlt eine ausgebildete Kraft, aber da wird sich wohl keine mehr bereit erklären, einen Dienst zu übernehmen. Frau Heydorn hat schon seit Wochen versucht, diese Tage zu besetzen, aber mit unserer Personalstärke ist das nicht zu schaffen. Zu den zwei neuen Bewohnern ab Montag meinte Blank, wir sollten das alles mit Ihnen klären.«

Jutta Brüning: »Na, der ist lustig. Ich muss mir erst mal einen Überblick verschaffen. Herr Blank hat mich für Montagmorgen in sein Büro bestellt, da werde ich wohl mehr erfahren.«

Svenja Lorenz: »Dann können Sie mit ihm gleich die noch zu besetzenden Dienste besprechen. Vielleicht hat er eine Idee, wo wir das fehlende Personal herbekommen.«

Jutta Brüning: »Ehrlich gesagt, weiß ich auch nicht, wie es weitergehen soll, aber mal ganz ketzerisch gesagt: Solange wir uns das gefallen lassen, wird sich nichts ändern.«

Ein Lebensabend in Obhut?

Wenigstens etwas Süßes

Eine der neuen Bewohnerinnen ist Edith Sander. Die bettlägerige 86-Jährige ist an einem Freitagnachmittag aus dem Krankenhaus in das Heim überwiesen worden, möchte schnell wieder zu Kräften kommen und anschließend in ihre Wohnung zurück. Wir haben keinerlei Unterlagen, keine Medikamente, nichts mitgeliefert bekommen; voraussichtlich wird ihre Akte erst am Montag zu uns ins Heim weitergeleitet. So können wir nur das in Erfahrung bringen, was wir am Wochenende beobachten. Frau Sander macht einen verschlossenen Eindruck und hat überhaupt keinen Appetit. Wir versuchen, sie zum Essen zu verführen, wobei die alltäglich miesen Mahlzeiten und fehlenden Imbisse nicht gerade hilfreich sind. Das Einzige, was sie gern zu sich nimmt, sind Pudding und Süßigkeiten, die wir also öfter anbieten – mit Erfolg: Frau Sander schmeckt es, und wir freuen uns, dass sie überhaupt etwas isst.

Am Montag fehlen die Unterlagen aus dem Krankenhaus immer noch. Ein paar Tage später mache ich wieder auf ihrer Station Dienst und stelle entsetzt fest, wie schlecht es Frau Sander inzwischen geht. Sie liegt regungslos im Bett, ist nicht mehr ansprechbar, total blass und voller kaltem Schweiß. Ich rufe die diensthabende Pflegerin Olga Jetkowski, die einen Blick auf sie wirft und sofort den Notarzt alarmiert. In kürzester Zeit trifft er ein.

Notarzt: »Ich möchte die Krankenakte von Frau Sander einsehen.«

Olga: »Tut mir leid, aber die Bewohnerin ist erst seit wenigen Tagen bei uns, wir haben keinerlei Informationen über Vorerkrankungen.«

Notarzt: »Und wie haben Sie die Frau bisher behandelt?«

Olga: »Wir haben ihr wie üblich die Grundpflege zukommen lassen und das Essen eingegeben.«
Notarzt: »Welche Medikamente bekommt sie denn?«
Olga: »Bisher noch keine, da uns die Informationen fehlen.«
Der Notarzt schüttelt den Kopf und beginnt, Frau Sander zu untersuchen. Er diagnostiziert sofort, was er schon auf den ersten Blick vermutet hat: Frau Sander ist Diabetikerin – und wäre nach seinen Angaben ohne Behandlung kurze Zeit später gestorben. Durch die seit Tagen fehlende Insulinzufuhr konnte ihr Körper keine Glukose mehr produzieren, die für den Stoffwechsel, besonders den des Gehirns, lebensnotwendig ist. Fällt die Glukoseproduktion länger aus, also bei schwerer Unterzuckerung wie in ihrem Fall, schaltet sich das Gehirn ab, der Mensch gleitet ins Koma. Die zusätzlichen Süßigkeiten, die nicht verarbeitet werden können und die Symptome noch verstärken, und unsere Ignoranz hätten Frau Sander fast das Leben gekostet. Und keiner hätte nachgefragt. Den Begleitbrief des Arztes für Frau Sander erhalten wir übrigens erst eine Woche nach ihrem Eintreffen im Heim. Voller Schuldgefühle frage ich beim Abendessen die Bewohner:
»Wer ist denn Diabetiker hier?«
Martha Weninger: »Ich und Frau Schiffer. Es wäre doch langsam angebracht, auch für uns ein der Krankheit angepasstes Essen anzubieten. Ich sehe mit Schrecken, wie die Frau Schiffer zum Frühstück immer dick Marmelade auf ihr Brötchen schmiert. Es ist doch aber Ihre Aufgabe als Pfleger, darauf zu achten.«
Ich: »Wir bestellen jeden Tag Extraportionen für die Diabetiker, aber die Küche bereitet sie nicht vor. Wir können Ihnen nur das servieren, was geliefert wird.«
Martha Weninger: »Es bleibt dann wieder an uns zu kontrollieren, was wir essen dürfen. Das ist bestimmt nicht Sinn und Zweck einer Pflegeeinrichtung. Wo bin ich denn

hier? Ich habe mir schon abgewöhnt, etwas zu sagen. Ich darf mich auch nicht aufregen, sonst kriege ich noch einen Herzinfarkt.«

Auf der nächsten Mitarbeiterversammlung greift Pflegehelferin Roswitha Fischer das Thema auf:

»Ich kann nicht verstehen, dass es nicht einmal Zwischenmahlzeiten für unsere Diabetiker gibt. Weder einen Kuchen noch etwas Obst. Ich finde das unmöglich.«

Geschäftsführer Walter Blank: »Das sind Dinge, die Sie in der Küche anfordern müssen.«

Roswitha Fischer: »Aber das sollte in einem Altenheim doch selbstverständlich sein!«

Blank: »Sie müssen wissen, dass unser Küchenchef bisher nur in Hotels gearbeitet hat und ihm die Erfahrung fehlt, was auf den Stationen benötigt wird. Hier ist es Ihre Aufgabe, ihn darauf hinzuweisen und es gegebenenfalls schriftlich anzufordern.«

Dorothee Peritz: »Das haben wir ihm von Beginn an gesagt, aber er antwortet nur, dass sein Budget das nicht vorsieht.«

Blank: »Dann kommen Sie das nächste Mal zu mir, das sollte organisatorisch zu klären sein.«

Was bleibt, sind leere Versprechungen und unterversorgte Bewohnerinnen.

Abgezockt und liegen gelassen

Etwa zur gleichen Zeit wie Frau Sander wird auch die 70-jährige Roselore Carlsson eingeliefert. Ihr Zustand gibt ihrem Hausarzt Rätsel auf. Vor drei Monaten noch vollkommen gesund, geht es mit ihr seitdem rapide bergab. Bei ihrer Einlieferung kann sie ihren Körper kaum noch beherrschen: unkontrolliertes Muskelzucken, Lähmungen, keine Kaureflexe, fehlender Gleichgewichtssinn, Sprachverlust. Sie starrt nur noch geradeaus, mit dem Blick eines Zombies, ihres Geistes verlustig. Ihre Verwirrtheit gleicht der einer Demenzkranken, die körperlichen Symptome aber lassen eine eindeutige Diagnose nicht zu. Trotz dieser Beeinträchtigungen ist sie in den ersten Tagen im Heim noch unterwegs und spaziert über die Gänge. Wenn die Muskelkraft sie nicht plötzlich verlässt, schafft sie eine kleine Wegstrecke. Dann lässt sie sich todmüde auf einen Stuhl sacken und scheint sich dort für immer erholen zu müssen. Sie versinkt aber nur in einen Sekundenschlaf, aus dem es sie unvermittelt wieder hochreißt, zurück in die nächste Flurrunde. Einmal aber stürzt sie und schreit auf.

Zu dem Zeitpunkt habe ich auf ihrer Station Frühdienst und bin auf dem Weg in die Küche, um das Mittagessen abzuholen. Da die Küche im Erdgeschoss liegt, muss ich die Station einige Minuten allein lassen. Roselore Carlsson kommt vor Gabriele Ramps Zimmer zu Fall, woraufhin Frau Ramp den Notruf drückt. Ich kann jedoch erst nach einer Viertelstunde zur Stelle sein, um Frau Carlsson zu helfen. Später höre ich, wie sich im Fernsehzimmer Gabriele Ramp und Martha Weninger, ihrer Zimmernachbarin, unterhalten. Beide Frauen sind geistig noch sehr wach, selbstbewusst und lebenserfahren. Martha Weninger hat ein emanzipiertes Leben in Hamburg hinter sich, wo sie viele Jahre allein lebte, bevor der in Mainz ansässige Sohn sie nach Hessen brachte. Gabriele Ramp war Herzstück und sorgender Mittelpunkt ihrer Familie, bis sie gebrechlich wurde und sich fürs Altenheim entschied. Beide wissen genau, was ihnen zusteht, was rechtens ist und was nicht. Sie leben nicht gern mit den anderen BewohnerInnen, die in ihren Augen nur aus Krankheiten bestehen. Bis auf ihre Plänkeleien mit den PflegerInnen führen sie ein zurückgezogenes Dasein.

Gabriele Ramp: »Haben Sie den Sturz der neuen Dame mitbekommen? Die hat geschrien vor Schmerz, und keiner war da, um ihr zu helfen. Obwohl ich doch sofort den Alarmknopf gedrückt habe.«

Martha Weninger: »Stellen Sie sich das mal vor. Wir bezahlen hier sehr viel Geld, und wenn man mal Hilfe braucht, ist kein Mensch da. Wenn Sie nicht geklingelt hätten, würde die Frau immer noch dort liegen.«

Gabriele Ramp: »Ich habe es doch mitbekommen und sofort Alarm geschlagen!«

Martha Weninger: »Das ist schon eine Sache für den Staatsanwalt. Sie sind ja auch behindert und könnten gar nicht allein aufstehen, geschweige dann anderen helfen!«

Gabriele Ramp: »Das stimmt. Ich bin auch auf Hilfe angewiesen.«

Martha Weninger: »Da wird einfach weitergemacht, als wäre nichts gewesen. Draußen bekommt keiner was mit, das wird einfach vertuscht. Wenn ich das meinem Sohn erzähle, glaubt der mir wieder kein Wort. Der denkt, dass ich das nur sage, um das Haus verlassen zu können. Wer glaubt uns denn? Man müsste als Insasse mal an die Presse gehen. Ich warte auf den ersten Toten – dann bin ich weg.«

Ich schalte mich ein und frage Frau Ramp: »Wie viel bezahlen Sie denn monatlich für Ihren Aufenthalt?«

Martha Weninger: »Genau 3000 Euro. Das übersteigt bei weitem meine Rente und das, was ich aus der Pflegeversicherung bekomme. Den Rest muss mein Sohn bezahlen, also bestimmt der auch, wo ich bin. Wessen Brot ich ess, dessen Lied ich pfeif.«

Ich: »Haben Sie sich das Haus denn nicht vorher angesehen?«

Martha Weninger: »Doch, am Tag der offenen Tür. Da hat sich jeder so herzlich um uns gekümmert, und das Ambiente ist schon sehr exklusiv. Wir haben in dem schönen Restaurant gegessen, und da war die Entscheidung schon getroffen. Durch die herrschaftliche Kulisse und den hohen Preis denkt man doch, alles ist in Ordnung. Jetzt weiß ich, dass dies alles Teil des großen Geschäfts ist!«

Marias Wettlauf

Als ich am darauf folgenden Tag zum Spätdienst komme, sitzt Pflegehelferin Maria Rodenbach kreidebleich im Dienstzimmer und will nicht mehr allein auf einer Station ihren Dienst machen. Maria, in Mexiko geboren, ist mit einem Deutschen verheiratet. Die beiden leben mit ihrer 19-jährigen Tochter in einem Vorort von Mainz. Maria arbeitet schon lange in der Altenpflege – wegen fehlender Zeugnisse immer noch als Pflegehelferin. Da ihre Familie von ihrem Gehalt nie abhängig gewesen ist, hat Maria von Anfang an kein Blatt vor den Mund genommen und sich getraut, zu kritisieren, zu kämpfen und sich für Bewohner und Pflegekräfte einzusetzen. Jetzt scheint auch Maria zu kapitulieren:

»Wir müssen zu zweit arbeiten. Allein ist ein Dienst nicht mehr möglich. Die Frau Carlsson ist heute Morgen dreimal hingefallen. Beim ersten Mal bin ich runter auf die zweite Station, um Hilfe zu holen. Doch die haben keine Zeit gehabt und sind selbst voll beschäftigt gewesen. Als ich zurückkam, versuchte Herr Rohde, über sein Bettgitter zu klettern. Ich habe erst Frau Carlsson geholfen, dann habe ich mich um Herrn Rohde gekümmert. Von da an bin ich nur noch damit beschäftigt gewesen, zwischen beiden hin- und herzurennen, damit ihnen nichts passiert.«

Ich: »Und um die restlichen Bewohner muss man sich auch kümmern.«

Sie: »Das ist unmöglich. Ich war heute schon bei Frau

Brüning und habe ihr gesagt, dass ich die Verantwortung für diese Station nicht mehr übernehmen kann.«

Ich: »Das geht so lange gut, bis irgendwas passiert.«

Sie: »Nach ihrem zweiten Sturz hatte Frau Carlsson eine große Beule am Kopf. Ich habe sie dann gewaschen und gesehen, dass ihr ganzer Körper voller Blutergüsse ist. Und dann habe ich sie in ihrem Zimmer eingesperrt, zu ihrer und meiner Sicherheit. Einer allein kann nicht für alle Bewohner sorgen – das geht einfach nicht. Ich mache nur weiter, wenn Frau Brüning mir schriftlich bestätigt, dass ich nach einem Zwischenfall nicht belangt werde.«

Bereits eine Woche zuvor haben die Pflegehelferinnen Trude Jäger und Anne Schönewald die Verantwortung für die Station abgelehnt und erklärt, dass sie keine Dienste mehr allein durchführen.

Angst, vergessen zu werden

Mit immer mehr BewohnerInnen, häufigeren Krankmeldungen der Kolleginnen und der permanenten Unterbesetzung können wir nicht mal mehr die tägliche Pflege und Versorgung übernehmen. Nicht mal »satt und sauber« – was für ein Skandal! Die BewohnerInnen bekommen nicht zu jeder Mahlzeit etwas zu essen und zu trinken, ihre Wunden werden nicht versorgt, sie werden viel zu selten umgelagert und gewaschen. Wir sind bedrückt, bei Dienstübergaben kommt es zu Gesprächen wie dem folgenden.

Janusz Parandowski: »Mit dem Essen und Trinken bei Frau Benn klappt es sehr schlecht.«

Trude Jäger: »Die muss gefüttert werden – sonst wird das nichts!«

Olga Jetkowski: »Durch ihre Schiefhaltung ist es ihr

gar nicht möglich, ohne Hilfe etwas zu sich zu nehmen. Normalerweise müsste immer einer von uns daneben sitzen.«

Trude Jäger: »Genauso geht es mir mit Herrn Siemens – wenn der allein isst, dann fliegt das Essen durch den Raum. Gestern habe ich mich einmal zu ihm gesetzt, und plötzlich funktioniert es problemlos. Wenn man Zeit hat! Aber die Station oben wird immer voller, und mir bleibt selten Zeit, auch noch das Essen einzugeben.«

Maria Rodenbach: »Ja, das stimmt. Wenn ich Herrn Siemens füttere, isst er alles. Allein isst er gar nichts. Er versucht es krampfhaft, gibt nach einiger Zeit entnervt auf und schmeißt dann mit dem Essen um sich.«

Olga Jetkowski: »Was sollen wir machen – wir können die doch nicht sich allein überlassen? Sonst verhungern uns in der nächsten Zeit noch einige. Früher hatten wir zur Essenszeit mindestens fünf Helfer, die nur das Essen angereicht haben – heute ist nicht mal mehr einer dafür abgestellt. Das kann doch nicht funktionieren.«

Trude Jäger: »Auf der Station II ist es schon jetzt alarmierend. Wenn wir nur zu zweit sind, bleibt für die Eingabe keine Zeit. Darunter leiden Bewohner wie Frau Benn, Frau Schäfer, Frau Dombusch, Herr Noske und Herr Wahrlich jeden Tag.«

Olga Jetkowski: »Mensch, das kann doch nicht wahr sein, die bezahlen hier 3000 Euro im Monat und müssen Angst haben zu verhungern. Weil das Geld für Personal gespart wird, können wir nicht mal eine Notversorgung garantieren. Das ist einfach unglaublich!«

Trude Jäger: »Ja, aber wenn du was sagst, dann heißt es nur, machen Sie Ihre Arbeit vernünftig – dann wird schon nichts passieren. Als ob wir zu langsam arbeiten würden! Und wenn was schief läuft, sind wir verantwortlich – und die Dummen!«

Die gleiche katastrophale Situation gibt es in Bezug auf

Datum	05.12.00				
Uhrzeit	Einfuhrmenge	Art d. Flüssigkeit		Hdz	Ausfuhrmenge
15:00	250 ml	Schorle		jo	
20:30	50 ml	Tee		jo	
22:00 / 4:00	100 ml	Wasser / Tee		HW / HW	/

Bilanz

Datum	21.12.00				
Uhrzeit	Einfuhrmenge	Art d. Flüssigkeit		Hdz	Ausfuhrmenge
8:00	50 ml	Wasser		jo	
–13:15	150 ml	Tee		jo	

Zeitplan über die Einnahme von Flüssigkeit aus der Dokumentation einer Bewohnerin

die Versorgung der BewohnerInnen mit Flüssigkeit. An manchen Tagen schaffen wir es gerade, ihnen ungefähr 200 ml Flüssigkeit einzugeben, dann aber bleibt oft für die Essenseingabe keine Zeit mehr.

Auch die medizinische Unterversorgung ist eklatant.

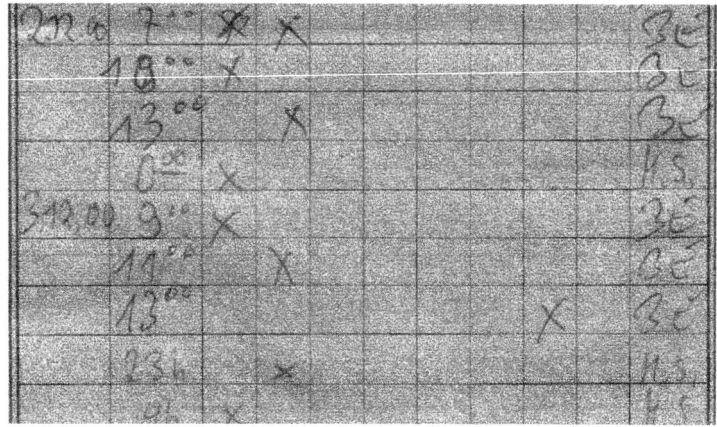

Auszug aus der Dokumentation mit den Zeiten, wann der Bewohner gelagert wurde

Oswald Siemens und Josef Wahrlich, beide bettlägerig und beide 80 Kilo schwer, hätten alle zwei Stunden gelagert werden müssen, um ein Durchliegen und damit Druckgeschwüre zu verhindern. Doch einer Pflegerin, auch einem Pfleger allein auf sich gestellt, ist es unmöglich, Menschen mit diesem Gewicht zu lagern und fachgerecht zu drehen.

Nach kurzer Zeit haben beide Männer die gefürchteten Geschwüre, Dekubiti, an Becken und Fersen. Als Ehefrau Sylke Siemens, die ihren Mann täglich besucht, dies entdeckt, schaltet sie einen Rechtsanwalt ein und will die Rentaco verklagen. Die Heimleitung ist darauf bedacht, den Schaden für die Außendarstellung so klein wie möglich zu halten, und versucht zu reparieren: Pflegedienstleiterin Frau Brüning ergänzt Herrn Siemens' Akte. Anschließend wird die Ernährungsberaterin der Krankenkasse hinzugezogen, um Magensonde und Ernährung von Herrn Siemens zu überprüfen, damit diese nicht auch noch Anlass zu Kritik bieten.

Die Ernährungsberaterin

> **Aufgaben der Ernährungsberaterin**
> Die Ernährungsberaterin berät die Pflegekräfte in der künstlichen Ernährung der Bewohner. Bei der Erstaufnahme legt sie Kalorienzahl und Art der Flüssignahrung des Patienten fest. Danach kommt sie einmal im Monat ins Heim und kontrolliert Nahrung und Gesundheitszustand, in den Wochen dazwischen übernimmt eine examinierte Pflegerin die Kontrollen. Ernährungsberaterinnen arbeiten unabhängig, das heißt ohne einen Überwachungsauftrag den Pflegekräften gegenüber. Deshalb werden sie des Öfteren von den Pflegerinnen ins Vertrauen gezogen.

Die Ernährungsberaterin Christiane Möhring ist erfahren und freundlich. Sie stellt mit Jutta Brüning fest, dass wichtige Einträge in Herrn Siemens' Krankenakte fehlen.

Christiane Möhring: »Das muss doch hier irgendwo eingetragen sein.«

Jutta Brüning: »Wissen Sie, wir haben nur sehr wenige Unterlagen von den Bewohnern. Die erste ist das Grundblatt mit den wichtigsten Informationen über den Bewohner. Die zweite die Norton-Skala, das Formular für die Dekubitus-Prophylaxe. Sie sehen selbst, dass beides nicht ordnungsgemäß geführt ist. Aber, Frau Möhring, Sie können dem Personal keinen Vorwurf machen. Hier arbeiten Hilfskräfte, die keinerlei Einarbeitung bekommen haben, woher sollen die wissen, was sie zu tun haben?«

Christiane Möhring: »Da kann man den Mitarbeitern nichts vorwerfen.«

Jutta Brüning: »Es wäre auch ungerecht, denn die fahren hier täglich am Limit.«

Bei der Durchsicht der Blätter wird deutlich, wie viele Daten und Zeiten fehlen.

Christiane Möhring: »Frau Brüning, wir müssen uns zusammensetzen und alles nachtragen, sonst bekommen Sie Probleme bei der nächsten Prüfung.«
Jutta Brüning: »Ich bin erst seit ein paar Wochen hier.«
Cristiane Möhring: »Dann haben Sie Glück gehabt, dass Sie zum Zeitraum der fehlenden Eintragungen nicht verantwortlich waren, sonst könnten Sie großen Ärger bekommen. Eine momentane Prüfung der Akten würde eine Schließung des Heims nach sich ziehen.«
Jutta Brüning: »Dann bringen wir die Sache in Ordnung, bevor noch Schlimmeres passiert. Obwohl ich eigentlich der Meinung bin, dass die hier mit so einer dünnen Personaldecke einen Schuss vor den Bug verdient hätten.«
Christiane Möhring: »Sie dürfen nicht vergessen, dass das Pflegepersonal die Verantwortung für die Pflege hat. Letztendlich schaden Sie damit mehr Ihren Kolleginnen als der Geschäftsführung.«
Jutta Brüning: »Okay, wir müssen das Kind irgendwie schaukeln. Ich habe das Personal hinter mir und versuche, das Beste daraus zu machen.«
Die Krankenakte Siemens wird neu verfasst.

Das schnelle Aus – für alle

Die desolate Situation spitzt sich immer mehr zu. Aufgrund der Vorfälle in den letzten Wochen verlassen die ersten BewohnerInnen, unterstützt von ihren Angehörigen, das Haus. Von den 115 Apartments sind erst 39 vermietet; die Mieteinnahmen decken bei weitem nicht die Gesamtkosten. Nicht mehr die versprochenen Gewinne zu erzielen ist jetzt die Aufgabe des Heimleiters gegenüber seinen Geldgebern, sondern das investierte Kapital zu retten, indem im Pflegebereich die frei gewordenen Stellen nicht wieder besetzt, aber zugleich neue Bewohner aufgenommen werden. Außerdem wird der Küchenhilfe gekündigt. Die verbliebenen MitarbeiterInnen fühlen sich auf einer Talfahrt ins Unerträgliche. Nach einem Dienst melde ich mich bei der Stationsleiterin Svenja Lorenz ab:

»So, ich habe das Wichtigste erledigt, alle sind gewaschen, haben ihr Essen, und die Verbände sind frisch. Was ich machen kann, habe ich gemacht.«

Svenja: »Wir können im Moment sowieso nichts machen – ich weiß nicht, wie das weiterlaufen soll.«

Ich: »Wir haben uns doch längst aufgegeben. Wenn man nur zwei Tage nicht hier ist, hat sich die Gesundheit der Bewohner dramatisch verschlechtert.«

Svenja: »Mich kotzt das alles so an, der ständige Druck, nirgendwo Hilfe, die ewigen Versprechungen von Neueinstellungen. Der Blank hat doch nur seine Zahlen im Kopf. Wenn das so weiter läuft, dann machen sie das Haus bald zu. Und wir können einpacken, falls nur einer der uns bekannten Fälle an die Öffentlichkeit kommt!«

Jutta: »Ich habe schon ein Schreiben verfasst, in dem ich die fachliche Verantwortung für die Pflege komplett ablehne. Ich habe geschrieben, dass das gefährliche Pflege ist und ich das Ganze für ein Harakiri-Unternehmen halte. Dieses Schreiben habe ich in Kopie auch an die Hauptzentrale nach Berlin geschickt. Ich werde den Posten der Pflegedienstleitung nicht übernehmen und den Karren nicht aus dem Dreck ziehen.«

Nachdem Jutta Brüning die Verantwortung abgelehnt hat, erklären auch die anderen vier Fachkräfte, dass sie die Verantwortung nicht mehr tragen. In derselben Woche kündige ich bei der Rentaco Residenz.

Zwei Monate später geht dann die Rentaco AG in Konkurs. Die Immobilie wurde von der Mundus Seniorenresidenzen GmbH gepachtet.

Im September 2001 sollte ich noch einmal in Kontakt mit dem Haus kommen. Zu diesem Zeitpunkt rief mich der Betreuer eines dort untergebrachten 67-jährigen Schlaganfallpatienten an. Er machte sich aufgrund des schlechten Zustands des Patienten große Sorgen, und wir entschlossen uns, den Mann aus dem Heim zu nehmen. Bereits nachdem er wenige Wochen persönlich – in privater Umgebung – gepflegt worden war, trat eine deutliche Verbesserung seines Allgemeinzustands ein.

Pro-Seniore-Residenz
Berlin-Wilmersdorf

Das Grüne oder das Blaue

Berlin. Zwei Wochen Einarbeitung. Einarbeitung? Ja, wirklich. Vierzehn Tage lang begleite ich Pflegehelferin Lydia Weisz während ihrer Dienste. Meine erste Frühschicht:

In einem Doppelzimmer leben die 89-jährige Gordana Vladova und die 82-jährige Teresa Geitner, beide nur noch in Rollstühlen mobil, aber immer noch Frauen von Welt. Lydia klopft an und grüßt mit ihrer Bassstimme ins Zimmer:

»Schönen guten Morgen, die Damen. Haben Sie gut geschlafen?«

Teresa Geitner: »Oh ja, ich habe einen guten Traum gehabt. Schön, dass Sie da sind, Lydia, und das noch in Begleitung von einem jungen Mann. Was kann mir Besseres passieren?«

Lydia: »Ich möchte Ihnen unseren neuen Mitarbeiter Markus vorstellen. Er wird Sie in den nächsten Tagen mit mir zusammen versorgen.«

Teresa Geitner: »Na, dann passen Sie gut auf, Markus! Ich hoffe, dass Sie mich genauso gut behandeln wie unsere Lydia, dann bin ich höchst zufrieden.«

Lydia: »Wie immer zuerst ins Bad?«

Teresa Geitner: »Wie gewohnt. Sie wissen doch, dass ich schon Hunger habe und das Frühstück kaum erwarten kann.«

Lydia hilft Frau Geitner vom Bett in den Rollstuhl und fährt sie ins Bad.

Lydia: »So, Frau Geitner, ich wasche Ihnen den Rücken, und den Rest können Sie ja allein.«

Teresa Geitner: »Oh, können wir nicht heute eine Ausnahme machen, und Sie waschen mich schnell ganz?«

Lydia: »Frau Geitner, Sie wissen doch, dass es darum geht, Ihre Eigenständigkeit zu erhalten und nicht darum, uns Arbeit zu ersparen.«

Teresa Geitner: »Ja, ja, ich weiß.«

Nachdem sie der Bewohnerin den Rücken gewaschen hat, verlassen wir das Zimmer und stehen auf dem langen Flur. *Lydia sagt:*

»In unserem Haus gilt grundsätzlich: So viel Pflege wie nötig und so viel Freiraum wie möglich! Denn jeder noch so kleine eigenständige Schritt gibt den Bewohnern Stolz und Selbstvertrauen. Ich werde dir in den nächsten Tagen zeigen, welcher Bewohner was kann.«

Zurück im Badezimmer von Frau Geitner, kontrolliert Lydia, ob diese sich wirklich überall gewaschen hat, und fährt sie anschließend vor ihren Kleiderschrank:

»So, Frau Geitner, was möchten Sie heute anziehen?«

Teresa Geitner: »Wie sieht denn das Wetter aus?«

Lydia: »Es soll richtig frühlingshaft werden. So um die 20 Grad, haben sie gesagt. Sie könnten Ihr schönes blaues Kleid anziehen, aber auch das grüne würde passen.«

Teresa Geitner: »Wir nehmen das blaue!«

Lydia zieht Frau Geitner das Kleid an, und nachdem wir Frau Vladova ebenfalls für den Tag zurechtgemacht haben, fahren wir gemeinsam in den Aufenthaltsraum, wo Thomas Stüve bereits Frühstück bereitet hat. Die BewohnerInnen können zwischen sieben und zehn Uhr frühstücken. Sie entscheiden individuell, wann sie geweckt werden möchten.

Als die meisten BewohnerInnen im Aufenthaltsraum ver-

Beschäftigungsangebot	
Beispiel März 2001	
Vormittags (10.00 – 11.30 Uhr)	*Nachmittags (16.30 – 18.00 Uhr)*
01.03.01 Gedächtnistraining	Stuhlgymnastik
02.03.01 Kartenrunde	Musikrunde
03.03.01 Spiele mit dem Gymnastikball	Rätselraten
04.03.01 Sonntagszeitung vorlesen	Stuhlgymnastik
05.03.01 Mensch ärgere dich nicht	Spiele mit dem Gymnastikball
06.03.01 Biographierunde	Dame/Mühle spielen

Jeden Monat wird das Unterhaltungsprogramm des Heims variiert.

sammelt sind, wird in gelöster Atmosphäre gefrühstückt. Anschließend bleiben alle sitzen, denn Thomas Stüve, auch für das Beschäftigungsprogramm verantwortlich, beginnt mit seinem täglichen Beschäftigungsangebot. Oben ist ein Auszug aus dem Angebot für Monat März abgebildet.

Das Heim am Ku'damm

Wo bin ich hier gelandet? Träume ich? Nein, ich erlebe meinen ersten Arbeitstag im Berliner Altenheim Pro Seniore am Kurfürstendamm. Dieses Heim wurde mir wieder vom Arbeitsamt genannt, allerdings stand es als Zweites auf der Liste mit offenen Stellen. Bei der ersten Adresse hatte ich mich gemäß meinem Vorhaben – möglichst das erstgenannte Arbeitsangebot anzunehmen – auch vorgestellt. Es war ein Altenheim in Berlin-Tempelhof, in dem es schon im Eingangsbereich nach Urin und Fäkalien roch und nur eine Pflegekraft pro Station beschäftigt war – zwei wichtige Hinweise für mich, das Arbeitsangebot abzulehnen.

Pro-Seniore mit Sitz in Saarbrücken wurde 1977 gegründet und ist ein Zusammenschluss privater Altenheim-Betreiber mit rund 100 Häusern in Deutschland. Sie bieten zusammen zirka 17 000 Wohn- und Pflegeplätze an und beschäftigen rund 9000 MitarbeiterInnen in Pflege und Verwaltung.

Die Unternehmensgruppe erzielt ihre Gewinne durch die Vermietung von Apartments für betreutes Wohnen. Die Höhe der Mieten liegt im Durchschnitt der ortsüblichen Mietspiegel. Der gesamte Pflegebereich ist in eine gemeinnützige Gesellschaft ausgelagert, in den Pro-Seniore-Betreuungsdienst, der nicht gewinnorientiert, sondern nur kostendeckend arbeiten muss.

Beim Vorstellungsgespräch in Berlin sitzen mir die Pflegedienstleiterin Sybille Petzoldt und der stellvertretende Pflegedienstleiter André Hofé gegenüber und nehmen mich ins Kreuzverhör. Sie erkundigen sich intensiv nach meinen Erfahrungen in den anderen Heimen und stellen anschließend ihre Fragen so, dass meine Antworten mit meinen zuvor gemachten Einschätzungen korrespondieren müssen. Beide interessiert weniger meine körperliche Belastbarkeit oder gar die »Stückzahl«, also wie viele Bewohner ich in einer Schicht betreuen kann, sondern mehr mein Fachwissen und professionelles Handeln: »Wie versorgen Sie denn Dekubiti im fortgeschrittenen Stadium? Was machen Sie, wenn eine Bewohnerin nicht essen will?« Erst nach einer guten Stunde beenden sie das Interview mit dem Hinweis, dass meine Angaben sorgfältig überprüft werden und sie sich danach bei mir melden. Nach einer Woche bekomme ich die Zusage.

Das Altenheim liegt in einem Neubau direkt am Ku'-damm und thront über einem Autohaus. Die erste Etage des Heims wirkt einladend wie das Foyer eines lichten Hotels: Hier sind Empfang und Verwaltung untergebracht, auch der Speisesaal, ein Aufenthaltsraum mit Leinwand und Bibliothek sowie gemütliche Sofa-Ecken, wo sich die BewohnerInnen mit ihrem Besuch treffen. Hier werden sie mit Kleinigkeiten und Getränken aus der Küche versorgt.

Erst im Stockwerk darüber ist alles für die Pflege, meist in Einzelzimmern, eingerichtet. Ein langer Gang führt einmal durch das ganze Gebäude, links und rechts davon gehen die Zimmer ab. Die darüber liegende Etage ist für betreutes Wohnen vorgesehen, aber derzeit noch nicht ausgebaut. Das Dach ist zum Garten umgewandelt, sogar mit kleinen Bäumen und Grillplätzen, sodass man sich hier im Sommer wie auf einem Ausflug fühlt, mit Blick über Berlin. Die insgesamt einladende Atmosphäre hat ihren Preis – die monatlichen Kosten für die Bewohner liegen zwischen 2250 und 3250 Euro für Zimmer mit rund 25 Quadratmetern. Einige wenige kleinere Zimmer und die Doppelzimmer können zu niedrigeren Mieten bewohnt werden.

Einarbeitung par excellence

An meinem ersten Arbeitstag werde ich pünktlich 6.30 Uhr mit Blumenstrauß, Süßigkeiten und Willkommenskarte vom Heimleiter Joachim Feiner begrüßt – und an das Kollegen-Empfangskomitee weitergereicht. Zwei von ihnen, Lydia Weisz und Felix Gundlach, werden mich einarbeiten und erzählen mir als Erstes vom Pflegeleitbild des Hauses, das auch im Internet nachzulesen ist:

»Im Mittelpunkt unserer Tätigkeiten stehen unsere Bewohner. Unser wichtigstes Ziel ist es, sie so zu betreuen, dass sie sich körperlich und seelisch optimal versorgt und umsorgt fühlen. Kompetente Pflege und Menschlichkeit sind unsere Leitmotive. Pflege mit Herz, Hand und Verstand ist unsere Stärke. Die individuellen Wünsche und die

Zufriedenheit unserer Bewohner haben höchste Priorität … Grundlage unserer ganzheitlichen, aktivierenden Pflege ist die individuell geplante Pflege nach dem Pflegemodell der Aktivitäten des täglichen Lebens (ATL) … Wir erfüllen unsere Aufgaben im Team … Unsere Handlungsweisen überprüfen und hinterfragen wir täglich aufs Neue … Unser Motto: Professionalität und Herzlichkeit sorgen für die Zufriedenheit unserer Bewohner.«

Auf meiner zukünftigen Station im Pro-Seniore-Heim leben 22 BewohnerInnen, von denen ich sieben betreuen werde. Ganz erleichtert, für nur so wenige verantwortlich zu sein, aber auf zusätzliche Aufgaben gefasst, frage ich Lydia:

»Gehören die Behandlungspflege und Medikation auch zu unseren Aufgaben?«

Sie: »Es sind immer mindestens zwei Examinierte im Dienst, die diese Arbeiten übernehmen. Unsere Aufgaben beschränken sich auf Waschen, Anziehen und Essenseingabe. Darüber hinaus stehen wir den Bewohnern für persönliche Gespräche zur Verfügung.«

Ich: »Müssen wir auch verwaltungstechnische Aufgaben übernehmen?«

Sie: »Die Verwaltungsaufgaben übernimmt André Hofé, der Stellvertreter der Pflegedienstleiterin Sybille Petzoldt. Er kümmert sich um Arzttermine, Bestellen von Rezepten und die Reha-Maßnahmen, auch um unseren Materialnachschub.«

Ich: »Und wie ist die Küchenarbeit organisiert?«

Sie: »Diese Arbeiten erledigt, wie du schon gesehen hast, Thomas Stüve, der ja anschließend auch das Beschäftigungsprogramm für die Bewohner leitet. Außerdem gibt es noch zwei Küchenhilfen.«

Zusätzlich wird das Pflegeteam von externen Logopädinnen und Krankengymnasten unterstützt, die fast täglich kommen und wie alle MitarbeiterInnen die BewohnerInnen aktivierend unterstützen.

Aktivierende Pflege

Ein Heim mit aktivierendem Pflegeansatz unterstützt Lebendigkeit und Aktivität seiner Bewohner und Bewohnerinnen und fördert sie, sodass sich Alte, obwohl sie pflegebedürftig sind, weiterhin als würdiges und wertvolles Mitglied der Gesellschaft fühlen können. Aktiv sind beide Seiten: Die Pflegekräfte begegnen den BewohnerInnen mit verantwortungs- und respektvollem Handeln, sie leiten an und ermuntern, aber bevormunden nicht. Die zu Pflegenden setzen sich, derart unterstützt, für die eigenen Bedürfnisse und Ziele, für körperliches und seelisches Wohlbefinden ein. Wichtig ist: Sie übernehmen Verantwortung für sich selbst und geben sie nicht ab an Pfleger/innen, Heime, Versicherungen, Ärzte/innen und Therapeuten/innen.
Die wichtigsten Leitgedanken einer aktivierenden Pflege lauten:
Bewege dich – egal, wie lange es dauert. Ziehe deine Strümpfe an, gehe im Garten spazieren, besuche die Bekannte am Ende des Ganges! Bleibe bei deiner Morgengymnastik. Freu dich auf die Senioren-Fitness-Gruppe.
Bleibe geistig fit! Rede! Streite dich mit der Nachbarin, unterhalte dich über den Krimi, telefoniere mit der Enkelin. Und wenn du nicht mehr sprechen kannst, dann versuche mit deinem Körper, deinen Augen, deinen Gefühlen zu kommunizieren. Achte auf deinen Körper und seine Signale, auf Gesundheit und Schmerzen. Lebe deine Sexualität.
Stehe zu deinen Gefühlen: Weine, streite, jammere, liebe – es ist nie zu spät!
Gehe auf den anderen zu, wenn du nicht allein sein möchtest. Suche dir ein Hobby, beschäftige dich, unterhalte dich, engagiere dich – im Verein, in einer Rommee-Gruppe, beim Gesangsnachmittag, beim Kaffeeklatsch, in der Vorleserunde.
Trau dich, deine Eigenheiten zu leben, morgens lange schlafen, nach dem Essen eine Zigarette oder ein Plausch? Ungestört im eigenen Zimmer herumpuzzeln?
Lebe deine Erinnerungen und Erfahrungen, denn sie gehören zu dir!
All dies versucht eine aktivierende Pflege zu fördern und zu unterstützen. Doch was man dafür braucht, ist Zeit – und ein Team, das in diesem Sinne zusammenarbeitet.

Nach Lydias Einleitung bin ich skeptisch. Zu schön, um wahr zu sein, denke ich, und werde eines Besseren belehrt, als wir ins erste Zimmer kommen, dass mit den Möbeln der beiden Bewohnerinnen Gordana Vladova und Teresa Geitner eingerichtet ist. Plaudernd und zügig, aber nicht hektisch, helfen wir beim Waschen und Anziehen und bringen so nach und nach die Frauen und wenigen Männer in den Frühstücksraum – wenn sie nicht allein gehen können.

Auch die Pflegekräfte frühstücken, Brötchen und Aufschnitt werden vom Haus, der Kaffee von den Angehörigen spendiert. Ich werde nochmals vorgestellt und von allen begrüßt. Nach dem Frühstück legt mir Lydia folgende Liste vor:

Checkliste zur Einarbeitung neuer MitarbeiterInnen
Gliederung in die Bereiche:
Vorabinformation
Erster Arbeitstag
Zweiter Arbeitstag und erste Arbeitswoche
Zweite bis vierte Arbeitswoche
Siebte bis achte Arbeitswoche
Feedback nach dem 3. Arbeitsmonat durch Pflegedienstleiter/Wohnbereichsleiter/Mitarbeiter
Feedback nach dem 5. Arbeitsmonat durch Pflegedienstleiter/Wohnbereichsleiter/Mitarbeiter
Ablage der Checkliste in der Personalakte nach dem 5. Arbeitsmonat!

Bis Dienstende nimmt Lydia sich Zeit, mit mir die vorgesehenen Punkte für den ersten Tag abzuarbeiten.

Erst nach 14 Tagen Einarbeitung, gewissenhaftem Protokoll durch Lydia und Felix sowie einem weiteren Gespräch mit der Pflegedienstleitung bekomme ich sieben BewohnerInnen, die ich von nun an allein betreue. Gegenüber der Verantwortung für die 15 bis 24 Menschen, die ich in den

Pflegebad	/					
Fluchtwege zeigen	/					
Feuerlöscher zeigen	/					

Einführung des neuen MA		Datum	Hdz MA	Hdz AL
Vorstellung des neuen MA bei den Bewohnern	/			
Vorstellung/Demonstration der Arbeits-/Hilfsmittel	/			
Hubbadewanne	/			
Pflegewagen	/			
Fäkalienspüle	/			
Badelifter	/			

Auszug aus der Einarbeitungsliste für neue Mitarbeiter: erster Tag (Hdz MA oder Hdz AL= Handzeichen, also Unterschrift des Mitarbeiters bzw. Anleiters).

anderen Heimen versorgte, erscheint mir diese Aufgabe wie ein Spaziergang. Sicher, auch hier ist die Arbeit körperlich anstrengend, aber sie geht mir leicht von der Hand. Und das erste Mal darf, ja soll ich mit den BewohnerInnen reden und ein offenes Ohr haben.

Spaß bei der Arbeit? Ja!

Einmal in der Woche werden wir durch den Stellvertretenden Pflegedienstleiter André Hofé kontrolliert, einmal im Monat durch die Leiterin Sybille Petzoldt selbst. Beide erscheinen unangemeldet, gehen auch während unserer Abwesenheiten durch die Stationen und notieren sich Auffälligkeiten, die sie dann in den Teamsitzungen besprechen – nicht wie Anklagen und Abmahnungen, sondern als Versäumnisse, die das Team zukünftig vermeiden kann. Klagen und Unzufriedenheiten der BewohnerInnen kommen in ein Beschwerdeprotokoll und werden in Kopie an das

Stammhaus weitergeleitet – nachdem die Ursache der Kritik beseitigt worden ist.

Auf der monatlichen Mitarbeiterversammlung fordert der Heimleiter Joachim Feiner das Team regelmäßig auf, Ärger und Probleme auf den Tisch zu legen – von denen es insgesamt wirklich wenig gibt. Dennoch hat unsere Pflegedienstleiterin Sybille Petzoldt, die als Einzige gestresst erscheint, den Drang, unsere Arbeit als vollkommen und perfekt darzustellen. Deshalb weist sie uns jedes Mal zwei Minuten vor dem Treffen an, Kritik runterzuschlucken und zu schweigen.

In der Sitzung spürt Heimleiter Feiner sofort das uns auferlegte Gebot und schafft es mit freundlichem Nachhaken und amüsiertem Seitenblick auf unsere Leiterin doch, dass wir uns äußern und zum Beispiel eine verzögerte Medikamentenbestellung erwähnen. Sofort forschen alle nach den Ursachen und machen Verbesserungsvorschläge. So selbstverständlich und konstruktiv arbeiten Team und Heimleiter zusammen, dass Taktieren einfach überflüssig ist.

In diesem Haus werden die Pflegedienstleiterin und ihr Stellvertreter gleichzeitig eingesetzt, was für die Mitarbeiter eine wohltuende und stressabbauende Entscheidung ist. Die Leiterin Sybille Petzoldt hält sich mehr in der Verwaltung auf und selten auf der Pflegestation. Ihr Stellvertreter André Hofé arbeitet mit uns auf der Station und ist als unser direkter Ansprechpartner eingesetzt, meist gut gelaunt und mit viel Elan dabei. Er bestellt Rezepte, überwacht den Materialbestand, koordiniert die Zeiten der Arztbesuche – und hat stets ein waches Auge auf uns: In der einen Woche kontrolliert er uns, in der nächsten überzeugt er sich von unseren Lernschritten, sodass wir ständig mit ihm im Austausch sind – und das gern dank seiner Kollegialität und positiven Ausstrahlung.

Die BewohnerInnen sind relativ ausgeglichen, selten schreit oder jammert jemand oder verbreitet gedrückte

Stimmung. Wir müssen nicht hektisch unseren Aufgaben hinterherhecheln und schaffen unser tägliches Pensum. Es fehlt etwas Gravierendes, was für mich vom ersten Arbeitstag an als Altenpfleger dazugehörte: das schlechte Gewissen, wieder nicht alles geschafft und Bewohner unversorgt gelassen zu haben. In diesem Berliner Heim liegt die Arbeit auf den Schultern aller, der Kolleginnen, der Küchenkräfte, der Pflegedienstleitung und der Externen wie Logopäden und Physiotherapeutinnen. Und auf den Schultern der Bewohnerinnen und Bewohner, die oft nicht nur sich selbst versorgen, sondern sich auch um andere kümmern und uns damit unterstützen.

Wir können aber auch deshalb alles schaffen, weil wir genügend Examinierte und PflegehelferInnen sind. In dem ersten Monat meiner Tätigkeit werden drei neue Bewohner aufgenommen, sodass wir insgesamt 25 pflegebedürftige Menschen versorgen müssen. Parallel wird das Pflegeteam um zwei Examinierte und eine Hilfskraft erweitert, sodass für alle Schichten insgesamt acht ausgebildete und sechs Hilfskräfte zur Verfügung stehen: 14 Pflegekräfte für 25 BewohnerInnen bedeutet ein sehr guter Pflegeschlüssel für beide Seiten, denn der gesetzliche Pflegeschlüssel liegt bei 1 : 2,56, das heißt, mindestens zwei Pfleger müssen fünf BewohnerInnen betreuen.

In Berlin wird mir deutlich, wie wenig ich trotz meiner mehrmonatigen Praxis weiß, da ich vieles nur abgeguckt oder improvisiert habe. Bis auf die Einweisung durch den Arzt und Pflegehelfer Adnan in München habe ich ja keinerlei Anleitungen und Schulung bekommen. Die PflegerInnen in diesem Heim bemerken es sofort und fordern mich auf, ruhig nachzufragen. Geduldig erklären sie mir vieles, auch solche Tätigkeiten, die ein Helfer theoretisch nicht ausführen muss, aber in den meisten Heimen wegen der knappen Besetzung doch übernimmt. So lerne ich zum Beispiel das richtige Wickeln und Legen von Verbänden, das

Blutabnehmen, das Ziehen von Kathedern, die professionelle Versorgung der wunden Druckstellen und die Betreuung der Patienten mit Magensonden. Auch in der Medikation werde ich angeleitet. Doch ausführen muss ich diese Arbeiten, die nur den ausgebildeten Pflegern vorbehalten sind, in meinen Diensten nicht.

Häufte ich in den anderen Heimen bis zu 50 Überstunden im Monat an, habe ich bei Pro Seniore im ersten Monat neun freie Tage und null Überstunden. Wir können uns normal erholen, sind ausgeruht und nur durchschnittlich häufig krank. Teamarbeit und -atmosphäre werden von Pflegedienst- und Heimleitung mit Betriebsfeiern gefördert, das Team selbst trifft sich auch privat mindestens einmal im Monat. Denn wie bei allen Altenpflegern hat sich auch hier der Freundeskreis durch die Schichtarbeit verkleinert; Sport, Hobbys und Wochenenden lassen sich schlecht planen. So bleiben wir unter uns – und haben viel Spaß. Freitagabend gehen wir essen und anschließend in die Diskothek, oder wir unternehmen am Sonntag eine Bootsfahrt. Meist fehlen nur die, die Dienst haben.

Heimleiter Joachim Feiner legt Wert auf Konfliktmanagement. Er fordert uns immer wieder auf, Kritik zu äußern, denn aus ihr könne man nur lernen. Alle machen mal Fehler, so Feiner, aber wir sollten sie nicht zweimal machen müssen. So erhalten wir zum Beispiel nach einer Beschwerde eines Pflegers über einen Kollegen ein Rundschreiben der Pflegedienstleiterin Petzoldt:

»Liebe Kollegen,
aus aktuellem Anlass muss ich Sie bitten, bei Konflikten innerhalb des Teams folgenden Dienstweg einzuhalten:
Wenn Sie Schwierigkeiten haben mit einem Kollegen, dann sprechen Sie diesen bitte persönlich an und versuchen Sie, eine Lösung zu finden.
Sollte der Konflikt sich nicht lösen lassen, wenden Sie

sich bitte an den Wohnbereichsleiter oder seine Stellvertreterin und vereinbaren Sie einen gemeinsamen Termin.

Erst wenn Ihnen im Schritt zwei keine Konfliktlösung gelingt, dann können Sie mich einschalten. Es wird dann von meiner Seite ein Weg zur Lösung gesucht und bei Bedarf Herr Feiner eingeschaltet.

Bei gravierenden Vorkommnissen wie fahrlässiger Pflegebehandlung und/oder akuter Gefährdung von Bewohnern können Sie sich direkt an mich wenden, sollten aber den Wohnbereichsleiter und seine Stellvertreterin parallel dazu umgehend informieren.

Mit freundlichen Grüßen, die Pflegedienstleiterin.«

Pflege mit Respekt – doch kein Heim ist vollkommen

So viel Pflege wie nötig, so viel Freiraum wie möglich: Dieses Motto hängt über der Tür des Dienstzimmers, und dementsprechend fordert Lydia mich auf zu handeln:

»Frau Häntsch schläft gern bis neun Uhr, da musst du vorher gar nicht reingehen. Herr Markgraf möchte immer als Erster raus und spätestens 7.20 Uhr am Frühstückstisch sitzen. Dann kann er allen Frauen einen guten Morgen wünschen, ihnen Komplimente machen und das Geschehen kontrollieren. Und dabei genießt er, wie beliebt er ist. Architektin Sabine Hohlbein hingegen liebt es, sehr lange zu schlafen, und schafft es gerade als Letzte, ihren Kaffee zu trinken.«

Die Altersdementen, die unruhig und verwirrt sind, dürfen es hier sein. Ich erlebe nicht, dass Psychopharmaka und Fixierungsgurte eingesetzt werden. Die BewohnerInnen bewegen sich auf der gesamten Station frei und leben ihre Eigenheiten aus. The Wandering Problem wird die Tatsache genannt, dass Alzheimer-Kranke unentwegt unterwegs sind, vielleicht, um ihrer zerstörten Innenwelt zu entfliehen, vielleicht, um etwas zu suchen, von dem sie aber nicht mehr wissen, was es ist. Bis zum heutigen Tag gibt es noch kein Mittel und keine Therapie gegen Alzheimer. Das wichtigste Medikament, das die Angehörigen und Pfleger einsetzen können, ist menschliche Nähe, zwar unbezahlbar, aber viel billiger als Medizin und alle Zwangsmaßnahmen. Bis zu einer gewissen Belastung kann dieses Heim am Kurfürstendamm mit Zuwendung helfen. Da es aber keine ausgesprochene Demenz-Klinik ist, sind Alzheimer-Kranke im fortgeschrittenen Stadium hier nicht mehr gut aufgehoben – und werden in andere Heime überwiesen.

So lebt die 72-jährige Alzheimer-Kranke Angelika Staben. Sie befindet sich im Anfangsstadium der Krankheit und ist noch relativ selbstständig. Bis zu ihrer Rente arbeitete sie als Sekretärin im Betrieb ihres Mannes, nur zwei Querstraßen vom Heim entfernt. Jetzt steht sie jeden Morgen im Bürokostüm auf dem Flur, perfekt geschminkt und die Handtasche in der Armbeuge, bereit für einen neuen Arbeitstag. Kurz nach dem Frühstück eilt sie zu ihren Botengängen, die über 40 Jahre zu ihren Aufgaben gehörten. Sie geht den Ku'damm entlang, den Blick starr geradeaus, bis sie ihre alte Bankfiliale erreicht, bei der sie ihre Geschäfte ordnet. Danach kommt sie genau so zielstrebig zurück und verbringt zufrieden die Zeit bis zum Mittagessen in ihrem Zimmer. Sie findet problemlos den Weg zurück, doch wie lange noch? Die Pflegedienstleitung sorgt sich und lädt Frau Stabens Betreuerin und ihren Hausarzt zum Gespräch. Sie vereinbaren, Frau Staben in eine Station für demenzkranke Menschen zu verlegen. Ohne finanzielle Nachteile wird sie aus dem Pflegevertrag entlassen, das Heim verzichtet auf 2500 Euro monatlicher Einnahme.

In diesem Heim scheint die Inkontinenz nicht zu grassieren, denn nur sehr wenige BewohnerInnen tragen Windeln. Tatsache ist, dass nur jeder zehnte alte Mensch nach einem Schlaganfall oder aufgrund von Blasenaltersschwäche das Wasser nicht mehr halten kann und deshalb gewindelt werden muss. So wenige sind es auch in diesem Heim. Alle BewohnerInnen klingeln, wenn sie Hilfe beim Toilettengang wünschen. Auf das Klingeln wird sofort reagiert, es zu überhören ist ein großes Vergehen und kommt praktisch nicht vor. Diese selbstverständliche Hilfestellung bewirkt allgemeine Zufriedenheit und hat den Nebeneffekt, dass nur wenige Müllsäcke mit Windeln anfallen und es nur selten unangenehm riecht.

Neben dem täglichen Beschäftigungsprogramm im Heim werden auch Ausflüge angeboten. Nach einem Besuch des Britzer Gartens in Berlin bittet mich die 79-jährige, etwas schwerhörige Käthe Pekovic in ihr Zimmer. Eine typische Berlinerin mit Herz und Schnauze, mit kurzer grauer Dauerwelle, bunten Kleidern und Raucherwangen. Sie ist beliebt, weil sie sich viel um andere sorgt und gern plaudert. Seit einigen Tagen schon versucht sie, von ihrem Zimmertelefon aus ihre Schwester zu erreichen, und bittet mich um Hilfe. Wir gehen ins Dienstzimmer, von wo aus die Verbindung gelingt, und stellen zum besseren Hören den Lautsprecher an.

Schwester: »Schön, von dir zu hören, wie geht es dir?«

Käthe Pekovic: »Mir geht es gut. Toi, toi, toi! Ich kann nicht klagen.«

Schwester: »Was machst du denn so den ganzen Tag?«

Käthe Pekovic: »Wir haben einen herrlichen Ausflug zum Britzer Garten gemacht, dort waren Blumenbeete der Bundesgartenschau ausgestellt. Mensch, gerade zur Rosenzeit – die standen alle in voller Blüte. Also, das war einfach wunderschön!«

Schwester: »Dann kommst du auch mal raus aus dem Haus?«

Käthe Pekovic: »Na, klar. Das komme ich schon regelmäßig.«
Schwester: »Und wie bewegst du dich?«
Käthe Pekovic: »Mit dem Rollator, das ist kein Problem. Ich muss bloß aufpassen, denn manchmal laufe ich zu schnell.«
Schwester: »Also übst du auch regelmäßig. Geht ihr dazu auch vor die Tür?«
Käthe Pekovic: »Nee, wir üben hier täglich auf der Etage. Da sind ein netter Pfleger und eine Krankengymnastin, die mir prima helfen. Es macht richtig Spaß und geht immer besser.«
Schwester: »Kannst du denn schon ohne Rollator laufen?«
Käthe Pekovic: »Nee, noch nicht.«
Schwester: »Wenn du weiter dranbleibst, kommt das auch noch.«
Käthe Pekovic: »Ja, darauf freue ich mich.«
Schwester: »Du hast doch nächsten Monat Geburtstag, willst du da feiern?«
Käthe Pekovic: »Weiß ich noch nicht, das muss ich noch sehen. Ich habe hier allerdings eine Frau kennen gelernt, die in der gleichen Woche Geburtstag hat. Mit ihr verstehe ich mich sehr gut, und ich glaube, wir feiern zusammen.«
Schwester: »Dann hast du schon eine neue Freundin.«
Käthe Pekovic: »Freundin würde ich sie noch nicht nennen. Aber wir unterhalten uns täglich im Aufenthaltsraum und haben die gleichen Interessen. So ist uns beiden nicht langweilig.«
Schwester: »Schön, dass es dir so gut geht. Ich denke, dass ich in der nächsten Zeit mal zu Besuch komme.«
Käthe Pekovic: »Das würde mich sehr freuen. Du, ich muss jetzt aber auflegen, denn ich rufe hier vom Diensttelefon an, und das kann ich nicht weiter blockieren. Alles Gute bis dahin.«

Ihr Lieblingsessen?

Schon vor dem Einzug kümmert sich das Heim um seine neuen Bewohner. Etwa 14 Tage vorher unterhält sich eine Mitarbeiterin aus der Verwaltung mit dem Kandidaten oder der Kandidatin, dem Betreuer, den Angehörigen und erfährt so etwas über ihre Aktivitäten und Erfahrungen, ihre Gewohnheiten und Bedürfnisse. Diese Informationen werden alle gesammelt und zur Pflegedokumentation geheftet, ebenso wie die Daten aus der Krankenakte. Sie sind für alle Mitarbeiter bindend. Die Pflegenden machen sich schon vorab Gedanken, wo und wie die Neuen untergebracht werden und sich wohl fühlen könnten. Einige Fragen aus dem schriftlich verfassten Interview lauten:

- Schlafen Sie gern bei offenem Fenster? Leiden Sie unter Schlafproblemen? Wenn ja, welchen?
- Wann stehen Sie in der Regel auf?
- Haben Sie ein Einschlafritual?
- Ihr Lieblingsessen?
- Was essen Sie überhaupt nicht gern?
- Spielen Sie ein Instrument?
- Kochen oder backen Sie gern?
- Würden Sie sich für etwas Neues interessieren?
- Mögen Sie gern in der Gruppe mithelfen?
- Interessieren Sie sich für Gymnastik?
- Haben Sie eine Konfession?
- Wünschen Sie Kontakte zu christlichen Bewohnern?
- Haben Sie schon mal über den Tod nachgedacht?
- Was ist für Ihr Leben bei uns besonders wichtig für Sie?
- Wie möchten Sie bestattet werden?

Parallel dazu sammelt die Pflegedienstleitung alle Informationen über Krankheiten und Einschränkungen, sodass der

Pflegebedarf ermittelt werden kann. Vor dem Einzug werden die Medikamente bestellt sowie die Rezepte für Krankengymnastik, sodass die Bewohnerin ohne Unterbrechung weitergepflegt werden kann. Für mich ist es kein Wunder, dass das Haus voll belegt ist, die Bewohner sich zufrieden äußern und die Mitarbeiter gern dort arbeiten.

Keine Zeit für Sterbende

Natürlich stoßen wir Pfleger auch im Pro-Seniore-Heim am Ku'damm an unsere Grenzen und sind nicht immer zufrieden. Hier begreife ich das erste Mal, dass die Begleitung von Sterbenden nicht zu den Aufgaben eines Altenpflegers gehört. Doch warum nicht?

Auf meiner Station liegt Betty Fennel, einst gefeierte Sängerin und Diva, 98 Jahre alt und einsam. Nun, dem Tode nahe, hat ihre Betreuerin sie ins Heim eingeliefert. Man sieht, wie das Sterben sie anstrengt, wie das Sprechen ihr die letzte Kraft raubt. Aber die Angst vor dem ewigen Alleinsein verleiht ihr neue Energie. Dann klammert sie sich an meinen Arm und guckt mich mit großen blauen Augen unter tätowierten Brauen an:

»Bitte, lassen Sie mich nicht allein. Lassen Sie wenigstens das Licht an. Gehen Sie nicht. Versprechen Sie mir, in fünf Minuten wieder reinzuschauen.«

Ich verspreche es, muss jedoch weiter und habe mein Versprechen schon beim Hinausgehen gebrochen. Dann kündigt sich der Tod an. Ihre Hände und Arme bekommen kleine blaue Flecken, die Haut marmoriert, nun sind es noch zwei, maximal drei Tage. Aber wir nehmen uns immer noch nicht die Zeit, die die Sterbende jetzt brauchen würde. Im Plan der Pfleger ist der Tod nur als Zeit-Punkt, nicht als Zeit-Raum vorgesehen.

Frau Fennel stirbt allein. An dem Tag hätte es jeder wissen können, es spüren können. Wir sind aber an ihrer Tür vorbeigelaufen und haben uns um anderes gekümmert. Irgendwann traut sich eine Kollegin in ihr Zimmer, sieht nicht mehr die Angst in den Augen der Sterbenden. Sie spürt nur noch die Kälte ihrer Haut. Frau Fennel ist tot – und Erleichterung legt sich über unsere Schuldgefühle.

Sicher, auch in den anderen Heimen starben Menschen. Doch dort erlebte ich es ganz anders: Wir waren so überlastet, so wenig aufnahmefähig, dass wir uns gar nicht schuldig fühlten, wenn wir uns nicht kümmern konnten. So konnte mich die Nachricht, eine Frau X sei gestorben, wie aus heiterem Himmel treffen. Oder ich kam morgens zu einem Frühdienst und wusste genau, heute stirbt Frau Y – obwohl ich sie in den letzten Tagen nicht gepflegt hatte. Und Frau Y starb. Manchmal hatten wir alle gemeinsam die Gewissheit, dass es der letzte Tag einer Bewohnerin ist. Wir trauerten nicht – dazu hatten wir keine Zeit. Stattdessen atmeten wir einmal tief durch, weil wir für einen kurzen Moment ein Bett weniger zu versorgen hatten. Manchen Todkranken haben wir ins Krankenhaus überwiesen, wo er dann genauso alleine gestorben ist wie bei uns, aber unser Schlechtes-Gewissen-Konto nicht belastete.

In Berlin haben wir nach Frau Fennels Tod länger beraten, wie wir eine Sterbebegleitung organisieren und dabei allen Anforderungen gerecht werden könnten. Solange diese Arbeit nicht als ein Bestandteil der Pflege angesehen wird, könnte das Heim zum Beispiel versuchen, ehrenamtliche Helfer als externe Mitarbeiter zu binden. Da ich eine Woche später das Heim verließ, habe ich nicht mehr verfolgen können, was beschlossen oder umgesetzt worden ist.

Der Akku ist leer

In dem Berliner Heim am Ku'damm zu arbeiten hat meine bisherigen Erfahrungen etwas relativiert und mich erleichtert. Nach den Erfahrungen in München und Hamburg beschäftigte mich nämlich die Frage, trieb mich geradezu an, weiterzuarbeiten: Gibt es überhaupt Pflegeheime, die sozialverträglich handeln, nicht nur nach Gewinnmaximierung trachten – und dennoch überlebensfähig und wirtschaftlich sind?

Mit meinem Auswahlverfahren nach dem Zufallsprinzip, mich bei den ersten Adressen der Arbeitsamtlisten vorzustellen, hatte ich beim fünften Heim das Glück, die Frage bejahen zu können. Das Berliner Heim ist ein Beispiel dafür, dass sich eine menschenwürdige Betreuung anbieten und realisieren lässt, selbst in einem privatwirtschaftlich geführten Heim, wenn auch auf hohem finanziellem Niveau.

Das Betreuungskonzept im Haus am Kurfürstendamm erlaubt es den PflegerInnen, ihre Arbeit mit Anteilnahme und sozialem Engagement zu machen und unter Bedingungen zu arbeiten, mit denen sie nicht nach drei bis fünf Jahren aus Selbsterhaltungstrieb den Beruf wechseln müssen. Als ich nach nur zwölf Wochen das Haus verlasse, werde ich von Bewohnern und Personal mit Tränen verabschiedet.

Mit der Berliner Erfahrung erlischt auch mein Durchhaltewillen. Ich fühle mich erschöpft, kann kein Altenheim mehr sehen, habe keine Kraft mehr. In den Wochen der Anstellungen blieb mir kaum Zeit zum Nachdenken, zum Planen, zum Luftholen. Ich habe mich in jeder Schicht wie aufgezogen meinen Aufgaben gestellt – und nach der Schicht nur noch neben mir gestanden. Ratlos betrachte ich mein Gegenüber im Spiegel, hohlwangig und dünn vor Stress. Ich beschließe, mit der Pflege in Altenheimen Schluss zu machen.

In knapp anderthalb Jahren habe ich für fünf Arbeitgeber gearbeitet, in fünf Städten gewohnt, bin siebenmal umgezogen und habe 15 Kilo verloren. Ich habe über 350 Menschen gepflegt, Menschen, die nichts anderes erwarteten, als respektvoll behandelt zu werden. Menschen, die aufgrund einer plötzlichen Krankheit, Behinderung oder Altersschwäche auf Hilfe angewiesen waren, die neben der Grundversorgung und medizinischen Behandlung Zuspruch, Anteilnahme und ein offenes Ohr brauchten. Oft musste auch ich sie mit den Worten: »Keine Zeit« vertrösten.

Diese soziale Kompetenz wird zwar in der Ausbildung vermittelt und als eine wichtige Qualifikation in den Pflegeberufen angesehen, aber den BewohnerInnen meist nicht gewährt. Nicht nur aus Zeitmangel, sondern weil der Aufbau von zwischenmenschlichen Beziehungen keine abzurechnende Leistung darstellt. Es bleibt der Eigeninitiative der Pflegenden überlassen, diese aufzubauen, was nur gelingt, wenn der Pflegende genug Selbstbewusstsein und Kraft hat, von den Kollegen nicht verraten wird und nicht permanent mit der Stoppuhr arbeiten muss. Ohne diese Voraussetzungen müssen Pflegekräfte oft wie Akkordarbeiter funktionieren, erhalten jedoch weder gesellschaftliche Anerkennung für ihre »Stückzahl« noch Prämien für ihre Leistungen. Ich habe mit KollegInnen aus 25 Ländern und allen Schichten der Gesellschaft zusammengearbeitet und mich wie ein Rädchen in die meist schlecht geölte Pflegemaschinerie eingefügt. Ich musste feststellen, dass ohne Gastarbeiter die Pflege längst zusammengebrochen wäre. Ich habe erlebt, unter welchem moralischen Anspruch einerseits und vor welch hohem Aufgabenberg andererseits die Pflegenden stehen und wie sie versuchen, die Balance zu halten und nicht zu stürzen.

Jetzt weiß ich, wie unendlich schwer es ist, unter diesen Umständen menschenwürdig zu pflegen und sich selbst und seinen Idealen treu zu bleiben.

Vorschläge und Anregungen für ein würdevolles Leben im Alter

Ich war ausgezogen, um den Arbeitsalltag in Altenheimen kennen zu lernen und zu erfahren, ob es sich bei den Pflegemissständen um Ausnahmen oder die Regel handelt. Ich bin zurückgekommen mit der Erkenntnis, dass Leben und Arbeiten in Heimen fast immer unerträglich sind. Sicher gibt es Heime, die mit hohem individuellem und idealistischem Einsatz versuchen, das Leben in ihnen angenehm zu gestalten. Doch ändern auch sie nichts an der Tatsache, dass das Heim als Institution menschenunwürdig ist, in ihm die Grundrechte der Menschen potenziell bedroht sind und es keine adäquate Lösung für die Versorgung pflegebedürftiger älterer Menschen im 21. Jahrhundert ist.

Die Vorschläge und Forderungen zielen auf die Bewältigung der aktuellen Doppelaufgabe: Die real existierenden Missstände in den vorhandenen Heimen abzuschaffen und parallel dazu ein alternatives ambulantes Hilfesystem aufzubauen, das die Heime so gut wie überflüssig macht. Hierzu ist ein gemeinsames gesellschaftliches Engagement notwendig und es bedarf eines Generationen übergreifenden, nachhaltigen Einsatzes aller.

Diese ambulante Versorgung ist und wird Bestandteil einer neu zu entwickelnden Community Care sein, eines Sorge-Netzes aus vielen Anbietern wie ambulanten und kommunalen Einrichtungen, privaten Pflegediensten, wenigen Heimen und den Bürgern, die sich sozial engagieren.

Forderungen und Lösungsvorschläge

Sozialbilanzen der Kranken- und Pflegeversicherung

Die Fusion beider Kassen wäre eine gute Voraussetzung, ist aber nicht zwingend, um folgendes Kontrollsystem zu etablieren: Die Anzahl der Pflegekräfte, für die Krankenkassenbeiträge gezahlt werden, wird verglichen mit der Anzahl der Pflegekräfte, die von den Heimen als notwendige Mitarbeiter gemeldet und von der Pflegekasse pro Heim bezahlt werden. Bei den Krankenkassen lassen sich anhand der gezahlten Krankenkassenbeiträge alle tatsächlich eingestellten Mitarbeiter eines Heimes auflisten. Die Pflegeversicherung summiert anhand der Dokumentationen der Heimbewohner die von ihr bezahlten Pflegestunden und damit die Anzahl der finanzierten Pflegerinnen und Pfleger pro Heim. Eine Differenz von tatsächlichen und finanzierten Mitarbeitern dokumentiert Betrug und könnte zum Stopp der Auszahlungen, zu Geldstrafen oder eingeleiteten Strafverfahren führen.

Sukzessiver Abbau von Heimplätzen

Stufenweise Schließung aller Heime durch Einrichten kleinerer Verwaltungseinheiten mit maximal 20 Bewohnern. Denn die Institution Heim
- ist mit lebenslänglichem »open end« verbunden und schneidet von der Zukunft ab
- erfasst die Menschen total
- sortiert sie nach bestimmten Defiziten, was chronisches Leiden fördert
- ermöglicht kein Leben nach dem Grundsatz: »Es ist normal, verschieden zu sein.« (Richard von Weizsäcker)

- lässt eine Teilnahme am gesellschaftlichen Leben nicht zu
- fördert passives Verhalten und die Angst, dass Kritik zu persönlichen Nachteilen führt; daraus resultiert eine unzureichende psychiatrische Versorgung
- schränkt fast alle Grundrechte ein, allein schon durch die Hausordnungen
- hat im Konfliktfall immer Vorrang vor dem Individuum
- lässt den, der sich nicht anpasst, »fürsorglichen Zwang« erfahren
- missachtet den Vorrang der Rehabilitation
- ist eine Gemeinschaft der Ausgeschlossenen.

Größeres Angebot an Alten-WGs und ambulanten Betreuungseinrichtungen

Der gemeinsame Nenner von Dementen-WGs ist die familienähnliche Struktur und eine an der Normalität orientierte Organisation des Tagesablaufs. Aufgrund folgender Vorteile werden sich die stationären Wohnformen und Pflegemodelle in der Zukunft behaupten.

Das Selbstbestimmungsprinzip des Kunden bleibt gewahrt darüber:
- wer Pflege und Betreuung bereitstellt
- wie Pflege und Betreuung strukturiert sein sollen
- mit wem die Wohnung geteilt wird (keine »Personenneutralität« wie im Heim)
- wie die Wohnung ausgestattet wird
- was gegessen und getrunken wird etc.
- welcher Pflegeanbieter ausgewählt wird
- Integration in das Wohnviertel
- Ausstattung und Tagesabläufe wie im privaten Haushalt
- Beteiligung von Angehörigen im Haushalt und an der Pflege
- Beteiligung der Krankenkassen als Kostenträger be-

handlungspflegerischer Maßnahmen, da es sozialrechtlich der eigene Haushalt ist, in dem gelebt und versorgt wird.
- Beteiligung der Bewohner am Haushalt (Kochen, Einkaufen, Reinigung etc.)

Wohngruppen alter Menschen haben auch Langzeitvorteile:
- Vermeidung von Heimunterbringung, wenn diese gar nicht notwendig ist
- Prävention durch optimalen Erhalt alltagsweltlicher Kompetenzen
- Vermeidung von Psychopharmaka-Gaben
- kein Burn-out-Syndrom bei den Pflegekräften
- keine Überforderung der pflegenden Angehörigen.

Abschaffung des bestehenden Pflegestufenmodells und Abrechnung nach individuellen Bedürfnissen

Pflegeangebote müssen umfassend sein, also die psychosoziale Betreuung einschließen und nicht überwiegend körperpflegeorientiert bewertet werden. Der derzeitig angewandte Pflegebegriff ist unzureichend, zu wenig ganzheitlich und durch die vorgegebenen Zeitkorridore erheblich beschränkt. Das System der Zeitkorridore macht eine dem Patienten angemessene Pflegebehandlung auch deshalb unmöglich, weil in einen Zeitkorridor nicht einmal die Hälfte aller notwendigen Betreuungsschritte fällt.

Pflegehandlungen sind sehr heterogen. Sie unterscheiden sich nicht nur von Fall zu Fall, sondern auch von Situation zu Situation. Deshalb ist für jeden Pflegebedürftigen ein individueller Pflege- und Heilplan zu erstellen, der dem tatsächlichen Bedarf folgt – und nicht danach ausgerichtet ist, was Pflegeeinrichtungen gerade zu bieten haben. Eine Kategorisierung von Menschen und Krankheiten in drei Stufen wie zurzeit muss zu Ungerechtigkeiten und unangemessener Behandlung führen.

Das geltende Pflegestufenmodell bedeutet: Je pflegebedürftiger, desto teurer und beeinflusst die Bilanzen der Heime. Je mehr Bewohner mit Pflegestufe III im Haus liegen, desto mehr Einnahmen werden verbucht. Diese werden nicht freiwillig zurückgegeben beziehungsweise als zu viel deklariert, selbst wenn sich der Gesundheitszustand einiger Bewohner verbessern sollte. Die bisherige Konsequenz: Gute Pflege wird bestraft, schlechte belohnt.

Einführung der Dokumentationspflicht der Heime

Die stationären Pflegeeinrichtungen müssen gesetzlich verpflichtet werden, ihre Geschäftsabläufe transparent, differenziert und nachvollziehbar mindestens einmal pro Jahr der Öffentlichkeit darzulegen. Dazu zählen:
– Aufstellung erhaltener Pflegesätze entsprechend der Einstufung der BewohnerInnen
– Zusammensetzung der Entgelte für Kost und Logis sowie detaillierte Kostenaufstellungen bei Erhöhungen der Mietpauschalen
– Jahresbilanzen, die für Behörden, Finanzamt- und Bewohnernachfragen jederzeit einsehbar sein müssen
– Kostenaufstellungen entsprechend der Bewohneranzahl, welche betriebswirtschaftlich nachvollziehbar sein müssen und nach den Grundsätzen der Wahrheit und Klarheit zu führen sind, somit:
Abschaffung der Selbstkostenblätter der Heime.

Bisher halten die Heime die Kalkulation der im Haushalt anfallenden Kosten in den so genannten Selbstkostenblättern fest. Aufgrund des dort genannten Bedarfs und der Zahlen erfolgen – ohne jegliche Prüfungen – die Auszahlungen. Selbst auf die recht einfache Überprüfung des größten Postens – der Personalkosten – wird von Seiten der Pflegekassen verzichtet. Die Behörden behandeln diese Kalkulationen wie Dokumentationen, sie fordern zum Beispiel keine Belege für die aufgelisteten Ausgaben.

Spezialausbildung der Kriminalpolizei zur Heimbeobachtung und Heimkontrolle

Wie meine Erfahrungen bestätigen, sind die Polizeibeamten wenig geschult, sich während ihrer Einsätze in Heimen ein realistisches Bild der tatsächlichen Heimverhältnisse zu machen und die Äußerungen der dort lebenden alten Menschen ernst zu nehmen. Eine Fortbildung und Einführung in deutsche Heimverhältnisse, zu denen neben Altenheimen auch Heime für Behinderte, Kranke und Kinder gehören, und die Schulung zur Einschätzung der Situation, die beiden Seiten – Bewohnern und Mitarbeitern – gerecht wird, könnte dazu führen, dass viel häufiger Missstände in Heimen beobachtet, kontrolliert und angezeigt werden als bisher.

Ahndung des Sozialversicherungsbetruges von Heimen

Parallel zum Aufdecken unhaltbarer Zustände in Heimen, wie zu wenige Pflegekräfte und daraus resultierende gefährliche Pflege, könnte als Ergebnis aus den von BewohnerInnen oder PflegerInnen erbetenen Beobachtungen auch ein Sozialversicherungsbetrug aufgedeckt und geahndet werden. In Anbetracht der fortschreitenden Privatisierung von Heimen und Krankenpflege wird dieses Thema zukünftig noch größere Bedeutung erlangen und damit der Ruf nach einem konsequenten Handeln der Ordnungsbehörden zu Recht lauter werden.

Statt Heimaufsicht eine unabhängige Kontrollinstanz

Heimaufsichten, die wie erlebt arbeiten, sind an der Aufdeckung von Missständen offensichtlich nicht interessiert. Solange eine Heimaufsicht ihrem Auftrag nicht nachkommt und darin indirekt von den kommunalen Politikern durch Schweigen und Stillhalten unterstützt wird, könnte das jeweilige Bundesland durch ihre Auflösung Verwaltungsgelder sparen. Stattdessen sollte ein unabhängiges Kontrollgremium aufgestellt werden, das allgemeingültige Qualitätskriterien entwickelt, die die Heime für Insider und für Außenstehende vergleichbar machen. Mit Hilfe dieses Kriterienkatalogs können jederzeit unangemeldete Kontrollen in den Heimen gemacht und nach mitgeteilter Frist entsprechende Überprüfungsbesuche durchgeführt werden, bei denen die umfassende Beseitigung der Mängel nachgewiesen werden muss.

Abschaffung der Ein-Euro-Jobs

Die Spirale führt ins bodenlose Elend: Erst die Zivildienstleistenden, dann die ABM-Stellen, nun die Ein-Euro-Jobs: Sie alle sind keine Ergänzung, sondern der Ersatz für regulär bezahlte Vollzeitstellen qualifizierter Mitarbeiter, wie es auch die Erfahrungsberichte mit den Ein-Euro-Stellen seit Ende 2004 belegen. Ein-Euro-Jobs erleichtern es den Heimbesitzern, ihre unsoziale Einstellungspraxis fortzusetzen und mit immer weniger motivierten Arbeitskräften ein unverantwortliches Heimangebot für die Pflegebedürftigen weiterzuführen.

Zwar gibt es viele Zivis, ABMler, und es wird viele Ein-Euro-Jobber geben, die gute Arbeit machen und sich für die Pflegebedürftigen einsetzen. Doch dürfen diese nicht statt examinierter Pflegekräfte eingesetzt und abgerechnet werden. Ein-Euro-Jobber dürften nur zusätzliche Aufgaben übernehmen – doch welches Heim wird dies organisieren und finanzieren können? Die meisten Einrichtungen werden die billigen Hilfsarbeiter praktischerweise in den normalen Betriebsablauf integrieren.

Mehr Macht den Pflegerinnen und Pflegern

Entbindung von der Schweigepflicht für die Dokumentation von Missständen und gefährlicher Pflege
AltenpflegerInnen müssen die Öffentlichkeit informieren können, ohne wegen Verletzung der Schweigepflicht angeklagt zu werden, der sie zurzeit durch ihre Arbeitsverträge unterliegen. Altenpfleger, die ihrem humanen Auftrag nachkommen möchten und die Missstände weder mittragen noch verantworten wollen, dürfen nicht als Nestbeschmutzer, Querulanten und Einzelfälle beschimpft und zum Schweigen gezwungen werden. Ihre Aufgabe ist es, die Bewohner zu betreuen und sich für deren Rechte und ein würdevolles Leben einzusetzen. Ist das Veröffentlichen rechtloser Zustände nicht mehr strafbar, wird es auch einfacher sein, dem beruflichen Auftrag nachzukommen.

Pflegerinnen und Pfleger: Macht den Mund auf!

PflegerInnen sollten die Organisationsform des Teams auch für die eigenen Belange nutzen: sich austauschen, gemeinsam für Verbesserungen der Lebens- und Arbeitsbedingungen kämpfen, Forderungen stellen und sich nicht abspeisen und einschüchtern lassen. Sie sollten das Wissen um ihre Rechte sammeln und sich an die Angehörigen, die Presse, die Öffentlichkeit wenden. Denn sie sind verantwortlich für die Menschen, die ihnen anvertraut werden.

Nur noch gefährliche Pflege leisten zu können ist Mord auf Raten. Und die Pflegekräfte, die das mitmachen, sind – leider! – auch TäterInnen.

Vorrang der Betreuung von Bewohnern vor den Verwaltungsaufgaben

Der permanente Zeitmangel ist zugunsten der BewohnerInnen und ihrer Betreuung zu entscheiden. Das Führen der Dokumentationen und anderer Verwaltungsaufgaben, mit denen nach außen ein reibungsloser Heimablauf vorgegeben wird, sollte im Selbstverständnis der PflegerInnen erst an zweiter Stelle stehen. Denn lückenlose Dokumentationen signalisieren und belegen, dass alles zu schaffen ist – selbst das Führen dieser Dokumentation. Nicht ausgeführte Leistungen dürfen nicht dokumentiert, also auch nicht abgerechnet werden. Werden sie dennoch eingetragen, ist es Dokumentenbetrug, der angezeigt werden muss.

Mindestlöhne entsprechend denen der Baubranche

Mit 25 Jahren verdient eine Altenpflegerin 2091 Euro brutto monatlich. Wenn die Gehälter in Anlehnung an die im Öffentlichen Dienst bezahlt werden, kann das Bruttomonatsgehalt zwischen 2275 bis 2433 Euro liegen. (Quelle: Bundesangestellten-Tarifvertrag [BAT]). Diese Gehälter sind zu niedrig angesichts der Hochleistungsarbeit, des Schichtdienstes und des komplexen Aufgabenfeldes von AltenpflegerInnen. Angemessen wären Mindestlöhne entsprechend denen der Baubranche sowie Reduzierung der Arbeitszeit auf maximal 35 Stunden die Woche. Nur so kann langfristig einem Ausbrennen der Mitarbeiter und einem Berufswechsel schon nach fünf Jahren begegnet werden.

Psychologische Betreuung des Pflegepersonals

Neben den schon praktizierten Supervisionsangeboten sollte ein unabhängiges Gremium, eventuell in Form einer Stiftung, gegründet werden zur psychologischen Begleitung und Betreuung von Pflegekräften. Dieses Gremium sollte eine Instanz sein, die besonders in Streit- und Rechtsfällen interessenneutral ist und für Pflegekräfte eine Plattform schafft, auf der Auseinandersetzungen ausgetragen werden und Öffentlichkeit hergestellt werden kann.

Fusion von Pflege- und Krankenversicherung

2001 empfahl die Enquete-Kommission Demografischer Wandel des Deutschen Bundestages, die Pflegeversicherung in die gesetzlichen Krankenkassen zu integrieren. Dies könnte für die vielen Krankenkassen ein Anreiz sein, sich verstärkt um die Mitglieder zu kümmern und weniger an dem Erhalt verkrusteter Strukturen zu arbeiten. Die Krankenkassen würden sich auch gezielter für Präventionsmaßnahmen einsetzen, damit die kostenintensivere Pflegebedürftigkeit, die sie dann finanzieren müssen, gar nicht erst entsteht.

Den Verursacher von Folgekosten haftbar machen

Ein weiterer Meilenstein hin zur Unterstützung der Prophylaxe-Maßnahmen wäre die einzuführende Regelung der Krankenkassen, bei Dekubiti, Stürzen und Verschlechterung des Gesundheitszustandes des Versicherungsnehmers in Zukunft die Folgekosten den Verursacher tragen zu lassen. Die Rate dieser Krankheitsfälle würde sich schlagartig reduzieren, wie es die Anwendung dieser Bestimmung in Schweden zeigt: Seit dort der Hausarzt nach dem dritten Dekubitus-Fall seine Zulassung verliert, ist das Aufkommen von Druckgeschwüren und Stürzen stark zurückgegangen.

Dokumentationspflicht der Leistungserbringer

Mit dieser Pflicht müssten ÄrzteInnen, TherapeutenInnen, Kliniken, Krankenhäuser und Pflegeeinrichtungen ihre Leistungen über die Patienten mit den jeweiligen Kassen abrechnen. Das heißt, jeder Patient/Bewohner erhält von seinem Arzt, Krankenhaus usw. eine detaillierte und nachvollziehbare Leistungsabrechnung. Diese Leistungsabrechnungen werden von den PatientInnen geprüft, gegengezeichnet und an die jeweilige Kasse zur Begleichung weitergereicht.

Das ganze Land ohne Heime – eine Utopie?

Interview mit Klaus Dörner zur Geschichte der Heime*

Prof. Dr. Dr. Klaus Dörner leitete zwischen 1980 und 1996 die Westfälische Klinik für Psychiatrie Gütersloh und organisierte dort die Auflösung des Heimbereichs und den Umzug aller 435 bisherigen Patienten und Bewohner in eigene Wohnungen oder Wohngemeinschaften im Ort. Je nach Bedarf wurden sie weiterhin betreut, nun aber durch ambulante Dienste. Das Heim gehörte ihrer Vergangenheit an.

Klaus Dörner, Mitinitiator der Reformbewegung in der Psychiatrie und ehemals Professor für Psychiatrie der Universität Witten-Herdecke, ist u. a. Mitglied der Arbeitsgemeinschaft Menschen in Heimen, die sich für die Einrichtung einer Enquete – Bundestagskommission der Heime einsetzt. Diese Enquete soll das bestehende Heimsystem grundsätzlich überprüfen und klären, ob es den heutigen Bedürfnissen noch entspricht oder durch Alternativen ersetzt werden muss.

? *Sie fordern die Abschaffung auch aller Altenheime – warum?*
! Unsere derzeitige Entwicklung zeigt, was geschieht, wenn die Forderung weniger radikal ist und nur lautet: so

---

* Das Interview entstand in Zusammenarbeit mit Ute Arndt, freie Journalistin, Hamburg.

wenig Heime wie möglich. Dann nämlich passiert Folgendes: Man fängt für die relativ selbstständigen Bewohner an, ambulante Betreuungsmöglichkeiten zu schaffen, und schafft dadurch in den Heimen eine Konzentration der allerschwierigsten, pflegeabhängigsten, chancenlosen und bettlägerigen Menschen. Diese Konzentration von Schwer- und Schwerstbedürftigen führt in die Unerträglichkeit und die totale Menschenunwürdigkeit, sowohl für die Betroffenen als auch für die Mitarbeiter der Heime. Dieser Weg ist also nicht gangbar. Er muss im Keim erstickt werden, indem man die Forderung radikalisiert – und zwar aus rein pragmatischen, nicht aus ideologischen Gründen. Das Denken und Handeln muss immer bei den Schwächsten ansetzen, bei denen, die der Pflege am meisten bedürfen, nicht bei den teilweise noch selbstständigen Menschen.

Bisher wird dieses Modell einer ausschließlich ambulanten Betreuung in Schweden und Norwegen, teilweise auch in Dänemark und Finnland praktiziert, wenn auch bisher nur für die Behinderten und psychisch Kranken. Diese Länder beweisen, dass es bei entsprechend anderer Organisation für ein ganzes Land auch ohne Heime geht.

? Aber genau diese Sorge um die schwächsten und pflegebedürftigsten Mitglieder einer Gesellschaft hat die europäischen Länder vor 200 Jahren das Heim erfinden lassen. Seitdem konnten sie diese Menschen wieder versorgen und sich dabei noch rühmen, soziale Verantwortung zu übernehmen.

! Genau, vorher hat es in der gesamten Menschheitsgeschichte nie Heime gegeben. Erst zu Beginn des 19. Jahrhunderts, mit der Industrialisierung der Arbeit, wurde das Arbeiten der Menschen vom Wohnen getrennt. Vorher gehörten Wohnen, Arbeiten und das Lösen sozialer Probleme zu einem Haushalt, dem alteuropäischen Oikos, in dem sich die Aufgaben miteinander verbinden ließen. Mit der Industrialisierung wurde das Arbeiten aus dem Haushalt herausgelöst und in Fabriken institutionalisiert. Weil nun aber die pflegebedürftigen Menschen unversorgt allein zu Hause blieben, mussten systematisch soziale Institutionen geschaffen werden. So sind die flächendeckenden Netze von Altenheimen, Jugendheimen, Behindertenheimen und Heimen für psychisch Kranke zustande gekommen.

? *Konnten nicht die übrigen Mitglieder der Großfamilien diese Aufgaben übernehmen? Es waren doch nicht immer alle Erwachsenen in den Produktionsprozess eingebunden.*
! Die so genannte Großfamilie gab es nur vereinzelt bei den agrarischen und städtischen Oberschichten, und schon deshalb war der vormoderne Haushalt nur mit Unterstützung und Hilfe der Nachbarschaft voll funktionsfähig. Haushalt, ohne an Nachbarschaft zu denken, war den Menschen früher gar nicht möglich. Nur mit Unterstützung der Nachbarn konnten in der gesamten Menschheitsgeschichte überdurchschnittliche Hilfe und Pflegebedarf abgedeckt werden.
Nun mussten aber auch die Nachbarn in die Fabriken gehen, und so ist diese in der Menschheitsgeschichte völlig abnorme, perverse Idee aufgekommen, alle Pflegebedürftigen von einer Sorte an einem Ort zu konzentrieren, an dem sie dann in möglichst großer Stückzahl seriell – parallel zur Produktion in den Fabriken – und fließbandartig betreut werden.

? *Das Heim kann ja so schlecht nicht sein, wenn es seit gut 200 Jahren seine Funktion erfüllt und offensichtlich auch anerkannt und genutzt wurde.*
! In der Anfangszeit hat es die Menschen sehr zur Verzweiflung gebracht, erst allmählich konnten sie die Vorteile sehen. Denn in der Institution Heim wurde das Helfen

professionalisiert, haben sich Spezialisten fürs Helfen entwickelt, und mit dieser Professionalisierung wurde das Helfen das erste Mal bezahlt. Bis zur Industrialisierung galt: Ich helfe zwar nicht gern – meist höchst widerwillig, zähneknirschend –, doch ich muss es ja tun. Aber Geld dafür nehmen? Ein bis dahin völlig unvorstellbarer Gedanke. Doch da jetzt die Fließbandarbeit bezahlt wurde, mussten auch die Spezialisten fürs Helfen bezahlt werden. So sind die sozialen Berufe entstanden.

? *Diese Spezialisten und ihr Fachwissen haben sowohl dem System Heim als auch dem Einzelnen Vorteile gebracht, oder nicht?*
! Die Verheimung war nach 100 Jahren relativ gut akzeptiert, weil sie (erstmals) Vollbeschäftigung und damit die Produktivitätssprünge der Wirtschaft mit der Erhöhung des Lebensstandards für jeden Einzelnen erlaubte, der wiederum durch hinreichende Zahlungen von Steuern und Beiträgen dieses Heimsystem finanzierte. Die Solidarität der Bürger wurde von Zeitgeben auf Geldgeben umgestellt. Dabei gewannen sie zudem Freiheit und Freizeit, also eine Zeit völlig frei von sozialen Problemen.

Auch die, die in den Heimen lebten, fanden es akzeptabel, und zwar deshalb, weil das Heim ursprünglich eine einigermaßen erträgliche Mischung von Fitten und weniger Fitten aufwies. Die verhältnismäßig Selbstständigen fühlten sich gebraucht und waren zugleich billige Arbeitskräfte. So kam man mit ganz wenig Personal aus und konnte die Heime finanzieren. Dieses Prinzip der »gesunden Mischung« ist unter Insidern das am besten gehütete Funktionsgeheimnis des Heims gewesen und nur wenig in die Öffentlichkeit gedrungen. Um 1900 konnte man also von einem Akzeptanzgipfel sprechen, doch seither ist die Akzeptanz wieder zurückgegangen.

? *Welche Gründe sind es denn gewesen, die zu einem Meinungsumschwung führten?*
! Es gab nicht mehr genügend fitte Menschen, die in ein Heim gehen wollten. Da der Freiheitsgewinn von allen als ein allgemeiner Standard empfunden wurde, sind immer weniger Menschen bereit gewesen, selbst bei Aufnahme-Indikation in ein Heim zu gehen und damit ihre Selbstbestimmung abzugeben. Das heißt, die Bürger haben sich zunehmend geweigert oder sind immer später ins Heim gegangen. So ist die »gesunde Mischung« kaputt gegangen und das Heim zwangsläufig immer weniger akzeptabel geworden.

Außerdem wurde die Mitarbeit der Fitteren besonders in der 68er Emphase als allerschrecklichste Ausbeutung beschimpft, sodass alle Heimträger sich schnell bemühten, es abzuschaffen. Das erste Altenheimgesetz von 1974 hat dann tatsächlich jegliche Form der Beschäftigung von Heimbewohnern, zum Beispiel in der Küche, radikal verboten. Jetzt wurde die entsetzliche Leere und lähmende Untätigkeit für den Einzelnen noch größer. Diese Leere mit therapeutischen Basteleien zu füllen, das kann kein Mensch als wirklichen Sinn seines Lebens empfinden.

? *Sich versorgt fühlen und seinen Tag in Muße zu verbringen, ist das nicht das heute propagierte Ideal eines erfüllten Lebensabends?*
! Ich denke, die Menschen haben zwei Grundbedürfnisse, einmal das bekannte nach Selbstbestimmung, Selbsterhaltung und Selbstverwirklichung, zum anderen aber auch das (verborgene) Grundbedürfnis, Bedeutung für andere zu haben, für andere notwendig zu sein. Erst diese Bedeutung gibt einem das Berechtigungsgefühl zu leben, gibt dem Leben einen Sinn. Das Wichtigste für einen Menschen besteht nicht darin, irgendwo zu wohnen, sondern etwas für sich und andere Menschen Sinnvolles zu tun. Solange

das im Heim gewährleistet war, war es noch einigermaßen akzeptabel. Zwar abnorm, aber immerhin noch akzeptabel.

Nun ist diese Funktion des Heims verloren gegangen, einmal durch das Wegbleiben der noch fitteren Bewohner, zum anderen durch die an sich gute Reformarbeit der Heimbesitzer selbst. Die Heimbetreiber haben nämlich am Untergang ihrer Heime selbst mitgearbeitet, indem sie den veränderten Bedürfnissen, zum Beispiel dem Freiheitsstreben, mehr entsprechen wollten und ihrerseits Alternativen wie Altenpflegestätten, Wohngruppen oder ambulante Betreuungen geschaffen haben. Dort lässt es sich besser leben, wohingegen das Heim nun zu einer immer unerträglicheren Konzentration von Sterbenden oder Schwerstpflegebedürftigen wird. In dieser Entwicklungsphase befinden wir uns heute.

? *Im Jahr 2001 hatten wir insgesamt 2,04 Millionen Pflegebedürftige in Deutschland zu betreuen. Im Jahr 2020 werden es schon 2,9 Millionen sein, das bedeutet einen Anstieg der Pflegebedürftigen um ein Drittel. Gleichzeitig gibt es immer weniger Junge, die diese Alten versorgen können. Ist es nicht unsere Pflicht, ihnen durch garantierte Heimplätze wenigstens die Grundpflege zu sichern?*
! Wenn man die Zunahme der alten Menschen mit der Zunahme von Heimplätzen wie bisher beantworten würde, dann würde das nach mindestens zwei, drei Jahrzehnten in die völlige Unbezahlbarkeit führen. Denn niemand hat damit gerechnet, dass die Menschen immer älter und pflegebedürftiger werden.

? *Dann bleibt nur die rückwärts gewandte Lösung, dass die Pflegebedürftigen wieder zu Hause versorgt werden?*
! Wir müssen gewissermaßen allen Bürgern die Denksportaufgabe stellen, einen dritten Weg zu finden. Den Weg

zwischen der Betreuung zu Hause, die nach wie vor die Nummer eins ist für 70 Prozent der Pflegebedürftigen, und dem Heim. Für diese 70 Prozent quälen sich ja vor allen Dingen die Frauen in den Haushalten ab. Das wird im gewissen Umfang so bleiben, wenn auch mangels Kindern quantitativ abnehmen. Die Hauptlast wird also der eigene Haushalt tragen, wobei dort die tragfähigen Schultern (unbezahlt oder bezahlt) vermehrt werden müssen. Außerdem mag im gewissen Umfang für bestimmte Bedürfnisse das Heim bleiben, das aber nie mehr flächendeckend sein kann. Für die Masse der Pflegefälle muss man einen dritten Weg einschlagen. Zurzeit scheinen die ambulanten, stadtviertelbezogenen Hausgemeinschaften die beste Verwirklichung dieser Suche nach einer neuen Lösung zu sein.

Ich benutze am liebsten den Begriff Haushaltsgemeinschaften, weil dies das Tätigkeitsbedürfnis selbst des Dementen impliziert und man den Leuten sagen kann, ihr habt bisher einen Haushalt geführt, und wenn das in den eigenen vier Wänden nicht mehr geht, dann kann es in der Wohngruppe um die Ecke gehen, wo ihr nun gemeinschaftlich von Professionellen unterstützt euren Haushalt weiterbetreibt. Das gibt Lebenssinn und Bedeutung für andere, was der Mensch ebenso sehr braucht wie Selbstbestimmung.

? *Selbst namhafte Institutionen wie das Kuratorium Deutsche Altershilfe und die Bertelsmann Stiftung setzen sich vehement für die Alternative der ambulanten Dementen-WGs, aber auch des Betreuten Wohnens ein. Die Bundesregierung hält sich jedoch zurück; sie hat bisher noch keine positive Stellungnahme abgegeben. Woran liegt das?*
! Man wird nicht vorschnell diese Verheimung, die über 150 Jahre lang funktioniert hat, ad acta legen. Man wird – auch gegen die ökonomische Vernunft – noch eine Zeit lang krampfhaft an dieser Problemlösung festhalten. Au-

ßerdem ist der Begriff des ambulanten betreuten Wohnens erst von den sparsamen Schwaben in Baden-Württemberg im Jahre 1979 (anfänglich nur für Behinderte) erfunden worden. Bis 1980 hieß es also, dass Pflegebedarf, der nicht in den eigenen vier Wänden von der Familie abgedeckt werden konnte, nur im Heim, also vollstationär, möglich ist. Es ist also nur 25 Jahre her, seitdem man etwas anderes denken kann als Heimunterbringung, und deshalb denken die meisten noch so wie früher.

? *Die Alten-Wohngemeinschaften haben massive Probleme mit Heimaufsichtsbehörden, Krankenkassen und Sozialhilfeträgern. Sie kämpfen ums Überleben, weil sie angeblich teuer seien und es zu wenig Helfer und Fachpersonal gebe. Welches wären die nächsten Schritte auf dem Weg hin zu mehr kommunalen Wohnangeboten?*
! Das Klagen dieser Wohngemeinschaften gehört zum Geschäft und ist berechtigt, weil sie versuchen, einem seit 150 Jahren eingeschliffenen System Paroli zu bieten. Dazu kommt ihr Problem der Abdeckung der Rundum-Betreuung. Hier sehe ich als Historiker – trotz Zeitgeist – eine reale Chance, an die Bürger zu appellieren: Wenn ihr nicht mehr mit Geld das Potenzial des Helfens bezahlen könnt, das wir alle brauchen, und obendrein der Bedarf größer wird, dann müsst ihr wieder in der alten Währung, der Zeitgabe, rechnen. Für mich liegt der Kern der Problemlösung darin, es zu einer immer normaleren Sache werden zu lassen, dass die Bürger in noch zu organisierender Form einen Teil ihrer Zeit dem Helfen zur Verfügung stellen, also in altdeutscher Sprache, wieder eine Nachbarschaftsmentalität entwickeln. Wir wissen heute schon, dass das durchaus möglich ist.

? *Kaum ein Mensch ist aus freien Stücken bereit, seinen Anteil an der Versorgung solcher Alten- und Krankengemeinschaften zu leisten. Wie bewegt man den Einzelnen, es dennoch zu tun?*
! Es ist richtig: Menschen werden nie freiwillig gern helfen. Immer, wenn sie aufgefordert werden, das zu tun, wird ihnen garantiert etwas einfallen, was viel schöner oder wichtiger ist und was sie in derselben Zeit tun könnten. Mit dem moralischen Appell kommt man nicht weiter.

Wir packen sie an ihrem zweiten Grundbedürfnis, nämlich für andere Bedeutung haben zu wollen. Aber auch damit ist nicht a priori gewährleistet, dass ich das Helfen als mein primäres Bedürfnis empfinde. Ich tue es nur widerwillig, gegen meinen freien, egoistischen Willen; dies »widerwillige Wollen« ist jedoch erlaubt. Zudem wird mir – allerdings erst im Nachhinein – einleuchten, dass das, was dem anderen gut tut, auch mir gut tut, weil ich ein gewisses Maß an Belastung durch andere – nicht Über-, aber auch nicht Unterbelastung – für meine Auslastung und damit für meine Gesundheit brauche; und heute sind einige von uns über-, die meisten jedoch unterbelastet, also ungesund.

? *Heutzutage fühlen sich viele Menschen nicht mal für die Mitglieder ihre Kleinfamilie verantwortlich und überhören die Hilferufe derer, die ihnen am nächsten stehen. Dieselben sollen sich nun sogar um fremde Menschen kümmern – ist das nicht ein frommer Wunsch?*
! Nein, das ist modisches Gerede, denn was das Helfen angeht, ist man bezogen auf die eigene Familie gewissermaßen instinktgesteuert. Wenn jemand Hilfe braucht, dann hilft man, wobei Ausnahmen natürlich immer zugelassen sind. Menschheitsgeschichtlich hat es zudem immer einen gewissen Dunstkreis außerhalb des eigenen Haushalts ge-

geben, Nachbarschaft genannt, wo diese Instinktprägung zwar nicht so stark, aber auch noch vorhanden, mobilisierbar war. Dieser Einsatz war und ist aber an eine territoriale Grenze gebunden, die mit dem Begriff Nachbarschaft beschreibbar ist. In dieser Nachbarschaft kann ich sagen: Das ist mein Dorf, mein Stadtviertel, und wenn da Demente leben, dann sind das »unsere« Dementen, die haben mit mir zu tun, die nehme ich anders wahr, da bin ich auch bereit, mich in einem gewissen Umfang für krumm zu machen, aber nur für »unsere«. Diese »Übersetzungsleistung« ist extrem stark gebunden an ein bestimmtes Territorium, zehn Meter darüber hinaus funktioniert sie schon nicht mehr. Sie funktioniert nur über diese territoriale Grenzziehung, die jeder kennt.

? *Für die meisten gibt es das Eingebundensein in Nachbarschaft gar nicht. Viele leben isoliert, atomisiert, für sich oder als Familie allein. Sie denken noch nicht mal daran, ihre eigene Altersversorgung zu organisieren ...*
! ... das ist das Begreiflichste von der Welt: Etwas, das mit Nachteilen für mich verbunden sein kann, das werde ich, wenn ich nicht gezwungen werde, ausblenden, und zwar egal, ob es meine Eltern betrifft oder mich selbst. Deswegen ist ja auch die Forderung, die Leute sollten fürs Alter vorsorgen, eine völlig abnorme Forderung. Kein Mensch kann sich dazu bequemen, das ganze Leben daran zu denken, was im Alter auf ihn zukommt. So funktionieren Menschen nun mal. Das ist normal. Deswegen werden die Bürger auch nur annäherungsweise für ihr Alter vorsorgen, aber nie in dem eigentlich erforderlichen Ausmaß, weil die Menschen sich Gott sei Dank dafür blind machen und ihr Leben genießen, solange es zu genießen geht. Wenn Sie mich fragen, ich mache es genauso. Es würde einem das Leben vergällen: Ich will nach vorn offen sein.

? *Ich bin meiner Zukunft gegenüber unempfindlich, aber offen gegenüber den aktuellen Nöten der Menschen in meiner Nachbarschaft? Ein altruistisches Ideal, ganz und gar unzeitgemäß.*
! Das hat mit Idealen nichts zu tun, eher mit widerwilliger Einsicht in Notwendigkeiten. Ich wäre nicht so überzeugt, wenn ich nicht in Gütersloh diese Erfahrungen gemacht und gesehen hätte, dass die komplette, die vollständige Integration aller 435 psychisch Kranken, auch der unsympathischen, verhaltensauffälligen Behinderten, die ja alle in unserer Anstalt gesammelt waren, gelungen ist. Die Bürger dieser Stadt und später des ganzen Landkreises konnten hinreichend Nachbarschaftsmentalität entwickeln und die Integration der Kranken und Behinderten mittragen. Das äußerte sich in der Haltung zu sagen, das sind »unsere Behinderten«. Gleichzeitig sollten die anderen Behinderten bleiben, wo der Pfeffer wächst.

? *Die Integration in Gütersloh mag gelungen sein, sie wurde der Gemeinde, die mit Fakten konfrontiert wurde, jedoch eher aufgezwungen. Womit wollen Sie die Leute von heute impfen, damit sie diese Nachbarschaftsmentalität entwickeln?*
! Auf dieselbe Weise: Konfrontation mit den Fakten. Danach funktioniert ein wirklich neues Denken nie von oben herunter, es muss von unten wachsen. Die Impulse hierzu sind in Wirklichkeit in großer Zahl schon da, etwa seit 1980, seit wir kein nennenswertes ökonomisches Wachstum mehr haben, um wachsenden Hilfebedarf abzudecken, aber Sie lesen nie etwas davon in den Zeitungen. Völlig gegen den nur behaupteten Zeitgeist wächst jährlich die Zahl der Bürger, die sich für freiwillige Tätigkeiten interessieren. Weiter sind in den letzten 20 Jahren Hunderte von Nachbarschaftsvereinen entstanden. Oder die Hospizbewegung: Absurd, dass es Menschen gibt, die

sich geradezu darum reißen, sich mit dem größten Tabu zu beschäftigen, mit Sterben, Leiden, Tod. Auf rein freiwilliger Basis ist auf ambulanter Basis ein flächendeckendes Netz von Hospizen entstanden. Darauf hat sich dann erst die Professionalisierung mit den stationären Hospizen und der Palliativen Medizin gesetzt, denn die Profis möchten auch ihren Reibach machen, dabei sich stützend auf eine total freiwillige Bürgerbewegung, eine Bewegung, die – widerwillig – erkannt hat, dass man vor dem Altern und Sterben nicht die Augen schließen kann.

Ebenso sind seit den siebziger Jahren die Kitas und Gesundheitsläden entstanden, was auch nichts anderes war als praktizierte Nachbarschaftshilfe im eigenen Viertel. Wir müssen heute dahin kommen, dass die Kultur meines Viertels nicht nur genügend Kindergartenplätze, sondern auch eine hinreichende Zahl von Alterspflege- und Dementen-Wohngemeinschaftsplätzen verlangt.

? *Schön und gut, aber Gemeinden und Behörden sagen, die Töpfe sind leer. Wir können euer Problem nicht lösen.*
! Nur weil die Bürger das wissen, gibt es die erwähnten Bürgerimpulse. In Zeiten, in denen unser Geld allein nicht mehr reicht, um Profis möglichst viel Helfen übernehmen zu lassen, und wir in irgendeiner Form auch selbst wieder in die Bütt müssen, kann man sich nur noch darüber Gedanken machen, wie weit wir Bürger unsere Zeit zum Helfen unbezahlt und wie weit gegen Bezahlung geben wollen.

Wir könnten so einen Teil unserer Sozialabgaben wieder zurückholen und das Geld den Profis nicht mehr geben, weil die zu teuer geworden sind und wir einen Teil des Pflegens/Helfens stattdessen selber und auch noch billiger machen. Gekoppelt mit der Frage, ob es nicht relativ einfache Pflegeleistungen gibt, die wir wieder zu uns zurückholen, gemeinsam mit dem dafür auszugebenden Geld. Damit verschaffen wir uns einen sozialen Zuverdienst, zumal wir auf dem Arbeitsmarkt sowieso nicht mehr genug Einnahmen erzielen können. Eine ganz wichtige Überlegung, die übrigens im Landkreis Schwandorf an der tschechischen Grenze stark ausgeprägt ist. Dort versuchen vier ambulante Pflegedienste beziehungsweise Sozialstationen der Caritas mit Erfolg, die Bürger in diese Richtung zu mobilisieren.

? *Es gibt auch noch andere als finanzielle Gründe, Heime zu schließen. Eine Tatsache ist: Wer ins Heim kommt, kommt dort meist nur tot wieder heraus, nicht weil er schon so alt und schwach ist, sondern weil das Heim ihn in den Tod treibt. Woran liegt das?*
! Es ist das bekannteste Faktum überhaupt, dass ein bestimmter Prozentsatz der Alten, der ins Heim kommt, an der Heimverlegung stirbt. Es ist das Heim selbst, das die Menschen tötet, weitgehend unabhängig von der Anzahl und der noch so engagierten Arbeit der Pflegekräfte. Denn die Verheimung von Menschen ist eine menschentötende Veranstaltung. Das hat noch nie jemand bestritten. Daher darf es Heime nur geben, solange es keine Alternativen gibt, die die Persönlichkeitsrechte weniger einschränken. Die aber gibt es heute.

? *Könnten Sie beschreiben, wie es zu solch einer letztendlich lebensbeendenden Entwicklung kommt?*
! Wenn ich zum Beispiel wegen Demenz plötzlich und unfreiwillig in ein Heim komme, dann verschlägt mir dieser totale Umbruch aller meiner Lebensbezüge leicht nicht nur die Sprache, sondern auch den Appetit. Das äußert sich dahingehend, dass ich zu wenig esse und trinke. Gleichzeitig greift die Selbstbestimmungsideologie, die sagt: Wenn der Mensch nicht mehr isst, dann ist das Ausdruck seiner Selbstbestimmung. Er möchte nicht mehr essen, weil er sterben möchte. Und dann wird mir beim Eintritt ins Heim eine

Patientenverfügung abgeknöpft – immer häufiger machen Heimbetreiber diese zur Bedingung, um Verfahrenssicherheit zu haben –, in der steht, wenn ich dement werde, möchte ich nicht, dass irgendwas Lebenserhaltendes mehr gemacht wird. Ich sterbe, weil man meine Selbstbestimmung respektiert. In Wirklichkeit hat mir die Aufnahme ins Heim den Appetit verschlagen.

Das ist der Grund, warum in den alternativen Dementen-WGs mit dem Essen so ein Kult betrieben wird. Denn alles, was mit der höchstpersönlichen Ernährung zu tun hat, bekommt im Alter eine ähnlich zentrale subjektive wie objektive Bedeutung wie im Kleinkindalter.

? *Das Heim – ein Ort, der einem den letzten Lebensfunken ausbläst?*
! Ich denke, man tut gut daran, auch diese totmachende Funktion von Heimen im Allgemeinen stärker herauszuarbeiten. In einem Heim hat man eine kollektive Wahrnehmung, geht nicht primär mit dem Einzelnen um, sondern immer mit allen zusammen, mit der Gesamtheit der Gruppe. Im Rechtssystem ist aber immer nur der Einzelne geschützt. Das heißt, das Rechtssystem wird selten ein Heim verklagen, weil die konkreten Handlungen an einem Einzelnen so gut wie nie festzumachen sind. Die Mitarbeiter reiben sich in der Regel opferbereit auf, machen sich – von Ausnahmen abgesehen – nicht schuldig.

Im Grunde genommen wirkt das Heim wie eine kriminelle Vereinigung, die mit der Absicht gegründet worden ist, die Kriterien des Strafrechts möglichst geschickt zu umgehen. Wenn man eine Gruppe von Menschen, denen man eine negative Eigenschaft zuschreibt, aus ihrer normalen Lebenswelt herausnimmt, sie selektiert und homogenisiert und sie dann lebenslänglich konzentriert, dann wird diese Gruppe genau durch dieses Vorgehen an Wertschätzung verlieren. Natürlich auch an Selbstwertschätzung, ob sie wollen oder nicht. Und das führt besonders in Krisenzeiten dazu, dass auch die Gewalthemmschwelle aller gegen sie sinken wird.

? *Solche Behandlung verstößt doch gegen das Grundgesetz, gegen das Recht auf Menschenwürde und ein selbstbestimmtes Leben?*
! Wenn man sich das Grundgesetz zu dem Thema Verheimung von Menschen durchliest, dann wird man zu dem Ergebnis kommen müssen, dass es sich hier um ein so genanntes »besonderes Gewaltverhältnis« handelt, weil zumindest Persönlichkeitsrechte unvermeidlich eingeschränkt werden. Besondere Gewaltverhältnisse sind mit dem Grundgesetz nicht vereinbar. Die Grundgesetzväter und -mütter erlaubten sie dennoch, aber nur unter der Bedingung der alternativlosen Erforderlichkeit. Solange also die ambulante Form des Betreuens unbekannt war, konnten sich alle auf diese Sichtweise berufen, denn es gab keine Alternative. Aber seit dem Geniestreich der Schwaben mit dem Betreuten Wohnen im Jahre 1979 gibt es zunehmend mehr andere Lösungen. Und wenn wir uns nun nicht strafbar machen wollen, müssen wir alles tun, damit diese Alternativen zum Zuge kommen und das besondere Gewaltverhältnis immer weiter zurückgefahren wird, bis es zum Schluss nicht mehr da ist. Ich gehe so weit zu sagen: Jeder, der sich nicht darum bemüht, macht sich strafbar.

»Mich interessiert:
Wo bleibt das Geld?«

Interview mit Christel Bienstein zur Situation der Pflege in Deutschland*

Christel Bienstein ist seit 1994 Leiterin des Instituts für Pflegewissenschaft an der Privaten Universität Witten/Herdecke. Zuvor engagierte sie sich über zehn Jahre für die Einführung der Pflegewissenschaft und Forschung in Deutschland. Sie unterrichtet an verschiedenen Universitäten (u. a. Berlin, Bremen, Osnabrück) und Fachhochschulen und ist Mitglied in zahlreichen Ausschüssen und Beiräten. Biensteins Arbeitsschwerpunkt ist u. a. die Entwicklung von differenzierten, praxisorientierten Weiter- und Fortbildungsbausteinen für die Pflegenden sowie die Organisation von Wohngruppen für Pflegebedürftige an Stelle der Heime.

? *Viele Pflegende kritisieren die engen Zeitkorridore der Pflegeversicherung, weil sie in den vorgegebenen Zeiten ihre Arbeiten nicht schaffen. Haben Sie ähnliche Erfahrungen gemacht?*
! Erstaunlich ist, dass diese zeitlichen Korridore relativ gut greifen. Das Problem liegt woanders, nämlich in dem Umstand, dass man eine Person nie nur ausschließlich wäscht. Gleichzeitig macht man mehr mit ihr: Man integriert spontan präventive und Prophylaxemaßnahmen, man mobilisiert die zu Pflegenden, setzt sie auf, spricht mit

* Das Interview entstand in Zusammenarbeit mit Ute Arndt, freie Journalistin, Hamburg.

ihnen über Gott und die Welt, man übt Aufstehen und Hinsetzen, macht also gleichzeitig mehrere Dinge, die in der Zeitspanne »Waschen« nicht aufgelistet sind. Dieses integrative Arbeiten ist aber etwas ganz Natürliches und Selbstverständliches. Sie sitzen ja auch nicht nur am Frühstückstisch und kauen wortlos Ihr Brötchen, sondern unterhalten sich, gucken vielleicht Fernsehen oder in die Zeitung, stehen zwischendurch auf, stellen die Spülmaschine an und schmieren das Pausenbrot für die Kinder. Genau das spiegelt sich in der Pflege auch wider: Die einzelnen Tätigkeiten fließen immer ineinander über und sind nie klar voneinander abzugrenzen.

? *Aber gerade dieser Umstand verschärft doch das Problem, dass den Pflegenden – wenn sie sich so wie beschrieben einsetzen – viele Minuten nicht bezahlt werden.*
! Das ist der Stolperstein, besonders für die häuslichen Pflegedienste, die nur Leistungen abrechnen können, die sich im Rahmen dieser Pflegeversicherung widerspiegeln, in eben diesen engen Korridoren, die nur Waschen, Hilfe beim Anziehen, bei der Nahrungsaufnahme und bei der Mobilität berücksichtigen und nichts darüber hinaus.

? *Es gibt Vorschläge, Geld für Pflege zukünftig anders als bisher zur Verfügung zu stellen. So könnte man zum Beispiel mit einem persönlichen Pflegebudget Betreuungsdienste bezahlen. Wie weit sind die Diskussionen um diese neue Art von Versicherung?*
! Bisher wird die Vergabe eines persönlichen Pflegebudgets erst in zwei Modellprojekten der Pflegekassen in neun Regionen Deutschlands getestet. Das Budget soll einen Pflegemix aus beruflicher Hilfe, familiärer Unterstützung und bezahltem, bürgerschaftlichem Engagement fördern. So können die Kunden Dienste ihrer Wahl engagieren. Das Modellprojekt wird bis 2008 laufen und mit seinen Ergeb-

nissen eine Vorlage für eine mögliche bundesweite Einführung sein.

? *Wie sähe eine Betreuung nach diesem individuellen Pflegebudget praktisch aus?*
! Nun, meine Mutter ist momentan auch in dieses Modellprojekt integriert. Sie lebt in einer Dementen-WG und wird von einer Pflegerin betreut, die insgesamt dreieinhalb Stunden Zeit täglich für sie hat. In diesen Stunden geht es hauptsächlich darum, meine Mutter zu unterhalten, mit ihr zu lachen, am Tisch zu sitzen, ihr viel zu trinken zu geben und sie beim Essen zu unterstützen. Dies ist bisher in der alten Form nicht abzurechnen gewesen, denn von den dreieinhalb Stunden wird nun rund eine für Waschen, Anziehen und Essen verwendet und der Rest der Zeit für Aktivitäten wie spazieren gehen, zusammen einkaufen oder Spiele. Bisher werden über die Pflegeversicherung nur die grundpflegerischen Maßnahmen wie Waschen et cetera bezahlt. Mit dem Pflegebudget lässt sich demnach auf ganz neue Weise die Versorgung alter Menschen finanzieren, wir wissen aber noch nicht, ob die Budget-Lösung die bessere ist.

? *Im Jahr 2000 wurden von den Pflegenden neue Qualitätsstandards für die Pflege in Heimen eingeführt. Haben diese neuen Standards etwas bewirkt?*
! Sie haben ganz viel bewirkt, denn zum ersten Mal legte die Berufsgruppe selbst das Niveau ihrer pflegerischen Leistungen verbindlich fest, und das auf der Grundlage wissenschaftlicher Erkenntnisse. Inzwischen werden die Pflegestandards in allen Schulen und Weiterbildungsstätten unterrichtet, und alle Pflegedirektoren kennen sie. Die Pflegeheime selbst sind unterschiedlich weit damit, die Bestimmungen anzuwenden, aber alle beziehen sich auf diese Standards. Jetzt kommen sogar Unternehmen zu mir und

beschweren sich darüber, dass der Standard für Dekubitusprophylaxe erklärt, dass Hautpflegemittel keinen nachweisbaren Einfluss nehmen auf die Verhinderung von Dekubitus. Die Pflegenden beziehen sich auf den Standard und kaufen nun keine Hautcreme mehr speziell mit dem Ziel, einen Dekubitus zu verhindern. Das besagte Unternehmen stellt aber Hautpflegemittel her und bittet uns, die gemachten Aussagen noch einmal zu überprüfen beziehungsweise ihre eigenen Studien zu konsultieren – was mir signalisiert, dass mit den Standards gearbeitet wird.

Selbst die Sozialrichter kennen die Standards und legen sie ihren Befragungen zugrunde. Sie sind demnach klare und eindeutige Entscheidungshilfen – und stärken uns und den Patienten den Rücken.

? *Was helfen alle Standards, wenn es Heime gibt, die sich keinen Deut darum kümmern und ihre Bewohner eher vernachlässigen als pflegen?*

! Also ich schaue ja gern auch mal zurück. Ich bin seit mehr als dreißig Jahren in der Pflege und brauche nur einmal die Situationen von 1975 und 1995 zu vergleichen. Mir kann keiner erzählen, dass alles schlechter geworden ist. Ich hatte damals im Akutkrankenhaus noch 90 Patienten in der Nachtwache allein zu betreuen, zusätzlich zu den Einsätzen in der Notaufnahme. Während meines Studiums war ich dann allein auf einer Intensivstation mit acht Patienten und zugleich die einzige Schwester in der Notaufnahme.

Neue Konzepte brauchen doch auch Zeit, um zu greifen: Es wird etwas entwickelt, das findet langsam den Einzug in die Lehrbücher, dann wird es zum Gegenstand der Ausbildung. So wird es in die Praxis einfließen. Wir haben doch auch schon vieles entwickelt und setzen es um: Da sind das Case Management, die Brückenschwestern, die Entlassungsplanung in Kliniken, Verlegungsberichte für die Altenheime. Es gibt Kollegen in Altenheimen, die ins Krankenhaus gehen und sich den zukünftigen Bewohner angucken und Gespräche mit den Angehörigen führen. Altenheime praktizieren inzwischen die Bezugspflege, die Küchen werden zu Wohnküchen umgebaut, und manche Altenheime haben Wohngruppen eingerichtet, die von einem bestimmten Team betreut werden. All das hat es vor 20 Jahren nicht gegeben. Also gibt es doch eine positive Entwicklung.

? *Sie haben mal gesagt, dass die Pflegenden in Heimen durch die kontinuierliche Begleitung der Bewohner auch ihre unterschiedlichen Individualitäten kennen lernen. Das widerspricht der These von Professor Dörner, die besagt, dass in der Institution Heim nie der Einzelne, sondern nur die gesamte Gruppe der Bewohner wahrgenommen werden kann. Wie sehen Sie das?*
! In vielen Heimen ist das auch so. Ich würde gern einen Tag für die Bundesbürger einführen und sagen, jeder wird jetzt verpflichtet, in das Altenheim um die Ecke zu gehen und zu gucken, wie viele Schwestern eigentlich auf der Station sind. Wir haben Situationen, wo zwei, drei Kollegen 27 Leute versorgen sollen. Die stoßen nicht mehr auf die Individualität, da müssten diejenigen schon groß »Hier« schreien und kundtun, dass sie gern Fahrräder reparieren oder spazieren gehen möchten. Und so ist es sicherlich in ganz vielen Heimen noch. Es gibt aber auch Einrichtungen, die sehr ernsthaft darüber nachdenken, wie sie dennoch einen stärkeren Blick für den Einzelnen, für die Persönlichkeiten bekommen können. Um dies zu fördern, bekommt jede Pflegende die Verantwortung für eine bestimmte Personengruppe. Denn man kann immer nur als Individuum wahrgenommen werden, wenn man eine Kontinuität sicherstellt.

Ich sehe es nicht ganz so wie Klaus Dörner. Sicher herrscht oft noch die Nullachtfünfzehn-Versorgung vor, und das ist noch die größere Gruppe. Die kleinere Gruppe von Heimen ist die, die den Menschen als Individuum wahrnimmt. Aber diese Gruppe wächst.

? *Was müsste sich ändern, damit dem Berufsstand der Altenpfleger zu mehr gesellschaftlichem Ansehen verholfen wird?*
! Die fehlende soziale Anerkennung hat mit der Tabuisierung der Pflege zu tun. Pflege ist ein Ekel-Beruf und eine Ekel-Wissenschaft. Wir haben ja selbst in der Universität um Anerkennung ringen müssen, weil die Mediziner beim Stichwort Pflege immer an die letzte Lebensphase denken, an eine Zeit, wenn nichts anderes mehr geht und alles nur noch furchtbar ist. David Aldridge, unser Lehrstuhlinhaber für qualitative Forschung, hat mal gesagt: Ihr Pflegewissenschaftler braucht euch nicht zu wundern, ihr seid wie ein auslaufender Eimer. Ihr sprecht über Eiter, Erbrechen, Übelkeit, Inkontinenz, Blutverluste. Was soll daran schön sein, wer soll sich dafür interessieren? Niemand will diese Zustände, weder in seinem Leben noch in seinen Gedanken.

Die Gesellschaft identifiziert Pflege mit Siechtum. Und Siechtum war schon früher etwas, was man möglichst nicht sehen wollte, darum wurden die Siechenhäuser geschaffen, wo es unangenehm roch und niemand freiwillig hinging. Warum sollte das heute anders sein? Dieses Bewusstsein hat sich also gehalten.

Der zweite Moment hat mit ganz konkreten Erfahrungen der Bevölkerung in Krankenhäusern und Altenheimen zu tun. Dort erleben sie das Pflegepersonal nur gehetzt, ungehaltene Antworten gebend, sich nicht zuständig fühlend, nur unter Druck und abweisend. Wenn man als Außenstehende die Profession nicht spüren kann, dann ist verständlich, dass dieser Beruf keine Anerkennung erfährt.

Wenn ich also nicht erlebe, dass Pflegerinnen und Pfleger eine Berufsgruppe sind, die mich begleitet und die mich ernsthaft berät, dann braucht sich keiner über mangelndes Ansehen zu beklagen. Ich finde, dann ist das schlechte Ansehen auch berechtigt.

? *Was tun gegen das Dilemma?*
! Man kann es nur ändern, indem in den Köpfen der Kollegen sich was ändert. Die Berufsgruppe selbst ist gefordert. Meine Kolleginnen und ich arbeiten schon seit Jahren an Aus-, Fort- und Weiterbildungskonzepten, wie in der Zukunftswerkstatt der Bosch-Stiftung mit dem Titel »Pflege neu denken!« Dort haben wir folgendes Modell vorgeschlagen:
- eine Basisqualifikation von zwei Jahren, die mindestens 50 Prozent der Pflegenden absolvieren sollten;
- eine hochwertige Ausbildung von insgesamt vier Jahren – wie in den Niederlanden und Großbritannien – und
- ein Aufbaustudium für Leiterinnen und Leiter in Pflegeeinrichtungen, die Führungs- und Managementaufgaben übernehmen können.

? *Die Arbeitssituation der Pflegenden muss verbessert werden. Welches sind Ihre Forderungen?*
! Ich wünsche mir, dass wir ein besser angepasstes Profil anbieten könnten für den jeweiligen Pflegebedarf. Dass wir eine differenzierte Struktur entwickeln und Unterstützung in Abstufungen anbieten können: Dort kommt man mit bürgerschaftlichem Engagement weiter, hier mit Leuten, die einen speziellen Kurzkurs belegt haben, dort haben wir Pflegekräfte, die eine zweijährige Ausbildung nachweisen können, und wiederum woanders setzen wir hoch komplex oder speziell ausgebildete PflegerInnen ein.
Die Ziele sind also:
Erstens Staffelung der Dienstleistungen. Leider ist das zurzeit noch nicht der Fall. Noch versuchen wir, mit einem allgemeinen Angebot auf spezifischen Bedarf zu reagieren. Das klappt nicht, wie wir momentan auch in der Praxis erleben.

Wir müssen ein System mit Angeboten auf verschiedenen Niveaustufen bereithalten. Das halte ich für wesentlich.

Zweitens sollten unsere Dienstzeiten flexibler organisiert und angepasst werden, und zwar entsprechend dem Bedarf und den Stoßzeiten. Zum Beispiel braucht man in vielen Pflegeeinrichtungen in der Zeit von sieben bis neun Uhr morgens mehr Teilzeitkräfte als vorher. Bis zum Mittagessen reicht es wiederum aus, zum Beispiel zu zweit auf der Station zu sein, dann kommt wieder eine Stoßzeit. In diese neuen Dienstpläne würde ich auch die ehrenamtlichen Helfer deutlicher einbinden und die Zusammenarbeit mit ihnen ausbauen.

? *Nach der Einführung der Pflegeversicherung wuchs die Zahl der privat geführten Altenheime. Welche Auswirkungen hat dieser Trend auf Bewohner und Pflegepersonal?*

! Ob Arbeiterwohlfahrt, Caritas, das Rote Kreuz oder private Besitzer ein Altenheim führen, hat überhaupt keine Auswirkungen auf Bewohner und Pfleger. Es gibt private Heimbetreiber, die hoch kompetent und anerkannt sind, und Einrichtungen von Wohlfahrtsverbänden, die aufgrund der dort herrschenden Zustände schließen mussten. Natürlich behaupten die Wohlfahrtsverbände gern, dass die immer größere Zahl privater Heimbetreiber gefährlich sei für die Zukunft der Pflege, obwohl private Heime genauso der Heimaufsicht und dem Medizinischen Dienst unterstellt sind. Das Management und Wohlergehen aller in einem Heim hängt einfach von der leitenden Person ab und davon, ob die Financiers das Haus als Geldwaschanlage sehen oder nicht. Viele Skandale fanden nicht bei den privaten, sondern den Heimen der Verbände statt.

? *Damit wären wir bei Ihrer Forderung aus der Arbeitsgemeinschaft Menschen in Heimen, die Heime aufzulösen und die Betreuung wieder in die privaten Wohnungen zu*

verlegen. Was würde es bedeuten, wenn alle Menschen, die in Heimen leben, wieder zu Hause wären?
! Ich habe es hochgerechnet und muss konstatieren, dass wir nicht alle 680 000 Menschen, die in Alteneinrichtungen leben, in betreute Wohngruppen zurückführen können. Denn es fehlen uns die Pflegenden. Damit kriegen wir diese komplette Rückführung nicht hin. Es bleibt eine Gruppe, die in relativ größeren Einheiten betreut werden muss. Das muss man ganz ehrlich sagen.

Darüber hinaus gibt es Personen, die keiner betreuen will. Das muss man auch mal zugeben. Auch ich kenne solche Personen, die ich nie pflegen würde, selbst wenn ich in der Pflege verpflichtet wäre. Sie sind so schwierig, dass man sich ernsthaft überlegt, ob man sie wieder nach Hause holt und die Verantwortung für sie tragen möchte. Klaus Dörner hat den Mut zu sagen, dann müssen die eben alleine in der Wohnung bleiben, dann muss man ihnen ihr Persönlichkeitsrecht zugestehen. Das ist sicherlich richtig. Man dürfte viel häufiger den Mut haben, Menschen so zu lassen, wie sie sind, und könnte ihre Betreuung erst mal mit Hilfe des nachbarschaftlichen Engagements abdecken.

? *Sollte das Thema Ethik sowohl in der Ausbildung als auch in der Praxis einen größeren Raum einnehmen?*
! Wir brauchen Pflegende, die sehr klar reflektieren können. Deshalb hat Ethik schon in der Ausbildung ein großes Gewicht, wie in unserem Institut, in dem wir auch eine Professur für Ethik im Gesundheitswesen haben.

Für ethische Diskussionen muss man aber nicht immer eine separate Situation schaffen. Am besten ist die Auseinandersetzung in der Alltagssituation. Man trifft sich zum Beispiel bei der mittäglichen Übergabe und teilt mit, dass Frau X nicht mehr essen will. Das ist jetzt eine ethische Fragestellung, auch wenn die Kolleginnen sie im ersten Moment nicht als eine solche identifizieren. Sie müssten jetzt nämlich klären, ob Frau X schon vorher etwas dazu gesagt hat, ob sie eine Patientenverfügung formuliert hat und was die Angehörigen wissen oder mitentscheiden möchten. Ist das Ganze jetzt eher eine Frage der Ethik oder eine Frage der Ernährung? Dies entscheiden zu können, macht die professionelle Herangehensweise aus.

? *Die Überprüfungen der Altenheime obliegen der Heimaufsicht und werden angemeldet. Wie stehen Sie zur dieser Praxis?*
! Die Heimaufsicht ist sicherlich sehr wirksam, wenn sie gut besetzt ist, und kaum wirksam, wenn sie mit zu wenigen und nur mäßig kompetenten Personen besetzt ist. Es hängt auch hier von den Menschen ab und davon, ob sie ihren Auftrag sehr ernsthaft oder nicht so ernsthaft wahrnehmen. Natürlich ist die Struktur desolat, aber es ist in keinem Bereich besser organisiert: Das Gesundheitsamt meldet seinen Besuch im Krankenhaus an, der Schulrat erscheint auch nicht unangemeldet im Lehrerzimmer. Alle bereiten sich auf solche Visiten vor.

Ich finde in diesem Zusammenhang eher problematisch, dass es allgemein immer mehr Kontrollgremien werden. Wenn es in Deutschland ein Problem gibt, richtet man eine Kontrollinstanz ein, ändert aber nichts an den Strukturen. Man guckt nicht, woran es gelegen hat, sondern entscheidet lediglich, noch einen Kontrolleur mehr herumlaufen zu lassen.

? *Vor der Einführung der Pflegeversicherung wurde mal viel Hoffnung in sie gesetzt, weil durch sie die Menschen von der Sozialhilfe loskommen würden. Wie sehen Sie ihre Existenz und ihre Auswirkungen heute, nach zehnjähriger Praxis?*
! Man muss ganz ehrlich sagen, die Menschen rutschen nicht mehr so früh in die Sozialhilfe, sie rutschen aber wie-

der dorthin, je länger der Pflegebedarf besteht. Das Versprechen ging nicht auf, dass sie nicht mehr in die Sozialhilfe kommen. Je länger es bestehen bleibt, dass die Pflegeversicherung auf nur 1,7 % festgeschrieben ist, desto größer wird das Problem mit jedem weiteren Jahr.

Frauen werden im Durchschnitt 24 Monate in ihrem Leben pflegebedürftig, Männer 17 Monate. Das waren Ergebnisse letzter Erhebungen, von daher kann man ja ausrechnen, dass man mit dem Geld aus der Pflegeversicherung allein nicht hinkommt.

Mich beschäftigt aber ein anderer Umstand viel mehr, eine Frage, die mir noch nie ordentlich beantwortet wurde: Ich frage mich immer, was die Träger von Heimen mit dem vielen Geld machen. Die erzählen mir dann immer, sie würden es für die Qualitätskontrolle brauchen sowie für die Heimaufsicht, den Brandschutz, Hygieneverordnungen und so weiter. Deshalb brauchten sie so viel und kämen mit dem Geld dennoch nicht aus.

Ich finde die Diskrepanz eklatant: Ein Heim bekommt viel Geld, aber wo bleibt die Qualität für die Menschen, die da leben?

Anhang

Adressen

Wir haben Ihnen nur eine Auswahl an Adressen zum Thema Altern, Pflege und Altenheime zusammengestellt, verweisen aber bei manchen Adressen und Literaturempfehlungen auf weitere umfangreiche Adressensammlungen, Kontakte und Tipps.

Ältere Menschen/Altwerden

Kuratorium Deutsche Altershilfe
An der Pauluskirche 3
50677 Köln
Tel. 0221/93 18 47 0
Fax 0221/93 18 47 6
www.kda.de

Deutsches Zentrum für Altersfragen e. V.
Manfred-von-Richthofen-Straße 2
12101 Berlin
Tel. 030/78 60 42 60
Fax 030/7 85 43 50
www.dza.de

Bundesarbeitsgemeinschaft Alten- und Angehörigenberatung e. V.
Christa Feldner
Hermann-Mattern-Straße 57
34134 Kassel
Tel. 0561/9 20 03 00 14
oder
Ulrich Mildenberger
Heidbergstraße 28
22846 Norderstedt
Tel. 040/52 88 38 30

Bundesarbeitsgemeinschaft der Senioren-Organisationen
Eifelstraße 9
53119 Bonn
Tel. 0228/24 99 93 0
Fax: 0228/24 99 93 20
www.bagso.de

Bundesarbeitsgemeinschaft der Beratungsstellen für ältere Menschen und ihre Angehörigen (BAGA)
Kirchgasse 1
72070 Tübingen
Tel. 07071/2 24 98
www.baga.de
Hier finden Sie eine Adressenliste von Beratungsstellen in Deutschland, geordnet nach Postleitzahlen

Bundesverband Graue Panther e. V.
Greifswalder Straße 4
10405 Berlin
Tel. 030/204 12 29
Fax 030/42 80 27 40
www.graue-panther-online.de

Forum zur Verbesserung der Situation pflegebedürftiger
alter Menschen in Deutschland
Berengariastraße 5
82131 Gauting
Tel. 089/89 31 10 54
www.verhungern-im-heim.de

Wohnen und zu Hause leben

Verein Freie Altenarbeit Göttingen e. V.
Am Goldgraben 14
37073 Göttingen
Tel. 0551/4 36 06
www.freiealtenarbeitgoettingen.de
Projektberatung für alte Menschen, die gemeinsam wohnen
wollen. Die Beteiligten sollen klare Vorstellungen von der
zukünftigen Wohnform haben, über alles weitere informiert der Verein.

Bundesarbeitsgemeinschaft Wohnungsanpassung
c/o Sozialwissenschaftliches Forschungs- und Beratungsinstitut Bielefeld
Berenskamp 5 e
33611 Bielefeld
Tel. 0521/98 25 56 64
Fax 0521/8 75 03 01
www.wohnungsanpassung.de

Freunde alter Menschen e. V.
Hornstraße 21
10963 Berlin
Tel. 030/691 18 83
Fax 030/691 47 32
Mo bis Fr 10 – 12 und 14 – 16 Uhr
www.freundealtermenschen.de

Der Verein bietet Unterstützung und Information für die Gründung von Alten-WGs.

Autonomia GmbH
Am Stadtgarten 18
44575 Castrop-Rauxel
Tel. 02305/4 44 60
Fax 02305/44 46 11
www.autonomia-gmbh.de
Das Team organisiert eine Rund-um-die-Uhr-Betreuung von Wohngemeinschaften für demente Menschen im Ruhrgebiet, in Kooperation mit der Universität Witten/Herdecke.

Forum für gemeinschaftliches Wohnen im Alter e. V.
Bundesgeschäftsstelle
c/o Gerda Helbig
Hohe Straße 9
30449 Hannover
Tel. 0511/92 40 01–827 oder 60 45 955
Fax 0511/6 04 45 07
www.fgwa.de
Wohnprojekte und Gruppen in ganz Deutschland, die generationsübergreifende Wohnformen fördern und organisieren

Beratungszentrum für technische Hilfen & Wohnraumanpassung
Richardstraße 45
22081 Hamburg
Tel. 040/2 99 95 60
www.barrierefrei-leben.de

Behörde

Kostenlos können Sie hier Broschüren bestellen: Bundesministerium für Familie, Senioren, Frauen und Jugend
Servicetelefon: 01801/90 70 50
Fax 01888/555 44 00
Mo bis Do von 7 – 19 Uhr
www.bmfsfj.de

Selbsthilfegruppen

Viele Selbsthilfegruppen und Vereine finden Sie im Anhang der Broschüre »Pflegende Angehörige«, siehe Literatur

VIF – Vereinigung Integrations-Förderung e. V.
Klenzestraße 57 c/2. Hof
80469 München
Tel. 089/201 54 66
Fax: 089/201 57 61
www.vif-selbstbestimmt-leben.de
Der Verein unterstützt behinderte Menschen in ihrer Selbstbestimmung und Unabhängigkeit und bietet ausführliche Informationen zum Thema Integrationsförderung.

Familienservice

www.familienservice.de
Servicetelefon: 0180/1 55 88 11
Viele große Unternehmen bieten ihren Mitarbeitern Zugang zu den Leistungen des Familienservice – eines Beratungsunternehmens, das unter anderem über die Pflegeversicherung, über Betreuungsmöglichkeiten für Eltern, über Vollmachten etc. informiert und hilft, individuelle Lösungen zu finden.

Sie finden Hilfe

Handeln statt Mißhandeln (HsM)
Bonner Initiative gegen Gewalt im Alter e. V.
Goetheallee 51
53225 Bonn
Tel. 0228/69 68 68 (Notruf)
Fon 0228/636322 (Info/Geschäftsstelle)
Fax 0228/63 63 31
www.hsm-bonn.de
Hier können Sie sich alle Krisen- und Notruftelefone in Deutschland aufzeigen lassen, sortiert nach Städten und Bundesländern

Arbeitskreis gegen Menschenrechtsverletzungen
Rechtsanwalt Alexander Frey
Riemerschmidstraße 41
80933 München
Tel. 089/3 13 30 28

Pflege in Not – Diakoniestation Südstern
Zossener Straße 24
10961 Berlin
Tel. 030/69 59 89 89
Ansprechpartnerin: Gabriele Tammen-Parr
http://www.dw-stadtmitte.de/html/telindex.html

Verbände/Institutionen/Gesellschaften

Deutscher Berufsverband für Altenpflege e. V.
Sonnenwall 15
47051 Duisburg
Tel. 0203/29 94 27
Fax 0203/2 74 68
HYPERLINK »http://www.dbva.de/«www.dbva.de

Institut für Pflegewissenschaft
Private Universität Witten/Herdecke GmbH
Stockumer Straße 12
58453 Witten
Tel. 02302/669–358
Fax 02302/669–318
E-Mail: pflegewissenschaft@uni-wh.de
www.uni-wh.de/pflege/index.html

Fachgruppe Pflegeeinrichtungen bei ver.di
Ansprechpartner:
Angelika Detsch
Tel.: 040/28 58 40 31
E-Mail: angelika.detsch@verdi.de
Norbert Proske
Tel. 040/28 58 40 37
E-Mail: norbert.proske@verdi.de

Deutsche Gesellschaft für humanes Sterben e. V.
Lange Gasse 2
86152 Augsburg
Tel. 0821/50 23 50
Fax 0821/50 23 555
www.dghs.de
Linksammlung unter www.dghs.de/links.html zu den Themen Altern, Tod, Sterbehilfe, Demenzkranke und Altenpflege

Weitere Adressen im Internet

Deutsche Gesellschaft für Geriatrie
www.geriatrie-online.de

Juristische Zeitschrift für selbstbestimmte Assistenz
www.nw3.de

Bundesarbeitsgemeinschaft der Freiwilligenagenturen e. V.
www.bagfa.de

Rund 1000 Initiativen, Gruppen und Einrichtungen für ältere Menschen
www.senioren-initiativen.de

Fachwissen für Profis in Pflege, Therapie und Betreuung
www.altenhilfe.de

Community für alle, die sich beruflich mit stationärer Krankenpflege, Altenpflege und ambulanter Pflege befassen
www.pflegen-online.de

Deutsche Alzheimer Gesellschaft e. V.
www.deutsche-alzheimer.de

Deutsches Zentrum für Alternsforschung an der Universität Heidelberg
www.dzfa.uni-heidelberg.de

Zum Thema Altwerden von Migrantinnen und Migranten in Deutschland
www.kultursensible-altenhilfe.de

Initiative, die sich für einen neuen Umgang mit dem Altern einsetzt
www.aging-alive.de

Informationen und Hilfestellungen für Angehörige und Betreuer von Menschen, denen Hilfestellungen beim Essen und Trinken gegeben werden, besonders zum Thema Magensonden
www.nahrungsverweigerung.de

Eine Informations-Site des Vereins Freunde alter Menschen zu Wohnmöglichkeiten dementer Menschen
www.alzheimerwgs.de

Wichtige Informationen zur Alterssicherung vom Deutschen Institut für Altersvorsorge: Bevölkerungsentwicklung, Rentenhöhe, Vorsorgemöglichkeiten etc.
www.dia-vorsorge.de/infopool.htm

Aktion gegen Gewalt in der Pflege, ein Zusammenschluss von verschiedenen Vereinen und Interessenvertretungen.
www.akp.kda.de
Hier finden Sie eine ausführliche Literaturliste: http://akp.kda.de/literatur/index.htm

»Pflege geht uns alle an« – unter diesem Motto setzt sich der Verein Pflege ein für die Unterstützung der Pflegewissenschaft, gezielte Information aller Betroffenen, für ein Verständnis vom Pflegen als einer gesamtgesellschaftlichen Aufgabe
www.stiftung-pflege.com

Informationen über Studiengänge im Bereich der Pflege
www.pflegestudium.de

Bundesinteressenvertretung und Selbsthilfeverband der Bewohnerinnen und Bewohner von Altenwohn- und Pflegeeinrichtungen
www.biva.de

Ein Ratgeber des Pflegezentrums NRW für Pflegende und Angehörige unter dem Namen Pflegezentrum Online
www.thema-altenpflege.de

Soziale Einrichtungen im Internet – ein Adressenbrevier
www.soznet.de

Sie werden weitere informative Seiten finden, wenn Sie die Internet-Suchmaschinen befragen und folgende Stichworte eingeben: Altenpflegeschüler, Pflegekonzepte, Demente, Altersverwirrung, Ethik und Pflege

Literaturempfehlungen
Informationen für Betroffene und Pflegebedürftige

VERBRAUCHERZENTRALE: Pflegefall – was tun? Informationen und Tipps für Betroffene und Pflegepersonen. Mit ausführlichem Adressenanhang, Verbraucherzentrale Bundesverband, Berlin, 5. Auflage 2005, 12,90 Euro, zu bestellen per E-Mail: versandservice@vzbv.de

VERBRAUCHERZENTRALE: Pflegende Angehörige – Balance zwischen Fürsorge und Entlastung. Verbraucherzentrale Nordrhein-Westfalen e. V., Düsseldorf 2002, 7,80 Euro, E-Mail: publikationen@vz-nrw.de

ARNOLD, KAREN / HEDTKE-BECKER, Astrid: Angehörige pflegebedürftiger alter Menschen – Experten im System häusliche Pflege. Deutscher Verein für öffentliche und private Fürsorge e. V. (Hrsg.), Frankfurt 2000, 15,60 Euro. Eine Arbeitsmappe mit Aufsätzen, Projekt- und Erfahrungsberichten rund um die Aufgaben von pflegenden Angehörigen und die Möglichkeiten ihrer Entlastung durch weitere Pflege-Angebote.

KÜHN, DETLEF / WERNER, BERND: Taschenatlas zur Pflegeversicherung. Ein Leitfaden – klar und verständlich. Hrsg. vom Medizinischen Dienst der Krankenversicherung Hamburg, Hammerbrookstraße 5, 20097 Hamburg; Asgard Verlag, Sankt Augustin, aktualisierte Auflage 2003, 14,60 Euro.
Sehr anschauliche und klar verständliche Darstellung des trockenen Themas Pflegeversicherung mit vielen Fallbeispielen.

Sachbücher

SCHÜTZENDORF, EIRCH/WALLRAFEN-DREISOW: In Ruhe verrückt werden dürfen. Für ein anderes Denken in der Altenpflege. Fischer Taschenbuch Verlag, Frankfurt am Main, 12. Auflage 2004, 6,90 Euro.
Plädoyer für ein Umdenken in der Altenpflege: Selbstständigkeit aktivieren und Eigenheiten respektieren!

SCHÜTZENDORF, ERICH: Das Recht der Alten auf Eigensinn. Ein notwendiges Lesebuch für Angehörige und Pflegende. Reinhardts Gerontologische Reihe Bd. 13, Ernst Reinhardt Verlag München/Basel 1997, 19,90 Euro.
Eigenwillige Perspektiven und ungewöhnliche Vorschläge helfen, den Pflegealltag bewusst zu gestalten. Für alle, die mit alten Menschen beruflich oder privat zu tun haben.

SCHÜTZENDORF, ERICH/DANNECKER, WOLFGANG: Die liebe Last. Altenpflege in der Familie. Fischer Taschenbuch Verlag, Frankfurt am Main 1999, 8,45 Euro.
Die Entscheidung für die Altenpflege in der Familie verändert das Leben aller Beteiligten grundlegend. Dieser Ratgeber schildert typische Familiensituationen anhand einer Fallgeschichte inklusive ausführlicher Informationen zu Vorsorge, Pflegediensten und Finanzierung häuslicher Pflege.

JÜRGS, MICHAEL: Alzheimer. Spurensuche im Niemandsland. Paul List Verlag München 1999, 21 Euro, oder Ullstein Taschenbuch Verlag Berlin, 8,95 Euro.
Der Journalist und Sachbuchautor Michael Jürgs beschreibt mit großem Mitgefühl den Leidensweg der Patienten, ihren langsamen Abschied vom Ich, fragt auch für Laien verständlich bei Ärzten und in Forschungslabors nach Ursachen und Therapien, besucht beispielgebende Pflegeheime und erzählt ganz nebenbei die spannende Bio-

grafie des Frankfurter Professor Alois Alzheimer, der dieser Krankheit ihren Namen gab.

Tönnies, Inga (Hrsg.): Abschied zu Lebzeiten. Wie Angehörige mit Demenzkranken leben. Edition Balance; Psychiatrie-Verlag, Bonn 2004, 13,90 Euro.
Angehörige erzählen, wie sehr die Demenz eines Familienmitglieds ihren Alltag bestimmt und ihre Gedanken bindet – Erfahrungen aus ihrem Alltag mit Demenzkranken und an die vielen Empfindungen wie Wut, Scham, Hilflosigkeit, Überforderung, Schuld und Kränkungen. Sie berichten auch von den Möglichkeiten und Auswegen, sich in dieser Situation ein wenig Entlastung zu schaffen.

Flemming, Daniela: Mutbuch für pflegende Angehörige und professionell Pflegende altersverwirrter Menschen. Fotos von Anja Doehring, Beltz Verlag Weinheim 2003, 17,90 Euro.
Ein Buch, das den Alltag von pflegenden Angehörigen und professionell Pflegenden einerseits und verwirrten Menschen andererseits nachhaltig verändern wird. Zudem wertvolle Tipps für den pfleglichen Umgang mit den betroffenen Erkrankten und für die Pflegepersonen.

Wermter, Margit: Dir nah sein, wenn du gehst – Sterbende begleiten. Beltz Verlag, Weinheim 1997, 7,90 Euro.
Eine einfühlsame Hilfe, ob in persönlicher oder beruflicher Verantwortung, für die seelischen wie praktischen Probleme bei der Begleitung Sterbender.

Belletristik

BAYLEY, JOHN: Elegie für Iris. Übersetzt von Barbara Roahn-Deyk. Deutscher Taschenbuch Verlag 2002, dtv 12946, 9,50 Euro.
Biografie des Schriftstellers Bayley über seine Ehefrau und Schriftstellerin Iris Murdoch, die an Alzheimer erkrankt und von ihm sehr lange gepflegt wird.

LESSING, DORIS: Die Liebesgeschichte der Jane Somers. Roman. Aus dem Englischen von Barbara Schönberg. W. Goldmann Verlag, München 1998, btb 72155, 8,50 Euro.
Der Roman schildert sehr anschaulich den Entwicklungsprozess einer Pflegenden.

LEVI MONTALCINI, RITA: Ich bin ein Baum mit vielen Ästen. Das Alter als Chance. Aus dem Italienischen von Christel Till-Galliani, Piper 2002.
Mit weit über siebzig hat sie den Nobelpreis für Medizin bekommen. Mit 89 hat sie dieses Buch über die Chancen des Alters geschrieben, in dem sie von berühmten Menschen erzählt, die bis ins hohe Alter aktiv waren: Michelangelo, Galilei, Russell, Ben Gurion oder Picasso. Sie erklärt, warum unser Gehirn bis ins hohe Alter leistungsfähig sein kann, und gibt Ratschläge, den Kopf zu trainieren und das zu tun, was Spaß macht.

ROSE, LARRY: Ich habe Alzheimer, Herder Verlag Freiburg 1997, 14 Euro.
Der Ingenieur Larry Rose erlebt verwirrt und voller Angst die ersten Anzeichen der Alzheimerschen Krankheit. Zum Zeitpunkt der Diagnose ist er 54 Jahre alt. Larry Rose beschreibt seine Erfahrungen mit dieser Krankheit, die sein Leben und das seiner Familie völlig verändert.

SUHL, LEONORE: Frau Dahls Flucht ins Ungewisse. Ullstein Taschenbuch Verlag Berlin 2004, 6,95 Euro.

Ein hochsensibler Roman über das Leben, über eine Frau, die in der empfindlichsten Zone zwischen Wahrheit und Verwirrung lebt, ein Roman über menschliche Beziehungen und eine Welt, in die Leonore Suhl mit feinem Gespür und schlafwandlerischer Sicherheit Licht bringt.

SUTER, MARTIN: Small World. Diogenes Verlag Zürich 1999, detebe 23088, 8,90 Euro.

Die Geschichte eines Mannes, der mit 65 Jahren seine erste große Liebe trifft, während er an Alzheimer erkrankt. Je stärker die Krankheit fortschreitet, desto mehr kommen seine Kindheitserinnerungen an den Tag, die seine ungewöhnliche Beziehung zu einer reichen alten Dame offenbaren. Eine Krankengeschichte, die in eine Krimihandlung eingebettet ist und mit feiner Präzision die Details der Krankheit und Familiengeschichte verwebt.

ULLMANN, LINN: Gnade. Roman. Aus dem Norwegischen von Ina Kronenberger. Droemer Knauer München 2004, 14,90 Euro.

Roman über einen krebskranken 71-jährigen Journalisten und Durchschnittsmenschen, über sein Sterben und seine Bitte um Sterbehilfe an seine Frau, die Kinderärztin Mai. Eine unprätentiöse Geschichte über ein heikles Thema, die das sonst Unaussprechliche auf schlüssige und gefühlvolle Weise erzählt.